R. M. Sainsbury
Paradoxien

Aus dem Englischen übersetzt
von Vincent C. Müller

Philipp Reclam jun. Stuttgart

Titel der englischen Originalausgabe:

R. M. Sainsbury: Paradoxes.
Cambridge: Cambridge University Press, 1988.

Umschlagabbildung:

Paul Klee, Revolution des Viaductes. 1937. 153 (R 13).
© VG Bild-Kunst, Bonn, 1993.

Universal-Bibliothek Nr. 8881
Alle Rechte vorbehalten
© 1993 Philipp Reclam jun. GmbH & Co., Stuttgart
Die Übersetzung erscheint mit Genehmigung von Cambridge
University Press, Cambridge, England
© 1988 Cambridge University Press, Cambridge
Gesamtherstellung: Reclam, Ditzingen. Printed in Germany 1994
RECLAM und UNIVERSAL-BIBLIOTHEK sind eingetragene
Warenzeichen der Philipp Reclam jun. GmbH & Co., Stuttgart
ISBN 3-15-008881-X

Inhalt

Danksagung

Mein herzlicher Dank gilt Jonathan Sinclair-Wilson von der *Cambridge University Press*, der dieses Buch angeregt hat und mir bei seiner Verfertigung mit freundlicher, hilfreicher Unterstützung und Anleitung zur Seite stand.

Ich danke einem anonymen Gutachter des Verlages und vielen Freunden, Kollegen und Studenten für wertvolle Anmerkungen und Diskussionen.

Ich habe viel von anderen Autoren profitiert und hoffe, diese jeweils entweder in den Fußnoten oder den Literaturhinweisen der Kapitel dankbar erwähnt zu haben. Sollte dies in einem Fall versäumt worden sein, so handelt es sich um eine Unachtsamkeit, für die ich um Entschuldigung bitte.

Außerdem danke ich den Studenten und Lehrenden am Philosophischen Fachbereich und dem *Center for Cognitive Science* der Universität von Texas in Austin für anregende Diskussionen und die Freundlichkeit, technische Mittel zur Verfertigung des endgültigen Manuskriptes bereitgestellt zu haben.

Während der Arbeit an der Übersetzung hat Vincent C. Müller eine Reihe von Fragen zum englischen Text aufgeworfen: zu Druckfehlern, Stil und zu philosophischer Substanz. Der vorliegende Text enthält viele daraus resultierende Verbesserungen. Ich bin Herrn Müller für seine Hilfe äußerst dankbar.

Einleitung

Paradoxien machen Spaß. Sie sind meistens leicht aufzustellen und fordern sofort zu einem Versuch heraus, sie zu »lösen«.

Eine der am schwierigsten zu handhabenden Paradoxien ist gleichzeitig auch eine derjenigen, die am leichtesten aufzustellen sind: die Lügnerparadoxie. Eine Version dieser Paradoxie bittet, über den Mann nachzudenken, der einfach sagt: »Was ich jetzt sage ist falsch.« Ist es wahr, was er sagt, oder ist es falsch? Das Problem ist, daß, wenn er die Wahrheit sagt, er wahrerweise sagt, das, was er sagt, sei falsch. Also sagt er nicht die Wahrheit. Wenn er aber nicht die Wahrheit sagt, dann – da er ja eben gerade angibt, genau das zu tun – muß er die Wahrheit sagen. Also, wenn das, was er sagt, falsch ist, ist es wahr, und wenn es wahr ist, dann ist es falsch. Von dieser Paradoxie wird gesagt, sie habe »viele antike Logiker gepeinigt und den frühzeitigen Tod wenigstens eines von ihnen hervorgerufen, des Philetas von Kos.«[1] Spaß kann zu weit gehen.

Paradoxien sind ernst zu nehmen. Anders als Scherzfragen und Party-Rätsel, die auch Spaß machen, werfen Paradoxien wichtige Probleme auf. Historisch sind sie mit Krisen und revolutionären Fortschritten des Denkens verbunden. Mit ihnen zu ringen heißt, nicht bloß ein intellektuelles Spiel zu spielen, sondern sich mit zentralen Fragen auseinanderzusetzen. In diesem Buch werde ich über einige berühmte Paradoxien berichten und zeigen, wie man auf sie antworten könnte. Diese Antworten führen in verschiedene ziemlich tiefe Wasser.

Unter einer Paradoxie verstehe ich folgendes: Eine scheinbar unannehmbare Schlußfolgerung, die durch einen scheinbar

---

1 Tarski (1969), S. 66.

annehmbaren Gedankengang aus scheinbar annehmbaren Prämissen abgeleitet ist. Der Schein muß trügen, denn das Annehmbare kann nicht mit annehmbaren Schritten zum Unannehmbaren führen. Also haben wir allgemein die Wahl: Entweder ist die Schlußfolgerung gar nicht wirklich unannehmbar, oder aber der Ausgangspunkt bzw. der Gedankengang hat eine Schwäche, die nicht offen zutage liegt.

Paradoxien treten in Graden auf – je nachdem, wie gut der Schein die Wirklichkeit verbirgt. Wir tun so, als ob wir auf einer Skala von eins bis zehn darstellen könnten, wie paradox etwas ist. Das schwache oder oberflächliche Ende bezeichnen wir mit 1, das umwälzende Ende, Heimat jener Paradoxien, die Beben über weite Gebiete des Denkens senden, bezeichnen wir mit 10. Zur Kennzeichnung des mit 1 bezeichneten Punktes dient die Paradoxie des Barbiers: In einem gewissen abgelegenen sizilianischen Dorf, das nur über einen langen, steilen Bergpfad zu erreichen ist, rasiert der Barbier alle – und nur die – Dorfbewohner, die sich nicht selbst rasieren. Wer rasiert den Barbier? Tut er es selbst, dann tut er es nicht (da er ja *nur* jene rasiert, die sich nicht selbst rasieren); tut er es nicht, dann tut er es doch (da er ja *alle* jene rasiert, die sich nicht selbst rasieren). Die unannehmbare Voraussetzung ist, es gäbe einen solchen Barbier – einen, der sich selbst rasiert, genau dann, wenn er es nicht tut. Die Geschichte mag sich akzeptabel angehört haben: Sie hat unsere Gedanken – erfreulicherweise – in das sizilianische Bergland gelenkt. Sobald wir jedoch verstanden haben, was die Folgen sind, wird offensichtlich, daß die Geschichte nicht wahr sein kann. Es kann keinen solchen Barbier oder ein solches Dorf geben. Die Geschichte ist nicht annehmbar. Dies ist keine sehr tiefe Paradoxie, denn die Unannehmbarkeit ist durch Berge und Ferne nur sehr wenig verschleiert.

An das andere Ende der Skala, den mit 10 bezeichneten Punkt, setze ich die Paradoxie des Lügners. Das ist das Mindeste, was wir dem Angedenken des Philetas schuldig sind.

Je tiefgehender die Paradoxie, desto kontroverser die Frage, wie auf sie zu antworten ist. Alle Paradoxien, die ich in den folgenden Kapiteln diskutieren werde, erreichen Punkt 6 oder höher auf der Skala. Sie sind also wirklich ernst zu nehmen. (Einige der Paradoxien im Anhang I werden weniger erreichen, wie ich meine.) Es gibt also einen ernsten, ungelösten Disput darüber, wie mit ihnen zu verfahren sei. In vielen, wenn auch sicher nicht allen Fällen (nicht im Falle der Lügnerparadoxie zum Beispiel) habe ich eine bestimmte Auffassung. Ich muß aber betonen – wiewohl ich natürlich von der Richtigkeit meiner Auffassung überzeugt bin –, daß andere und bedeutendere Leute Ansichten vertreten haben, die der meinen diametral entgegengesetzt sind. Um ein Gefühl dafür zu bekommen, wie kontrovers einige dieser Fragen sind, schlage ich dem Leser vor, sich die Literaturhinweise jeweils am Ende des Kapitels anzusehen, wo ich meine Gegner nenne.

Ich hoffe, daß das Nachdenken über die mit **Frage** gekennzeichneten Fußnoten Vergnügen bereitet und den Leser zur weiteren Ausarbeitung einiger der im Text behandelten Themen anregt. Mit **Frage**[*] gekennzeichnete Fragen werden im Anhang II wieder aufgenommen, wo ich einen für die Beantwortung relevanten Gedanken erwähne oder weitere Lektüre nenne.

Mir scheint, Kapitel 5 ist das schwerste und sollte für den Schluß aufgehoben werden. Die Reihenfolge der ersten vier ist eher beliebig und jedes von ihnen wurde mit dem Gedanken geschrieben, daß es zuerst gelesen werden könnte. Kapitel 6 führt keine Paradoxie ein, sondern verteidigt die in den früheren Kapiteln gemachte Voraussetzung, daß alle Widersprüche unannehmbar sind.

Ich sehe mich vor einem Dilemma: Ich finde ein Buch enttäuschend, wenn der Autor nicht seine eigene Meinung sagt. Was hindert ihn daran, die Wahrheit, wie er sie sieht, darzulegen und zu verteidigen? Zu solcher Zurückhaltung konnte ich mich nicht entschließen. Andererseits möchte ich sicherlich nicht, daß irgend jemand glaubt, was ich sage, ohne daß er zunächst sorgfältig die Alternativen erwogen hat. Also muß ich den leicht paradoxen Rat geben: Seien Sie sehr skeptisch gegenüber den vorgeschlagenen »Lösungen«, sie sind, wie ich glaube, richtig.

1 Zenons Paradoxien: Raum, Zeit und Bewegung

1.1 Einführung

Der Grieche Zenon lebte im fünften Jahrhundert vor Christus in Elea (einer Stadt im heutigen Süditalien). Die Paradoxie, für welche er wohl heute am bekanntesten ist, handelt von Achilles und der Schildkröte. Aus irgendeinem Grund, der sich in den Falten der Zeit verloren hat, wird ein Wettrennen zwischen den beiden veranstaltet. Da Achilles viel schneller laufen kann als die Schildkröte, wird dieser ein Vorsprung gewährt. Zenons erstaunlicher Beitrag ist nun ein »Beweis«, daß Achilles die Schildkröte niemals einholen kann, egal wie schnell er läuft und egal wie lang das Rennen dauert.

Der vermeintliche Beweis sieht folgendermaßen aus: Das erste, was Achilles tun muß, ist, zu dem Ort zu gelangen, von dem die Schildkröte gestartet war. Die Schildkröte jedoch, wiewohl langsam, ist unverzagt: Während Achilles damit beschäftigt ist, seinen Rückstand aufzuholen, ist sie ein kleines Stück vorgerückt. Das nächste, was Achilles also zu tun hat, ist, zu dem *neuen* Ort zu gelangen, den die Schildkröte nun einnimmt. Während er dies tut, wird die Schildkröte noch ein kleines Stück weiter vorgerückt sein. Wie klein auch immer der Abstand ist: es wird Achilles Zeit kosten, ihn zu überwinden, und in dieser Zeit wird die Schildkröte einen neuen Abstand geschaffen haben. Also, wie schnell Achilles auch laufen mag, alles, was die Schildkröte tun muß, um nicht geschlagen zu werden, ist weiterzukriechen – *irgendeinen* Fortschritt in der Zeit zu machen, die Achilles benötigt, die vorherige Lücke zwischen ihnen zu schließen.

Niemand würde heutzutage daran denken, den Schluß zu akzeptieren, Achilles könne die Schildkröte nicht einholen. (Ich will mich nicht für Zenons Reaktion auf diese Paradoxie verbürgen: Gelegentlich wird berichtet, er habe die paradoxen Schlußfolgerungen ziemlich ernst und wörtlich als Beweis dafür genommen, daß Bewegung unmöglich ist.) Es muß also etwas falsch sein an dem Gedankengang. Genau zu sagen, wo der Fehler liegt, ist freilich nicht einfach, und es gibt keine unbestrittene Diagnose. Manche haben die Paradoxie für ein Produkt der Annahme gehalten, daß Raum oder Zeit unendlich teilbar sind – und damit als echten Beweis, daß Raum oder Zeit *nicht* unendlich teilbar sind. Andere haben in dem Gedankengang nichts weiter als ein Zeichen von Unkenntnis elementarer Mathematik gesehen – eine Unkenntnis, die zu Zenons Zeiten vielleicht noch entschuldbar gewesen sein mag, nicht aber heutzutage.

Die Paradoxie von Achilles und der Schildkröte ist Zenons berühmteste, aber es gab noch eine Reihe anderer. Die Achilles-Paradoxie nimmt an, daß Achilles zu laufen anfangen kann, und gibt vor zu beweisen, daß er nicht so weit kommen kann, wie wir alle wissen, daß er kommen kann. Diese Paradoxie paßt sehr schön zu einer anderen, bekannt als die *Rennbahn* oder die *Dichotomie* (Halbierung), welche zu beweisen vorgibt, daß nichts *anfangen* kann, sich zu bewegen. Der Schluß geht folgendermaßen: Um irgendwohin zu kommen – etwa zu einem Punkt einen Meter weiter –, muß man erst halbwegs dorthin kommen. Um aber zu dem Punkt auf halbem Wege zu gelangen, muß man erst halbwegs zu *diesem* Punkt kommen. Kurz, um irgendwohin zu kommen, um überhaupt mit einer Bewegung anzufangen, muß man unendlich viele andere Bewegungen ausführen. Da das unmöglich erscheint, scheint es unmöglich, daß sich überhaupt irgend etwas bewegen sollte.

Aus dem Werk Zenons selbst ist praktisch nichts erhalten. Unsere Kenntnis seiner Argumente geht im wesentlichen auf die Berichte anderer Philosophen zurück, insbesondere jene des Aristoteles. Er stellt Zenons Argumente sehr knapp vor, zweifellos in der Annahme, seine Zuhörer seien mit ihnen aus der mündlichen Tradition vertraut, die vielleicht auch seine einzige Quelle gewesen ist. Die Berichte des Aristoteles sind so gedrängt, daß man nur durch Raten einen detaillierten Gedankengang rekonstruieren kann. Im Endeffekt gibt es keine allgemeine Übereinstimmung darüber, was als »Zenons Paradoxien« gelten kann oder was genau seine Argumente gewesen sind. Ich werde solche Argumente auswählen, die ich für interessant oder wichtig halte, und die üblicherweise Zenon zugeschrieben werden, womit ich jedoch nicht den Anspruch erhebe, zu erläutern, was der tatsächliche, historische Zenon wirklich gesagt oder gedacht hat.

Aristoteles steht für einen großen Denker, der geglaubt hat, daß Zenon ernst zu nehmen sei und nicht als bloßer Erfinder kindischer Rätsel abgetan werden sollte. Im Gegensatz dazu schrieb Charles Peirce über die Achilles-Paradoxie:

> Diese alberne kleine Täuschung macht einem in Mathematik und Logik angemessen gebildeten Kopf keinerlei Schwierigkeiten, aber sie ist eine von denen, die sehr geeignet sind, Leute einer bestimmten Sorte zu halsstarriger Entschlossenheit anzustacheln, an eine bestimmte Aussage zu glauben.　(1935, Bd. 6, § 177, S. 122.)

Insgesamt hat sich die Geschichte auf die Seite des Aristoteles geschlagen, dessen Ansicht zu diesem Punkt von so unterschiedlichen Denkern wie Hegel und Russell geteilt wird.

Ich werde drei Zenonische Paradoxien der Bewegung diskutieren: die *Rennstrecke*, *Achilles* und den *Pfeil*. Es ist jedoch nützlich, zunächst noch eine andere von Zenons Paradoxien zu betrachten – eine, die den Raum betrifft. Die Klärung dieser Paradoxie bereitet den Boden für die Diskussion der Bewegungs-Paradoxien.

1.2   Raum

Eine in der Antike viel diskutierte Merkwürdigkeit war die
Frage, wie etwas (»ein und dasselbe Ding«) zugleich eines
und vieles sein kann. Ein Buch, zum Beispiel, ist ein Ding
(ein Buch) aber auch viele (Wörter oder Seiten); ebenso ist ein
Baum ein Ding (ein Baum) aber auch viele (Blätter, Äste,
Moleküle oder was auch immer). Dies wird heutzutage wohl
kaum jemandem besonders problematisch vorkommen.
Wenn wir sagen, das Buch oder der Baum *ist* viele Dinge, so
meinen wir nicht, sie seien identisch mit vielen Dingen (was
absurd wäre), sondern eher, daß sie aus vielen Teilen bestehen. Des weiteren scheint, jedenfalls auf den ersten Blick,
nichts an diesem Verhältnis »bestehen aus« besonders problematisch zu sein.[1]
Zenon wollte ebenso wie sein Lehrer Parmenides zeigen,
daß in solchen Fällen nicht viele Dinge sind, sondern bloß ein
Ding. Ich werde nicht das Argument als solches betrachten,
sondern einen seiner Bestandteile untersuchen. An einem
Punkt sieht es so aus, als ob Zenon auf folgende Weise argumentiert: Angenommen, der Raum ist unendlich teilbar, da
es keine obere Grenze für die Anzahl der Teilungen gibt,
denen ein Raum theoretisch unterworfen werden könnte.
Dann hat jedes räumliche Gebilde oder Gebiet eine unendliche Anzahl von räumlichen Teilen. Jeder dieser Teile muß
dann eine endliche Größe haben, aus den folgenden Gründen:

---

1 **Frage:** Der Anschein mag täuschen. Wir nennen einen bestimmten
   Baum B und die Menge seiner Teile T. Da Bäume den Verlust einiger ihrer Teile überleben können (z. B. der Blätter im Herbst), kann
   B existieren, während das bei T nicht mehr der Fall ist. Bedeutet
   das, daß B etwas anderes ist als T, oder allgemeiner, daß jedes Ding
   von der Summe seiner Teile verschieden ist? Kann T existieren,
   während B es nicht tut (etwa wenn die Teile des Baumes durch
   Holzfällerei auseinandergerissen werden)?

(a) Wäre dem nicht so, dann könnte er nicht als existierend oder als räumlich bezeichnet werden.

(b) Selbst unendlich viele größenlose Teile können keinen Raum einer endlichen Größe bilden. Nichts zu nichts hinzuzufügen – wie oft auch immer – führt zu nichts.

(a) und (b) zeigen also, daß jeder räumliche Teil eine endliche Größe haben muß. Daraus scheint zu folgen, daß nicht alle Räume unendlich teilbar sind, in dem Sinne, daß sie eine unendliche Menge von räumlichen Teilen beinhalten würden, da eine unendliche Menge von Teilen (jeder von endlicher Größe) einen unendlich großen Raum erzeugen muß.

Dieses Argument spielte folgende Rolle in Zenons Versuch, zu zeigen, daß es nicht wirklich »viele Dinge« gibt: Er sprach nur über Gegenstände im Raum, und er nahm an, daß ein Gegenstand zu jedem Teil des Raumes, den er füllt, einen entsprechenden Teil hat. Er meinte zeigen zu können, daß, wenn man zuläßt, daß Gegenstände überhaupt Teile haben, man dann auch sagen muß, jeder Gegenstand sei unendlich groß; was absurd ist. Man muß daher verneinen, daß Gegenstände Teile haben. Von hier ging er weiter zu der Behauptung, *Pluralität* – die Existenz vieler Dinge – sei unmöglich. Ich will dieses weitere Argument nicht berücksichtigen, sondern statt dessen zu jenem über den Raum zurückkehren.[2]

Wir beginnen, indem wir uns fragen, wie man sich davon überzeugen könnte, daß jeder Raum unendlich viele räumliche Teile hat. Angenommen, wir nehmen ein Rechteck und halbieren es senkrecht, so daß es zwei weitere Rechtecke ergibt. Kann dieser Prozeß der Halbierung nicht unendlich weitergehen? Wenn ja, dann ist jeder Raum aus unendlich vielen anderen aufgebaut.

Moment! Angenommen, ich zeichne die Halbierungen mit

---

2 **Frage*:** Unter der Prämisse, daß kein Gegenstand Teile hat – wie könnte man zu zeigen versuchen, daß es nicht mehr als einen Gegenstand gibt?

Bleistift und Lineal. Wie dünn auch immer der Bleistift ist, recht bald wird die neue Linie, anstatt neue Rechtecke zu produzieren, in einer Schmiererei zusammenlaufen. Oder ich schneide mit einer Schere die Rechtecke aus Papier. Auch hier wird recht bald der Augenblick kommen, wo das Papierstück zum Schneiden zu klein ist. Wissenschaftlicher gesehen, ein solcher Vorgang der physikalischen Teilung muß wohl *irgendwann* zu einem Ende kommen: spätestens, wenn das Übriggebliebene nicht mehr größer ist als ein Atom (Proton, Hadron, Quark oder was immer).

Der Verfechter von unendlicher Teilbarkeit muß behaupten, er denke nicht an einen solchen physikalischen Vorgang, sondern an einen rein geistigen: Zu jedem vorstellbaren Rechteck kann man sich noch ein kleineres Rechteck mit der halben Größe vorstellen. So sehen wir jeden Raum, unabhängig von seiner Form. Was wir jetzt also diskutieren müssen, ist, ob das obige Argument zeigt, daß der Raum nicht so sein kann, wie wir ihn uns wohl vorstellen mögen.

Man könnte annehmen, daß es dies aus folgendem Grund zeigt: Wir alle wissen, daß es endlich große Räume gibt, aber das Argument zeigt angeblich, daß es keine gibt. Wir müssen also eine der Prämissen verwerfen, die zu dieser absurden Schlußfolgerung geführt haben – und am besten dafür geeignet, da am meisten kontrovers, ist die Annahme, Raum sei unendlich teilbar. Diese Prämisse zwingt uns scheinbar zu der Aussage, daß die Teile eines (angeblich) unendlich teilbaren Raumes entweder von endlicher Größe sind oder nicht. Gilt das letztere, dann sind sie nichts, und keine Anzahl von ihnen wird gemeinsam einen endlich großen Raum ergeben. Gilt das erstere, dann werden sie gemeinsam einen unendlich großen Raum ergeben. In beiden Fällen gilt unter der Annahme, der Raum sei unendlich teilbar, daß es keine endlich großen Räume gibt. Da es aber offensichtlich endlich große Räume gibt, muß diese Annahme verworfen werden.

Zunächst bleibt der Begriff der unendlichen Teilbarkeit mehrdeutig. Zu sagen, daß jeder Raum unendlich teilbar ist, könnte einerseits bedeuten, daß es keine obere Grenze für die Zahl der vorgestellten Teilungen gibt. Andererseits könnte gemeint sein, daß der Raum eine unendliche Anzahl von Teilen enthält. Es liegt nicht auf der Hand, daß letzteres aus ersterem folgt, denn es könnte so aussehen, als ob die zweite Behauptung auf der Vorstellung beruhte, der Vorgang der imaginären Teilungen könne irgendwie »vollendet« werden. Nehmen wir vorläufig einmal an, daß die relevante These von der unendlichen Teilbarkeit jene ist, daß der Raum unendlich viele, sich nicht überlappende Teile enthält, und daß jeder dieser Teile eine endliche Größe hat.

Der fragwürdigste Teil des Arguments gegen diese These ist die Vorstellung, daß ein aus unendlich vielen endlich großen Teilen zusammengesetzter Raum unendlich groß sein müsse. Die Vorstellung ist nicht richtig, ein Rückgriff auf die Mathematik ist eine der Möglichkeiten, dies zu zeigen. Wir könnten sagen: Man stelle die imaginären Teilungen durch die Reihe:

$$\frac{1}{2}, \frac{1}{4}, \frac{1}{8}, \ldots$$

dar, in welcher der erste Term $\left(\frac{1}{2}\right)$ die Tatsache vorstellt, daß nach der ersten Halbierung das linke Rechteck nur die halbe Größe des ursprünglichen hat; und in derselben Weise für die anderen Terme. Jedes Glied dieser Reihe ist eine endliche Zahl, ebenso wie jeder Teil von endlicher Größe ist. Das bedeutet nicht, daß die Summe der Reihe unendlich wäre. Ganz im Gegenteil, die mathematischen Lehrbücher sagen, daß sie sich zu 1 addiert. Wenn wir an der Vorstellung, daß eine unendliche Reihe von endlichen Zahlen eine endliche Summe hat, nichts problematisch finden, dann sollten wir mit der Vorstellung zufrieden sein, daß eine unendliche Ansammlung von endlich großen Raumteilen einen endlich großen Raum bilden kann.[3]

---

3 **Frage:** Jemand könnte erwidern: Ist es nicht bloß eine *Konvention*

Dieses Argument aus der Mathematik beweist die entsprechende Behauptung über den Raum (nämlich, daß unendlich viele Teile von endlicher Größe ein endliches Ganzes bilden können) nur unter der Annahme, daß die Analogie: der

---

in der Mathematik, diese Reihe so zu behandeln, als ob sie sich zu 1 addiert? Allgemeiner, ist es nicht bloß eine Konvention, die Summen unendlicher Reihen als Grenzwert der Teilsummen zu behandeln? Des weiteren, wenn dies eine bloße mathematische Konvention ist, wie kann sie uns etwas über den Raum sagen?

Leser mit mathematischem Hintergrund möchten vielleicht zu dem folgenden Argument Stellung nehmen, welches zu zeigen angibt, die Tatsache, daß die Reihe sich zu 1 addiert, könne aus gewöhnlichen mathematischen Begriffen abgeleitet werden, ohne zu einer speziellen Konvention Zuflucht nehmen zu müssen. (*Warnung:* Mathematiker sagen mir, daß das folgende höchst suspekt ist!)

Die Reihe kann als

$$x + x^2 + x^3 + \ldots$$

dargestellt werden, wobei $x = \frac{1}{2}$. Die Multiplikation dieses Ausdrucks mit x schneidet den ersten Term ab:

$$x\,(x + x^2 + x^3 + \ldots) = x^2 + x^3 + x^4 + \ldots$$

Hier wenden wir eine Verallgemeinerung des Distributivgesetzes an:

$$a\,(b + c) = (a\,b) + (a\,c)$$

Gemeinsam mit einer ähnlichen Verallgemeinerung des Gesetzes, daß

$$(1 - a)\,(b + c) = (b + c) - [a\,(b + c)]$$

erhalten wir:

$$(1 - x)\,(x + x^2 + x^3 + \ldots) = (x + x^2 + x^3 + \ldots) - (x^2 + x^3 + x^4 + \ldots)$$

Also:

$$(1 - x)\,(x + x^2 + x^3 + \ldots) = x$$

Nun beide Seiten durch $(1 - x)$ teilend:

$$x + x^2 + x^3 + \ldots = \frac{x}{(1 - x)}$$

Wenn also $x = \frac{1}{2}$, dann ist die Summe der Reihe gleich 1.

Raum hat (in der fraglichen Hinsicht) dieselben Eigenschaften wie die Zahlen, tauglich ist. Das jedoch ist kontrovers. Wir haben z. B. schon gesagt, daß einige Leute Zenons Paradoxien als Beweis dafür nehmen, daß der Raum nicht unendlich teilbar sei, auch wenn die Reihe der Zahlen es ist. Es wäre also gut, die Sache noch einmal anzugehen: Wir müssen uns nicht auf ein mathematisches Argument zurückziehen, um zu zeigen, daß ein endliches Ganzes aus unendlich vielen, endlich großen Teilen zusammengesetzt sein kann.

Es gibt zwei recht ähnliche Aussagen, die eine wahr, die andere falsch, und wir müssen darauf achten, sie nicht zu verwechseln.

1. Wenn ein Ganzes unendlich viele Teile enthält, die alle größer sind als eine gewisse endliche Größe, dann ist das Ganze unendlich groß.

2. Wenn ein Ganzes unendlich viele Teile enthält, jedes von einer endlichen Größe, dann ist das Ganze unendlich groß.

Behauptung (1) ist wahr. Um dies einzusehen, lasse man die minimale Größe der Teile δ sein (etwa in cm oder cm^2). Die Größe des Ganzen ist dann $\infty \times \delta$, was eindeutig eine unendliche Zahl ist. (1) jedoch bezieht sich nicht auf den Fall, den wir besprechen. Wir wenden uns wieder unseren vorgestellten Halbierungen zu: Die Leitidee war, daß, wie klein auch immer der verbliebene Raum sein möge, wir ihn uns stets noch zweigeteilt vorstellen konnten. Es kann also keine solche Größe δ geben, von der gilt, daß alle Teile mindestens so groß sind. Wir können uns jede solche Größe noch halbiert vorstellen.

Um zu verstehen, daß (2) falsch ist, müssen wir uns daran erinnern, daß es für die Vorstellung der unendlichen Teilbarkeit entscheidend war, wie die Teile im Fortgang der Halbierungen immer kleiner werden, ohne eine Grenze. Dies gibt uns eine beinahe visuelle Möglichkeit, zu verstehen, wie die endlose Reihe der Rechtecke in das anfängliche Rechteck

passen kann: indem diese immer kleiner werden.[4] Die Erklärung für jede Tendenz, Behauptung (2) für wahr zu halten,
liegt in der Tendenz, sie mit (1) zu verwechseln. Wir neigen
wohl dazu, zu denken: *Am Ende der Reihe*, das *letzte* Paar
Rechtecke hat eine endliche Größe, und alle anderen unendlich vielen Rechtecke sind größer. Sie müssen also zusammen
eine unendliche Fläche ergeben. Es gibt aber *kein* solches
letztes Paar Rechtecke; unsere unendliche Reihe von Teilungen hat kein letztes Glied. Solange wir klar im Auge behalten, daß es kein unteres Limit für die Größe der aus der
unendlichen Reihe von vorgestellten Teilungen hervorge-
gangenen Teile geben kann, solange gibt es auch keine Neigung zu der Annahme, daß unendlich viele Teile haben beinhalten würde, unendlich groß zu sein.

Als Fazit bleibt, daß die Vorstellung, der Raum sei unendlich
teilbar, in dem Sinne, daß er aus unendlich vielen sich nicht
überlappenden räumlichen Teilen bestehe, jeder von einer
endlichen Größe (ungleich Null), nicht in sich widersprüchlich ist. Das führt nicht dazu, daß der Raum unendlich teilbar
ist. Vielleicht ist er granulär, in der Weise, wie es der Quan-
tentheorie zufolge die Energie ist. Eventuell gibt es, um den

---

4 Um sich von jeder Versuchung zu befreien, (2) doch noch anzuerkennen, mag es nützlich sein, sich über die folgende, offensichtlich
  falsche Aussage Gedanken zu machen:

  Wenn jeder Mann irgendeine Frau liebt, dann wird irgendeine Frau
  von jedem Mann geliebt.

  Man vergleiche:

  Wenn jeder Bereich aus unendlich vielen Teilen, je von irgendeiner
  endlichen Größe, zusammengesetzt ist, dann gibt es irgendeine
  endliche Größe, und jeder Bereich ist aus Teilen dieser Größe
  zusammengesetzt.

  In formaler Logik geschulte Leser werden erkannt haben, daß es
  sich hier um eine Quantorenverschiebung handelt. Die Konditionale haben ∀∃ Antezenten und ∃∀ Konklusionen, aber aus ∀∃
  folgt nicht ∃∀.

Vorschlag ein wenig auszufüllen, kleine räumliche Bereiche, die keine bestimmten Unterbereiche haben. Im Moment jedoch ist festzuhalten, daß uns das diskutierte Zenonische Argument überhaupt keinen Grund liefert, an eine solche granuläre Hypothese zu glauben.

Die vermeintliche Paradoxie über den Raum mag uns nicht allzu bedeutsam erscheinen, insbesondere wenn wir ein wenig mit der momentan gängigen Behandlung von Unendlichkeit in der Mathematik vertraut sind. Wir sollten jedoch nicht vergessen, daß der augenblickliche Standard nicht ohne Ringen entwickelt wurde, und dies erst etliche Jahrhunderte, nachdem Zenon über diese Fragen nachgedacht hatte. Zenon und seine Zeitgenossen mögen aus gutem Grund damit mehr Schwierigkeiten gehabt haben als wir. Die Position einer Paradoxie auf der Zehn-Punkte-Skala aus der Einleitung kann sich mit der Zeit ändern: Während wir raffiniertere Entdecker von bloßem Schein werden, kann eine Paradoxie abwärts rutschen; in Richtung auf den Barbier am Ende der Skala.

Jedenfalls ist das Ausräumen dieser Paradoxie eine entscheidende Voraussetzung für die Diskussion von Zenons bedeutsameren Paradoxien, welche die Bewegung betreffen.

1.3   Die Rennbahn

Will ein Läufer das Ende der Bahn erreichen, dann muß er zunächst eine unendliche Anzahl von verschiedenen Wegstrecken zurücklegen: zum Punkt auf halber Strecke, dann zu jenem Punkt auf halber Strecke zwischen *diesem* Punkt und dem Ende und so weiter. Da es aber für jemanden logisch unmöglich ist, eine unendliche Reihe von Wegstrecken zurückzulegen, kann der Läufer das Ende der Bahn nicht erreichen. Es spielt keine Rolle, wie weit das Ende der Bahn entfernt ist – es könnte bloß ein paar Zentimeter entfernt sein. Das Argument zeigt also, falls schlüssig, daß alle Bewegung unmöglich ist. Sich zu irgendeinem Punkt hin zu bewegen, würde eine unendliche Anzahl von Wegstrecken beinhalten, und eine unendliche Anzahl von Wegstrecken kann nicht zurückgelegt werden.

Nennen wir den Ausgangspunkt Z (für Zenon) und den Endpunkt Z*. Das Argument kann wie folgt in zwei Prämissen und eine Konklusion zerlegt werden:

1. Von Z nach Z* zu gelangen verlangt, eine unendliche Anzahl von Wegstrecken zurückzulegen: von Z zu dem Punkt auf halbem Wege nach Z*, nennen wir ihn Z_1; von Z_1 zu dem Punkt auf halbem Wege zwischen ihm und Z*, nennen wir ihn Z_2; und so weiter.

2. Es ist für jedermann (und alles) logisch unmöglich, eine unendliche Anzahl von Wegstrecken zurückzulegen.

Konklusion: Es ist für jedermann unmöglich, von Z nach Z* zu gelangen. Da diese Punkte beliebig sind, ist *alle* Bewegung unmöglich.

Die anscheinend akzeptablen Prämissen (1) und (2) führen mittels einer anscheinend akzeptablen Folgerung zu einer anscheinend inakzeptablen Konklusion.

Niemand würde sich heutzutage auf den Gedanken einlassen, die Konklusion sei entgegen dem Anschein doch annehmbar. (Ich will mich auch hier nicht für Zenons eigene Antwort verbürgen.) Des weiteren erscheint die logische Folgerung einwandfrei. Unsere Frage muß also sein: Welche Prämisse ist fehlerhaft und warum?

Beginnen wir mit Prämisse (1), die zunächst einer Klärung bedarf. Die Vorstellung ist die, daß wir eine unendliche Reihe erzeugen können, nennen wir sie die Z-Reihe, deren Terme sind:

$$Z, Z_1, Z_2 \ldots$$

Es wurde vorgeschlagen, diese Terme für die Analyse der Wegstrecke von Z nach Z* zu verwenden, da sie angeblich unter jenen Punkten sind, die ein Läufer von Z nach Z* passieren muß. Man beachte, daß Z* kein Term in der Reihe ist; Z* wird nicht von der Operation erzeugt, die neue Terme der Reihe bildet – Halbierung des Abstandes zwischen dem vorherigen Term und Z*.

Wir geben zu, daß das Wort »Wegstrecke« in unserem Zusammenhang einige irreführende Implikationen hat. Vielleicht hat »Wegstrecke« die Konnotation, mit einer gewissen Absicht zurückgelegt zu werden; es liegt aber auf der Hand, daß der Läufer in bezug auf die meisten Glieder der Z-Reihe keine Absichten haben kann, da ihm weder die Zeit noch das Gedächtnis, noch überhaupt die Begrifflichkeit zur Verfügung steht, um an die meisten von ihnen denken zu können. Des weiteren mag er gar keine Absicht in bezug auf diejenigen haben, an die er denken *kann*. Wenn wir aber diese Konnotationen übergehen, dann scheint (1) kaum bestreitbar, solange die unendliche Teilbarkeit des Raumes anerkannt wird. Alles, was (1) dann bedeutet, ist die scheinbare Trivialität, daß Bewegung von Z nach Z* die Durchquerung der Abstände von Z zu Z_1, Z_1 zu Z_2 und so weiter beinhaltet.

Der Verdacht konzentriert sich auf (2). Warum sollte man nicht in der Lage sein, eine unendliche Zahl von Wegstrecken in endlicher Zeit zurückzulegen? Ist es nicht genau das, was passiert, wenn sich etwas bewegt? Ist das nicht außerdem etwas, was selbst in anderen Fällen passieren *könnte*? Man denke etwa an eine Ansicht, die Bertrand Russell einmal vertreten hat: Er meinte, wir könnten uns eine Person vorstellen, die immer geschickter in der Bewältigung einer bestimmten Aufgabe wird, so daß sie diese immer schneller ausführen kann. Beim ersten Mal mag es sie eine Minute kosten, die Sache zu erledigen, beim zweiten Mal nur eine halbe Minute und so weiter, so daß sie bei andauernder Ausführung eine Reihe von unendlich vielen Aufgaben im Zeitraum von zwei Minuten abschließen könnte. Russell sagte zwar, daß dies »medizinisch unmöglich«[5] ist, aber er behaup-

---

5 Russell (1936), S. 143.

tete, es sei *logisch* möglich; es beinhalte keinen Widerspruch. Wenn Russell damit recht hat, dann ist es Prämisse (2), die wir verwerfen sollten.

Man ziehe allerdings das folgende Argument in Betracht, in welchem das Wort »Aufgabe« in einer recht allgemeinen Weise verwendet wird, so daß dasjenige, was wir »eine Wegstrecke zurücklegen« genannt hatten, darunter fällt.

> Es gibt gewisse Schreibtischlampen mit einem Schalter im Fuß. Wenn die Lampe aus ist und man den Schalter drückt, geht sie an, und wenn die Lampe an ist und man den Schalter drückt, geht sie aus.
>
> Nun, angenommen, die Lampe ist aus und es gelingt mir, den Schalter unendlich oft zu betätigen, etwa indem ich in der ersten Minute einmal drücke, noch einmal in der folgenden halben Minute und so fort, gemäß Russells Anweisung. Nachdem ich die ganze unendliche Reihe von Schaltungen erledigt habe, also nach zwei Minuten, ist dann die Lampe an oder aus? Es scheint unmöglich, diese Frage zu beantworten. Sie kann nicht an sein, da ich sie nie angeschaltet habe, ohne sie sogleich wieder auszuschalten. Sie kann nicht aus sein, da ich sie zu Beginn angeschaltet hatte und sie danach nie ausgeschaltet habe, ohne sie sogleich wieder anzuschalten. Die Lampe muß aber entweder an oder aus sein. Das ist ein Widerspruch.   (Thomson, 1954; zitiert nach: Gale, 1968, S. 411.)

Nennen wir die vorgestellte Anordnung, bestehend aus mir, dem Schalter, der Lampe etc. »Thomsons Lampe«. Das Argument gibt vor, zu zeigen, daß Thomsons Lampe keine unendliche Reihe von Schaltungen in einer endlichen Zeit vollführen kann. Es hat die Form der *reductio ad absurdum*: Wir nehmen an, sie *könne* eine solche Reihe vollenden und zeigen, daß diese Annahme zu einer Absurdität führt – hier, daß die Lampe nach dem angenommenen Ende der Reihe weder an noch aus ist.

Das Argument ist jedoch nicht stichhaltig. Die Annahme, die

unendliche Reihe sei vollendet, führt nicht zu der Absurdität, daß die Lampe weder an noch aus ist. Aus dieser Annahme folgt nichts über den Zustand der Lampe *nach* der unendlichen Reihe von Schaltungen.

Man fasse die Reihe von Momenten T_1, T_2 . . . ins Auge, je einer Schaltung entsprechend. Der Darstellung zufolge werden die Lücken zwischen den Gliedern der T-Reihe immer kleiner und die Schaltungen immer schneller. Zu T_1 erfolgt eine Anschaltung, zu T_2 eine Ausschaltung und so weiter. Nennen wir den ersten Moment nach der (angenommenen) Vollendung der Reihe T*. Es folgt aus der Spezifikation der unendlichen Reihe, daß für jeden Moment *in der T-Reihe* gilt: Wenn die Lampe zu diesem Zeitpunkt an ist, dann gibt es einen späteren Moment in der Reihe, zu dem sie aus ist; und umgekehrt. Daraus folgt jedoch nichts darüber, ob die Lampe zum Zeitpunkt T* an oder aus ist, da T* *nicht* zu der Reihe gehört. T* wird nicht von der Operation erzeugt, die neue Glieder der T-Reihe aus alten bildet: ein Zeitpunkt zu sein, der vom letzten Glied halb so weit entfernt ist, wie deren Vorgänger es war. Die Spezifikation der Aufgabe spricht nur von Gliedern der T-Reihe und hat keine Konsequenzen, schon gar keine kontradiktorischen, für Dinge *zu* T*, was außerhalb der Reihe liegt.[6]

Der vorige Absatz soll nicht beweisen, daß es logisch möglich ist, eine unendliche Reihe von Aufgaben zu vollenden. Er soll nur zeigen, daß Thomsons Argument gegen diese Möglichkeit scheitert. In der Tat könnte jemand einen Grund anderer Art vorschlagen, zu meinen, daß Thomsons Lampe eine logische Absurdität beinhaltet.

Man bedenke den Schalter der Lampe. Wir stellen uns vor, daß er bei jedem Schalten dieselbe Strecke zurücklegt. Wenn er sich unendlich oft bewegt hat, dann ist eine unendlich lange Strecke in endlicher Geschwindigkeit in einer end-

---

6 **Frage:** Sind wir berechtigt, von dem »ersten Moment nach der (angenommenen) Vollendung der Aufgabe« zu sprechen?

lichen Zeit zurückgelegt worden. Es gibt gute Gründe zu sagen, daß das logisch unmöglich ist, da es Gründe gibt, anzunehmen, daß dasjenige, was wir mit durchschnittlicher Geschwindigkeit *meinen*, einfach Strecke geteilt durch Gesamtzeit ist: Wenn also Geschwindigkeit und Gesamtzeit endlich sind, dann muß es auch die Strecke sein. Wenn das zugestanden wird,[7] dann hatte Thomson recht mit seiner Behauptung, daß Thomsons Lampe, wie er sie beschrieben hatte, eine logische Unmöglichkeit war, auch wenn sein Argument dafür unzulänglich gewesen ist.

Diesem Einwand könnte durch eine Veränderung in der Bauweise des Apparates begegnet werden. Es gibt mindestens zwei Möglichkeiten. Die eine wäre, den Schalter des Apparates so zu konstruieren, daß er bei seiner ersten Betätigung eine Strecke δ zurücklegt, bei seiner nächsten nur $\frac{\delta}{2}$, dann nur $\frac{\delta}{4}$ und so weiter. Eine andere wäre, den Schalter so zu bauen, daß er sich bei jeder Betätigung schneller bewegt, ohne Limit.[8,9] Es ist schwer, positive Argumente dafür zu finden, daß dieser Apparat logisch möglich ist, aber er ist weder für Thomsons (unschlüssigen) Einwand zugänglich,

---

7 Vielleicht sollte es *nicht* zugestanden werden: Vielleicht handeln die gewöhnlichen Konventionen über die Bedeutung von »Geschwindigkeit« nicht von den Fällen, in denen Zeit oder Strecke unendlich sind. Wenn wir aber akzeptieren sollen, daß ein Lauf in eine unendliche Anzahl von »Aufgaben« geteilt wird, dann muß das in der Weise geschehen, daß die gesamte zurückgelegte Strecke endlich ist. Soll also der Lauf in der Begrifflichkeit von Apparaten wie Thomsons Lampe untersucht werden, dann tun wir gut daran, andere Bauweisen in Betracht zu ziehen, die keine unendlichen Strecken enthalten.

8 **Frage:** Bedeutet das, daß er sich am Ende unendlich schnell bewegen müßte?

9 **Frage*:** Bedeutet das, daß sich der Schalter schneller als Licht bewegen müßte? Wenn ja, heißt das, der Apparat ist *logisch* unmöglich?

noch für den, daß er die Absolvierung einer unendlichen Strecke in endlicher Zeit beinhalten würde. Wir können also, bis ein anderer Einwand kommt (vorläufig und mit der gebotenen Vorsicht), diese überarbeitete Thomson-Lampe als logische Möglichkeit akzeptieren. Und noch mehr: Wenn *sie* eine Möglichkeit ist, dann ist nichts logisch Unmögliches an einem Läufer, der eine unendliche Reihe von Wegstrecken zurücklegt.[10]

Es ist jedoch festzuhalten, daß man nicht extravagante Möglichkeiten aufweisen muß (wie die, daß Thomsons Lampe eine unendliche Menge von Aufgaben zu vollenden vermag), um zu zeigen, daß der Läufer Z* erreichen kann. Das Argument soll anders herum gehen: Sollte selbst die unendliche Thomson-Lampe möglich sein, dann kann es kein Problem mit dem Läufer geben.[11]

Im nächsten Abschnitt bespreche ich eine ziemlich raffinierte Variante der Rennbahn-Paradoxie. Diese Diskussion mag ein wenig die Beunruhigung auflösen helfen, die bei dieser Paradoxie verblieben ist.

---

10 **Frage:** Bewerten Sie das folgende Argument:
   Wir sind uns einig, daß sich die Zahlenreihe $\frac{1}{2}$, $\frac{1}{4}$, $\frac{1}{8}$, ... zu 1 addiert. Kontrovers ist, ob diese Tatsache etwas darüber sagt, daß der Läufer Z* erreichen kann. Wir wissen, daß es absurd wäre, zu behaupten, Energie sei unendlich teilbar, bloß weil es zu jeder Zahl, die eine Energiemenge bemißt, noch eine kleinere gibt. Desgleichen zeigt Zenons Paradoxie des Läufers, daß man sich Bewegung durch den Raum nicht als endlosen Fortschritt durch eine unendliche Reihe vorstellen darf. Es ist ebenso klar, daß es eine kleinste Bewegung gibt, die ein Läufer machen kann, wie es klar ist, daß es eine kleinste Strecke gibt, die wir messen können.

11 In Thomson (1954) wird die angenommene Unmöglichkeit von Thomsons Lampe dazu benutzt, Zweifel an der Vorstellung zu wecken, daß man das Rennen des Läufers als die Vollendung einer unendlichen Reihe von Aufgaben sehen kann. Dies wird im nächsten Abschnitt besprochen.

1.4   Noch einmal die Rennbahn

Prämisse (1) des vorhergehenden Abschnittes besagte, eine notwendige Bedingung für das Fortschreiten von Z nach Z* bestünde darin, sich durch die unendliche Reihe von dazwischen liegenden Z-Punkten zu bewegen. In dieser Wiederaufnahme will ich ein anderes Problem betrachten. Es scheint überzeugende Argumente für die folgenden inkonsistenten Aussagen zu geben:

(a)   Um Z* zu erreichen, ist es hinreichend, alle Z-Punkte zu passieren.

(b)   Um Z* zu erreichen, ist es *nicht* hinreichend, alle Z-Punkte zu passieren.

Wir können nicht sowohl (a) als auch (b) akzeptieren. Dieser Widerspruch könnte dazu verwendet werden, die Falschheit der Ansicht zu erweisen, daß der Lauf mit der Begrifflichkeit der unendlichen Reihe analysiert werden kann. Und das würde Zweifel an unserer obigen Prämisse (1) wecken.

Werfen wir einen genaueren Blick auf ein Argument für (a):

> Angenommen, jemand hätte jeden Punkt in der Z-Reihe berührt, ohne einen Punkt außerhalb einzunehmen, insbesondere ohne in Z* gewesen zu sein. Wo wäre er? Nicht an einem Z-Punkt, denn dann gäbe es einen Z-Punkt rechts von ihm, den er nicht berührt hätte. Nicht zwischen zwei Z-Punkten, aus demselben Grund. Und *ex hypothesi* nicht an einem Punkt außerhalb der Z-Reihe. Das sind aber alle Möglichkeiten.   (Vgl. Thomson, 1954; zitiert nach: Gale, 1968, S. 418.)

Anders gesagt: Wenn jemand alle Z-Punkte passiert, dann *muß* er nach Z* gelangen. Dem sei ein einfaches Argument gegen die Zulänglichkeit entgegengesetzt – ein Argument für (b):

> Z* liegt außerhalb der Z-Reihe. Es liegt weiter rechts als alle Glieder der Z-Reihe. Also kann das Passieren aller

Glieder der Z-Reihe einen nicht so weit nach rechts wie nach Z* bringen. Daher ist das Erreichen von Z* nicht mit logischer Notwendigkeit im Passieren aller Z-Punkte enthalten.

Die neue Wendung in der Paradoxie der Rennbahn ist, daß wir plausible Argumente für (a) und (b) haben, diese aber inkonsistent sind.

Man hat die folgende Entgegnung auf das Argument für (a) vorgeschlagen.[12] Die Frage: »Wo wäre der Läufer, nachdem er alle Z-Punkte passiert hat?«, kann mit »Nirgendwo!« beantwortet werden. Das Passieren aller Z-Punkte reicht nicht, um nach Z* zu gelangen, weil man zu existieren aufhören könnte, nachdem man alle Z-Punkte erreicht hat, aber noch nicht nach Z* gelangt ist. Um diesen Vorschlag farbiger zu gestalten, schlägt Paul Benacerraf vor, man solle sich einen Kobold vorstellen, der »bei dem Gedanken schrumpft«, Z* zu erreichen – so sehr, daß er immer kleiner wird, je weiter seine Reise vorankommt. Bei Z_1 hat er die Hälfte seiner Originalgröße, bei Z_2 ein Viertel, und so weiter. Wenn er also alle Z-Punkte passiert hat, ist seine Größe gleich Null und »es bleibt nicht mehr genug von ihm übrig«, um Z* einzunehmen.

Selbst wenn man dies akzeptiert, wird es unser Problem nicht lösen.[13] Das beste, was erreicht werden könnte, ist eine Einschränkung von (a): Was als hinreichend bezeichnet werden kann, um Z* zu erreichen, ist nicht bloß das Passieren aller Z-Punkte, sondern das zu schaffen *und* (!) weiter zu

---

12 Benacerraf (1962), S. 774.

13 **Frage*:** Kann dem folgenden Einwand begegnet werden?
Wo ist der Läufer, wenn er aufhört zu existieren? Er kann nicht auf einem Z-Punkt sein, da es (der Voraussetzung gemäß) stets einen Z-Punkt jenseits gibt, was bedeutet, daß er nicht durch alle Z-Punkte gegangen wäre. Wenn er aber auf oder jenseits von Z* zu existieren aufhört, dann hat er Z* erreicht, und die Behauptung, es sei hinreichend, ist also nicht widerlegt.

existieren. Das Argument gegen das Hinreichen jedoch, wenn es überhaupt etwas taugt, scheint ebensogut gegen eine entsprechend modifizierte Version von (b) zu sein. Da Z* außerhalb der Z-Reihe liegt, kann selbst das Passieren jedes Z-Punktes *und* weiteres Existieren nicht die Ankunft bei Z* logisch garantieren.

Ein Teil der Schwierigkeit liegt hierbei, so denke ich, in der genauen Natur jener Entsprechung, die wir zwischen mathematischer Reihe und physikalischem Raum etablieren. Wir haben da zwei recht unterschiedliche Dinge: einerseits eine Reihe von mathematischen Punkten, die Z-Reihe, und andererseits eine Reihe von physikalischen Punkten, welche die physikalische Rennbahn bilden. Eine mathematische Reihe wie die Z-Reihe mag kein letztes Glied haben. In diesem Fall ist unklar, wie wir auf die Frage »Welcher physikalischen Strecke entspricht diese Reihe mathematischer Punkte?« antworten sollen. Daß hier eine echte Frage besteht, wird durch die Tatsache verschleiert, daß wir das Wort »Punkt« sowohl auf eine mathematische Abstraktion wie auch auf einen Ort im physikalischen Raum anwenden können. Es *besteht* aber eine echte Frage, da Strecken, wie man sie sich gewöhnlich vorstellt, *zwei* Enden haben. Wenn eine Strecke zur Entsprechung gebracht werden kann mit einer mathematischen Reihe mit nur *einem* Ende (wie der Z-Reihe), dann nur durch Festsetzung. Wenn wir uns also einen Teil der Rennbahn als Strecke (als zwei-endige Strecke) vorstellen, die der mathematisch definierten Z-Reihe entspricht (einer ein-endigen Strecke), dann bleibt uns nur, festzusetzen, daß das, was der physikalischen Strecke entspricht, die Reihe von Z nach Z* ist. Dies gegeben, liegt es auf der Hand, daß die Durchquerung der der Z-Reihe entsprechenden Strecke ausreicht, um den Läufer nach Z* zu bringen. So gesehen, wird die Paradoxie durch Ablehnung des Argumentes für (b) und Annahme desjenigen für (a) aufgelöst – vielleicht modifiziert durch die Spitzfindigkeit über die weitere Existenz des Läufers.

Der Vorschlag kann durch die folgende Überlegung unter-

stützt werden: Angenommen, wir teilen eine Linie in zwei
getrennte Abschnitte, X und Y, indem wir eine Senkrechte
zeichnen, die sie in Punkt B schneidet:

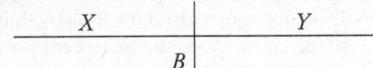

Die Begriffe von *Linie*, *teilen*, etc. sind unsere gewöhnlichen,
was immer diese sein mögen, und keine mathematischen
Spezifikationen derselben. Da B ein räumlicher Punkt ist,
muß er sich irgendwo befinden. Liegt er also auf X, oder auf
Y, oder auf beiden? Wir können nicht sagen, daß er sowohl
auf X als auch auf Y liegt, da die beiden unserer Annahme
zufolge getrennte Linien sind; d. h., sie haben keinen Punkt
gemeinsam. Es sieht aber so aus, als ob jeder Grund, den wir
dafür anführen könnten, daß B auf X liegt, einen ebenso
guten Grund dafür abgäbe, zu sagen, er läge auf Y. Wenn er
also auf einer liegt, liegt er auf beiden, was unmöglich ist.
Wenn wir versuchen, die intuitive Vorstellung der Zeichnung
in mathematischen Begriffen wiederzugeben, dann müssen
wir eine Entscheidung treffen. Denken wir uns die Strecken
als Mengen von (mathematischen) Punkten. Wenn X und Y
diskret sind (keinen Punkt gemeinsam haben), dann müssen
wir uns entscheiden, B entweder der Linie X zuzuordnen
(als deren letztes Glied) oder der Linie Y (als deren erstes
Glied). Treffen wir die erstere Wahl, dann hat Y kein erstes
Glied; treffen wir die zweite, dann hat X kein letztes Glied.
Soweit es um ein adäquates Modell für physikalischen Raum
geht, scheint es nichts zu geben, das diese Wahl bestimmen
könnte – wir scheinen frei festsetzen zu können. Was aber
geschieht, wenn wir dieses Modell auf tatsächliche Stücke
physikalischen Raumes anwenden?
Angenommen, wir entscheiden uns für die erste Möglichkeit,
nach der sich B auf X befindet. Wir stellen uns einen Bogenschützen vor, der gebeten wird, einen Pfeil abzuschießen,
welcher den gesamten X entsprechenden physikalischen

Raum durchmißt, ohne in den Y entsprechenden Raum einzudringen. Diese Anweisung bereitet unserer Vorstellung
keine Schwierigkeiten: Der Pfeil muß vom am weitesten
links liegenden Punkt von X abgeschossen werden und in
B landen. Nun stelle man sich einen Bogenschützen vor,
der gebeten wird, einen Pfeil abzuschießen, welcher den
gesamten Y entsprechenden physikalischen Raum durch-
quert, ohne in den X entsprechenden Raum einzudringen.
Diesmal scheint es unserer Vorstellung Probleme zu bereiten. Der Pfeil kann nicht an dem B entsprechenden Punkt im
physikalischen Raum landen, da B nach unserer Festsetzung
zu X gehört und demnach außerhalb von Y liegt. Aber auch
auf Y kann der Pfeil nirgendwo niedergehen, da es für jeden
Punkt auf Y einen weiteren gibt, der zwischen ihm und B
liegt. Es gibt keinen Punkt, welcher der *erste* rechts von B
wäre.

Das Merkwürdige an dieser Gegenüberstellung – die Leich-
tigkeit, ganz X und nichts von Y zu berühren *versus* die
Schwierigkeit, ganz Y und nichts von X zu berühren – ist,
daß es von der Festsetzung abhängt, *welche* Aufgabe problematisch ist. Hätten wir uns anders entschieden und festge-
setzt, daß B zu Y gehört, dann wären die Schwierigkeiten
vertauscht.

Die Schwierigkeit von zwei realen, physischen Aufgaben, die
den physikalischen Raum betreffen, kann sich nicht je nach
einer Festsetzung über die Zugehörigkeit von B ändern. Hier
besteht eine Diskrepanz zwischen den abstrakten, raum-
ähnlichen Begriffen der Mathematik und unseren Begriffen
vom physikalischen Raum. Wenn wir uns X und Y als echte
Strecken denken, als Spannen physikalischen Raumes, dann
kann unsere Schwierigkeit der bereits erwähnten Quelle
zugeordnet werden: Strecken – etwa die von Rennbahnen –
haben *zwei* Enden. Wenn jedoch B zu X und nicht zu Y
gehört, dann scheint es Y an einem linken Ende zu fehlen: B
kann dieses Ende nicht sein, da B zu X gehört und nicht zu Y
(gemäß der Annahme); aber Y kann auch keinen rechts von B

gelegenen Punkt als ihr linkes Ende haben, da es stets einen Y-Punkt links von jedem Punkt geben wird, der sich rechts von B befindet.

Die Schwierigkeit kommt von der Voraussetzung, Punkt B müsse eine Linie, zu der er gehört, teilweise konstituieren. Zu sagen, daß B sowohl zu X als auch zu Y gehört, wäre damit inkonsistent, da diese Linien sich nicht überlappen. Zu einer angemessenen Beschreibung des physikalischen Raumes benötigen wir einen anderen Begriff: etwa einen, der gestattet, daß zwei verschiedene physikalische Strecken, die wie X und Y aufgeteilt sind, sich berühren, ohne zu überlappen. Wir brauchen den Begriff einer Grenze, die selbst keinen Raum einnimmt.

Fragen wir, welcher Bereich des Raumes – vorgestellt, wie wir uns Rennbahnen denken: mit zwei Enden – den Punkten der Z-Reihe entspricht, dann scheint unsere einzig mögliche Antwort der Bereich von Z nach Z* zu sein. Das erklärt, warum das Argument für die Zulänglichkeit richtig war, trotz des im Gegenargument erwähnten Punktes. Z* gehört nicht zur Z-Reihe, aber Z* gehört zu jenem Bereich des Raumes, welcher der Z-Reihe entspricht.

In diesen Bemerkungen habe ich angenommen, daß wir kohärente räumliche Begriffe haben – etwa den der (zweiendigen) Strecke –, und wenn eine mathematische Struktur nicht zu diesen Begriffen paßt, dann um so schlimmer für die Meinung, diese Struktur sei eine richtige Wiedergabe unserer räumlichen Begriffe. Unter den gegebenen Umständen ist diese Form der Argumentation zweifelhaft, da sie sich der folgenden Zenonischen Erwiderung aussetzt: Der *einzige* Weg, durch den wir hoffen können, zu kohärenten räumlichen Begriffen zu gelangen, sind eben diese mathematischen Strukturen. Wenn dieser Weg scheitert – wenn die mathematischen Strukturen nicht alles bieten, was wir wünschen –, dann müssen wir zugeben, dem Unmöglichen hinterhergelaufen zu sein, dann gibt es keine Möglichkeit, unsere räumlichen Begriffe plausibel zu machen.

Das Fazit ist, daß die vollständige Antwort auf Zenons Paradoxie der Rennbahn eine detaillierte Ausarbeitung und Rechtfertigung unserer räumlichen Begriffe erfordern würde. Das ist die Aufgabe, die Zenon uns stellt – eine Aufgabe, die immer wieder von neuem angefaßt werden muß, wie jede Generation von Philosophen, die sich mit Zeit und Raum beschäftigen, ganz richtig empfindet.

1.5   Achilles und die Schildkröte

Wir können diese berühmteste aller Paradoxien mit der Terminologie reformulieren, die im Abschnitt über die Rennbahn-Paradoxie gewonnen wurde. Die Z-Reihe kann wie folgt neu definiert werden: Z ist Achilles' Startpunkt; Z_1 jener der Schildkröte; Z_2 ist der Punkt, den die Schildkröte erreicht, während Achilles nach Z_1 läuft; und so weiter. Z^* wird jener Punkt, an dem, wie wir alle glauben, Achilles die Schildkröte einholen wird, und der »Beweis« ist, daß Achilles, ganz wie der Läufer vor ihm, Z^* nie erreichen wird.

Wir könnten dies betrachten als im wesentlichen nichts anderes als die Rennbahn – wenn auch mit einer sich entfernenden Ziellinie. Die paradoxe Behauptung ist diese: Achilles kann nie nach Z^* gelangen, weil, wie viele Punkte der Z-Reihe er auch immer eingenommen haben mag, es immer noch mehr Z-Punkte voraus gibt, bevor er Z^* erreicht. Des weiteren können wir nicht von ihm erwarten, daß er eine unendliche Menge von »Aufgaben« (sich durch Z-Punkte zu bewegen) in einer endlichen Zeit erledigt. Eine angemessene Erwiderung auf die Rennbahn-Paradoxie wird leicht in eine angemessene Antwort auf diese Version der Achilles-Paradoxie umzuformen sein.

In einer solchen Interpretation der Paradoxie hat die Schildkröte kaum noch eine Statistenrolle zu spielen. Wir wollen sehen, ob wir ihr mehr gerecht werden können. Ein Versuch wäre folgender:

Die Schildkröte ist Achilles stets voraus, wenn sich Achilles an einem Punkt der Z-Reihe befindet. Aber wie geht das mit der Annahme zusammen, daß sie beide Z* zur gleichen Zeit erreichen? Wenn die Schildkröte in der Z-Reihe stets vorne lag, muß sie dann nicht vor Achilles aus dieser herauskommen?

Das läuft auf eine recht oberflächliche Paradoxie hinaus. Es ist trivial, daß die Schildkröte Achilles die ganze Zeit voraus ist, bis er gleichgezogen hat: Sie ist voraus bis Z*. Angenommen, daß sich beide durch alle Punkte der Z-Reihe bewegen können (was in der Rennbahn-Paradoxie bestritten wurde, aber hier nicht in Frage gestellt wird), dann gibt es keinen Grund, warum sie nicht beide diese Aufgabe an demselben Punkt in Raum und Zeit vollenden sollten. Ich muß also feststellen, daß ich an dieser Paradoxie nichts von wesentlichem Interesse finden kann, was nicht bereits in Verbindung mit der Rennbahn-Paradoxie besprochen worden wäre.

1.6   Der Pfeil

Zu jedem Moment in der Zeit nimmt der fliegende Pfeil einen »mit ihm identischen Raum« ein. Das heißt, der Pfeil kann sich in einem Moment nicht bewegen, da Bewegung eine Zeitspanne erfordert, und ein Moment als Punkt gesehen wird, der selbst keine Dauer hat. Daraus folgt, daß der Pfeil zu jedem Augenblick ruht und sich also nicht bewegt. Was für Pfeile gilt, gilt auch für alles andere: Nichts bewegt sich.

Aristoteles gibt einen sehr knappen Bericht über dieses paradoxe Argument und schließt, es zeige, daß »Zeit nicht aus unteilbaren Momenten besteht«.[14] Das ist eine mögliche

---

14 *Physik*, Z 9, 239b, 5 ff. und auch 30 ff.

Antwort, wiewohl eine, der es gegenwärtig an Anziehungskraft fehlen würde. Die klassische Mechanik will nicht nur Geschwindigkeit zu einem Zeitpunkt zulassen, sondern auch diverse ausgefallenere Begriffe: Grad der Veränderung von Geschwindigkeit zu einem Zeitpunkt (d. h. momentane Beschleunigung oder Verlangsamung), Grad der Veränderung von Beschleunigung zu einem Zeitpunkt und so fort.

Eine andere Antwort bestünde darin, zu akzeptieren, daß der Pfeil in jedem Moment ruht, aber zu bestreiten, daß daraus folgen würde, der Pfeil bewege sich nicht. Damit sich der Pfeil bewegen kann, so könnte man sagen, ist es nicht nötig, daß er sich in-einem-Moment-bewegt, was sicher unmöglich ist (bei dem fraglichen Begriff von *Moment*), sondern daß er sich zu verschiedenen Zeiten an verschiedenen Orten befindet. Ein Zeitpunkt ist nicht lang genug, um Bewegung zu enthalten, da Bewegung eine Relation zwischen einem Gegenstand, Orten und diversen Zeitpunkten ist. Wenn man eine solche Antwort rechtfertigen kann, dann besteht kein Anlaß, den Schluß von Aristoteles zu akzeptieren.

Angenommen, wir stellen Zenons Argument folgendermaßen dar:

1. In jedem einzelnen Moment bewegt sich der Pfeil nicht.
2. Eine Zeitspanne besteht aus Momenten.

Konklusion: In jeder Zeitspanne bewegt sich der Pfeil nicht.

Der Vorschlag wäre dann, daß das Argument nicht schlüssig ist: Die Prämissen sind wahr, aber die Konklusion folgt nicht aus ihnen.

Soll die erste Prämisse wahr sein, dann muß sie in einer recht eigentümlichen Weise verstanden werden, was dann den Schlüssel zu der Paradoxie liefert. Sie muß so verstanden werden, daß sich der Pfeil nirgendwo im Bereich eines Momentes bewegt. Sie muß in einer Weise verstanden werden, die noch eine Zurückweisung gestattet, die Zurückweisung der Ansicht, das Verhältnis von Pfeil und Moment garantiere bereits, daß der Pfeil ruht. Die Frage, ob sich etwas »in einem Moment« bewegt oder ruht, bezieht auch andere Momente wesentlich mit ein. Ein Gegenstand ruht in einem Augenblick genau unter der Bedingung, daß er sich in allen naheliegenden Augenblicken am selben Ort befindet; er bewegt sich in einem Augenblick genau unter der Bedingung, daß er sich in naheliegenden Augenblicken an verschiedenen Orten befindet. Keine Information über den Pfeil oder den einzelnen Moment kann feststellen, ob der Pfeil sich bewegt oder ruht. Kurz: Die erste Prämisse kann, wenn sie denn wahr ist, nicht so verstanden werden, als bedeute sie, daß der Pfeil in jedem einzelnen Moment ruht.

Sobald die erste Prämisse richtig verstanden ist, wird offensichtlich, warum das Argument fehlerhaft ist. Die Konklusion, daß der Pfeil immer in Ruhe ist, sagt von jedem einzelnen Moment, der Pfeil befinde sich in benachbarten Momenten am selben Ort. Diese Information ist nicht in den Prämissen enthalten. Wenn wir meinen, sie wäre es, dann liegt das wohl an der mangelnden Unterscheidung zwischen der Behauptung (die man als wahr ansehen kann), daß sich der Pfeil in jedem einzelnen Moment nicht bewegt, und der falschen Behauptung, er *ruhe* in jedem Moment.

Wenn das richtig ist, dann ist die Paradoxie des Pfeils eine derjenigen, bei denen die unannehmbare Schlußfolgerung (nichts bewegt sich) von einer annehmbaren Prämisse (keine Bewegung »während« eines Momentes) durch einen unannehmbaren Gedankengang erzeugt wird.

Literaturhinweise

Salmon (1970) enthält die Artikel von Thomson und Benacerraf, aus denen ich die Diskussion über »Unendlichkeitsapparate« entnommen habe, sowie viele weitere wichtige Artikel und einen klaren, einführenden Überblick von Salmon selbst. Es findet sich dort auch eine ausgezeichnete Bibliographie. Eine glänzende Einführung in die Philosophie von Raum und Zeit mit einem Kapitel über Zenons Paradoxien bietet Salmon (1980).

Einen historischen Bericht findet man bei Vlastos (1967), eine eingehende Diskussion bei Grünbaum (1967).

Das Zitat von Peirce, in seinen letzten Lebensjahren geschrieben, ist nicht repräsentativ. An vielen anderen Stellen diskutiert er Zenons Paradoxien sehr ernsthaft. Es ist allerdings nichts Ungewöhnliches, daß Leute eine Paradoxie als trivial ansehen, sobald sie glauben, eine eindeutige Lösung gefunden zu haben. Die Heilung von dieser Reaktion besteht in dem Versuch, jemand anderen von der eigenen »Lösung« zu überzeugen.

2 Vagheit: die Haufenparadoxie

2.1 Sorites-Paradoxien

Unterscheiden sich zwei Leute in ihrer Größe um einen Millimeter, dann, so sind wir geneigt zu glauben, sind entweder beide groß oder keiner von beiden. Wenn der eine 1,95 m mißt und der andere einen Millimeter weniger, dann sind beide groß. Ist einer 1,40 m groß und der andere einen Millimeter größer, dann sind beide klein. Diese scheinbar auf der Hand liegende und unbestrittene Annahme scheint zu der paradoxen Schlußfolgerung zu führen, daß jedermann groß ist. Man fasse eine Reihe von Größen ins Auge, die mit 1,95 m beginnt und in Schritten von einem Millimeter absteigt. Jemand von 1,95 m ist groß. Unserer Voraussetzung gemäß ist es dann auch jemand von 1,94 m und 9 mm. Wenn jedoch eine Person mit diesem Maß groß ist, dann muß auch eine um einen Millimeter kleinere Person groß sein, und so weiter ohne Ende – bis wir uns absurderweise sagen hören, jemand von 1,40 m sei groß, ja jedermann sei groß.[1]

Die in der Antike üblicherweise erzählte Version dieser Art von Paradoxien handelte von einem Haufen, und die griechische Bezeichnung für »Haufen« – *sorós* – hat dazu geführt, daß das Wort »Sorites« häufig zur Bezeichnung aller Paradoxien dieser allgemeinen Gattung verwendet wird. Angenommen, wir haben einen Sandhaufen: Nimmt man ein Korn weg, so ist das Verbleibende immer noch ein Haufen. Allgemein kann das Entfernen eines einzelnen Kornes keinen

---

1 Dies ist ein Standardbeispiel in der Literatur, aber es muß mit einer gewissen Vorsicht genossen werden. Eine Person von 1,40 m mag für einen Pygmäen groß sein, aber nicht für einen Europäer. Wir müssen voraussetzen, daß die Klasse im Hintergrund, zu welcher »groß« relativ ist, durch das Beispiel hindurch konstant gehalten wird.

Haufen in etwas verwandeln, das kein Haufen ist. Um die Formulierung des obigen Absatzes zu verwenden: Wenn zwei Ansammlungen von Sandkörnern sich in deren Anzahl um nur ein Korn unterscheiden, dann sind entweder beide Haufen oder keiner von beiden. Diese anscheinend auf der Hand liegende und unbestrittene Behauptung scheint zu der paradoxen Schlußfolgerung zu führen, daß alle Ansammlungen von Sandkörnern Haufen sind, selbst solche mit nur einem Element.

Stellen wir uns vor, wir blicken auf ein Farbspektrum durch eine Vorrichtung, welche den darin zu sehenden Teil dieses Spektrums in zwei gleiche, angrenzende Flächen teilt. Das Spektrum sei so breit und die Vorrichtung so schmal, daß die in den Fenstern sichtbaren Farben stets ununterscheidbar sind. Die Vorrichtung werde am roten Ende des Spektrums angesetzt und dann nach und nach rechts zum blauen Ende hin bewegt. Sie wird derart verschoben, daß die in der vorhergehenden Position im rechten Fenster sichtbare Fläche nun im linken Fenster erscheint. Zunächst wird man ohne zu zögern urteilen, daß beide Flächen rot sind. An jeder Stelle wird die neu zu sehende Fläche ununterscheidbar von der erscheinen, die man schon als rot beurteilt hat, und die noch sichtbar ist. Man ist sicherlich dem Grundsatz verpflichtet, daß von zwei Farbflecken die farblich nicht zu unterscheiden sind, entweder beide rot sind oder keiner von beiden – es muß aber zweifellos eine Zeit kommen, da keine der beiden sichtbaren Flächen rot *ist*. Das sieht nach einem Widerspruch aus: Einerseits waren die zwei angrenzenden Flächen nie von unterschiedlicher Farbe und die erste war sicher rot, andererseits hat die erste Fläche eine andere Farbe als eine der folgenden.[2]

Was haben diese paradoxen Argumente gemeinsam? In allen

---

2 **Frage:** Wie könnte man ein entsprechendes Argument mit der paradoxen Schlußfolgerung konstruieren, daß kein Mann kahlköpfig ist?

ist das Schlüsselwort *vage*: »groß«, »Haufen«, »rot«. Ein
vages Wort läßt Grenzfälle zu, Fälle, auf die das Wort weder
eindeutig zutrifft noch nicht zutrifft. Es gibt keine präzise
Größe, die für eine Person genügen würde, um groß zu sein,
und unterhalb derer man nicht groß ist; keine exakte Anzahl
von Körnern die für eine Ansammlung ausreichen würde,
einen Haufen zu bilden, und unterhalb derer Ansammlungen keine Haufen sind; keine präzise Stelle im Farbspektrum, welche die roten von anderen Farbtönen trennen
würde. Im Gegensatz dazu betrachte man *scharf umrissene*
Prädikate. Wir definieren »groß*« als 1,80 m oder größer.
Dann gibt es eine scharfe Trennlinie. Wenn jemand einen
Millimeter kleiner ist als 1,80 m, dann ist er nicht groß*. Wir
definieren »Sandhaufen*« als Menge von mindestens 350
Sandkörnern. Dann haben wir wieder eine scharfe Trennlinie: Wenn man ein Korn aus einer Ansammlung von 350
Sandkörnern wegnimmt, dann macht man einen Sandhaufen* zu einem Nicht-Sandhaufen*. Es ist die Vagheit von
»groß« und »Haufen«, die uns dazu bewegt, Versionen dessen zu unterschreiben, was das »Toleranzprinzip« genannt
werden könnte: Wenn sich zwei Leute in ihrer Größe um nur
einen Millimeter unterscheiden, dann sind entweder beide
groß oder keiner von beiden; wenn sich zwei Sandanhäufun-
gen in ihrer Anzahl um nicht mehr als ein Korn unterscheiden, dann sind entweder beide Haufen oder keiner von beiden.

Vagheit muß von einem anderen Phänomen unterschieden
werden, das ich *Relativität* nennen will. Betrachten wir die
Eigenschaft, *überdurchschnittlich groß zu sein*. Das ist keine
vage Eigenschaft, vorausgesetzt, es ist unproblematisch, Leuten Zahlen als Maße ihrer Größe zuzuordnen. Eine Person
ist genau unter der Bedingung überdurchschnittlich groß,
daß die ihre Größe bemessende Zahl höher ist als jene, welche die Durchschnittsgröße bezeichnet – was eine vollkommen exakte Bedingung ist. Größer als der Durchschnitt zu
sein ist zwar präzise bestimmbar, aber *relativ* zu einer ge-

gebenen Population. Um als Schwede überdurchschnittlich
groß zu sein, muß man größer sein, als dies ein Eskimo sein
muß, um überdurchschnittlich groß zu sein, da die Durchschnittsgröße der Schweden höher ist als die der Eskimos.
Wie das Beispiel zeigt, ist Relativität etwas anderes als Vagheit, denn sie kann auf präzise Ausdrücke, wie »ist überdurchschnittlich groß« zutreffen. Viele vage Prädikate sind
auch relativ, aber ihre Relativität darf nicht mit ihrer Vagheit
verwechselt werden. So ist zum Beispiel »groß«, anders als
»überdurchschnittlich groß«, sowohl vage als auch relativ.
Wenn man einsieht, daß gleichzeitig Relativität ausgeräumt
und Vagheit belassen werden kann, dann kann man verstehen, daß Vagheit von Relativität verschieden ist. Würden wir
anstelle von »groß« sagen, »groß für einen Schweden«, so
hätten wir die Relativität beseitigt, aber der Ausdruck bliebe
vage. Wir glauben, daß die Differenz von einem Millimeter
nicht den Unterschied ausmachen kann, ob jemand für einen
Schweden groß ist oder nicht. Das heißt, daß das Argument
aus dem ersten Absatz mit »groß für einen Schweden«
genauso funktionieren würde, wie es mit »groß« funktioniert hat.[3]
Vagheit muß außerdem von *Mehrdeutigkeit* unterschieden
werden. Etwa das Wort »Bank«: Es kann eine Sitzgelegen-
heit oder ein Geldinstitut bezeichnen. Daher mag es eventuell auf die Frage: »Ist er auf der Bank?«, keine definitive Antwort geben. Soweit eine Parallele zur Vagheit: Eventuell
kann es auf die Frage: »Ist er kahlköpfig?«, keine definitive
Antwort geben, wenn der Betreffende ein Grenzfall ist. Es
gibt jedoch einen Unterschied: Im Falle der Mehrdeutigkeit
kann ein einziger Satz verwendet werden, um mehr als eine
Sache zu sagen oder zu fragen. Bevor die Kommunikation
weitergehen kann, muß der Hörer feststellen, *welche* Sache
gesagt oder erfragt wird. In dem Beispiel mit »Bank« gibt es
keine eindeutige Antwort, weil es keine eindeutige Frage

3 **Frage:** Ist »Haufen« in derselben Weise relativ wie »groß«?

gibt. Bei der Vagheit ist es anders. Fragt jemand, auf einen Grenzfall bezogen: »Ist er ein Kind?«, dann besteht unser Problem bei der Beantwortung nicht darin, zu wissen, *welche* Frage gestellt wurde. Es steht hier nur eine Frage zur Debatte. Das Problem ist ein ganz anderes: Wenn die betreffende Person einen Grenzfall darstellt, dann ist weder »Ja« noch »Nein« eine gänzlich richtige Antwort. Diese Frage hat eine einzige vage Bedeutung, und das ist etwas ganz anderes, als zwei oder mehr Bedeutungen zu haben.

Vagheit ist ein weitverbreiteter Zug unseres Denkens. Man betrachte die folgende Liste: »Kind«, »Buch«, »Spielzeug«, »glücklich«, »schlau«, »wenig«, »wolkig«, »Perle«, »Schnurrbart«, »Spiel«, »Ehemann«, »Tisch«.[4] Könnte dieses Merkmal beseitigt werden? Könnten wir unsere vagen Ausdrücke durch präzise ersetzen? Sicher ist, daß präzise Wörter nicht dieselben Zwecke erfüllen könnten wie vage. Hierfür zwei Beispiele:

Das Wort »Kind« ist vage. Es gibt keinen Augenblick, der das Ende der Kindheit kennzeichnet, denn es ist ein allmählicher Prozeß, die Kindheit hinter sich zu lassen. Diese Tatsache ist entscheidend für die Rolle, die der Begriff *Kind* in unserem Denken spielt. Wir meinen etwa, besondere Pflichten Kindern gegenüber zu haben, die wir Erwachsenen gegenüber nicht haben. Diese Pflichten aber werden nicht über Nacht aufgegeben, sondern sie schwinden allmählich. Würden wir »Kind« durch einen präziseren Terminus ersetzen (etwa »Minderjährige[r]«), wie wir es für gewisse juristische Zwecke zu tun gezwungen sind, dann wären wir nicht mehr in der Lage, auszudrücken, wozu wir uns verpflichtet fühlen. Unsere Pflichten gegenüber einer Person als Kind können vor seiner (oder ihrer) Volljährigkeit enden oder danach bestehen bleiben, je nachdem, welches Alter das

---

4 **Frage:** Zeigen Sie, daß jedes der Worte in der Liste vage ist, indem Sie je einen Grenzfall grob skizzieren. Fallen Ihnen Worte ein, die nicht vage sind?

Gesetz für das Erreichen der Volljährigkeit vorsieht, und je nachdem, ob die betreffende Person »ihrem Alter entsprechend« ist, wie wir sagen.

Als weiteres Beispiel nehmen wir das Wort »rot«. Wir könnten es durch einen präzisen Ausdruck ersetzen, etwa einen, der mittels physikalischer Reflexionseigenschaften von Oberflächen definiert wäre: Nennen wir ihn »rot*«. Das Problem wäre, das wir für »rot*« keine Verwendung hätten. »Rot« ist ein Wort, das wir auf der Basis von normaler Beobachtung begründet anwenden können. Wir können durch einfaches Hinsehen entscheiden, ob etwas rot ist. Das aber gilt nicht von »rot*«. Das Beste, was wir tun könnten, wäre, eine Regel anzuwenden, wie: Wenn etwas rot ist, dann ist es wahrscheinlich auch rot*. Das würde uns gestatten, »rot*« abgeleitet zu gebrauchen. Diese Art der Verwendung setzt jedoch voraus, daß wir »rot« beibehalten; also *beseitigt* »rot*« »rot« nicht. Des weiteren erfüllt »rot*« nicht den von »rot« erreichten Zweck der unabgeleiteten Anwendbarkeit auf der Basis von Beobachtung.

Es ist eine Sache, zu sagen, Vagheit könne aus unserem Denken und Sprechen nicht beseitigt werden; es ist eine andere, zu fragen, ob Vagheit ein genuiner Zug der Wirklichkeit ist und nicht bloß etwas, das von unserer Art und Weise, die Realität zu beschreiben, herrührt. Einer Theorie zufolge ist die Wirklichkeit selbst vage, nach einer anderen sind es nur unsere Beschreibungen, während die Wirklichkeit selbst nicht vage ist. Ich kehre zu dieser tiefgründigen Frage am Ende des Kapitels zurück.[5]

---

5 **Frage:** Wie könnte jemand, der die Ansicht vertritt, Vagheit sei kein Zug der Wirklichkeit (sondern bloß unserer Beschreibungen derselben), auf das folgende Argument antworten?

Berge sind Teil der Wirklichkeit, aber sie sind vage. Sie haben keine scharfen Begrenzungen: Es ist vage, wo der Berg endet und die Ebene beginnt. Es ist also leicht zu sehen, daß Vagheit ein Zug der

Wie bei jeder Paradoxie gilt es, drei Möglichkeiten in Betracht zu ziehen:

(a) Die Schlußfolgerung des Arguments akzeptieren, aber erklären, warum sie inakzeptabel *erschien*.
(b) Das logische Folgern als fehlerhaft ablehnen.
(c) Eine oder mehrere Prämissen verwerfen, während man erklärt, warum sie akzeptabel *erschienen*.

Im Falle der Vagheit scheint es völlig sinnlos, die Alternative (a) zu verfolgen. Nichts könnte uns mit dem Vorschlag versöhnen, jedermann sei groß, ein Haufen könne nicht Korn für Korn abgetragen werden, bis kein Haufen mehr übrig ist, oder alle Farben seien rot. Außerdem scheint das logische Folgern extrem einfach zu sein und fundamentale logische Prinzipien zu verwenden – also ist auch (b) nicht sehr vielversprechend. Halten wir jedoch einen Moment inne, um detaillierter zu ergründen, wie der Gedankengang verlaufen könnte.

Angenommen, wir beginnen mit einer Ansammlung von 10 000 Sandkörnern – etwas, das eindeutig einen Sandhaufen darstellt. Schreiben wir als unsere erste Prämisse:

1. Eine 10 000-Körner-Ansammlung ist ein Haufen.

Dem Toleranzprinzip zufolge ist die nächste Prämisse:

2. Wenn eine 10 000-Körner-Ansammlung ein Haufen ist, dann ist es auch eine 9999-Körner-Ansammlung.

Tatsächlich erzeugt das Toleranzprinzip viele weitere Prämissen dieser Form:

3. Wenn eine 9999-Körner-Ansammlung ein Haufen ist, dann ist es auch eine 9998-Körner-Ansammlung.

Und so fort. Nennen wir die erste Prämisse die *kategorische*

Wirklichkeit ist, und nicht bloß ein Merkmal unseres Denkens und Sprechens.

und die anderen die *konditionalen* Prämissen. (Eine konditionale Aussage hat die Form: »Wenn . . ., dann . . .«)
Wir sind ebenso geneigt, an diesen konditionalen Prämissen festzuhalten, wenn sie kleine Zahlen betreffen, wie wenn es um große geht, und tendieren auch dazu, die konditionalen Prämissen unabhängig davon anzuerkennen, ob sie Fälle betreffen, in denen ein echter Zweifel besteht, ob eine Menge noch Haufengröße hat. Zum Beispiel:

10 000. Wenn eine 2-Körner-Ansammlung ein Haufen ist, dann ist es auch eine 1-Korn-Ansammlung.

Wir sind fest überzeugt, daß weder eine Menge von einem noch eine von zwei Körnern einen Haufen darstellt, aber das hält uns nicht davon ab zu sagen: *Wenn* eine 2-Körner-Ansammlung ein Haufen ist, dann ist es auch eine 1-Korn-Ansammlung. Das spiegelt unsere Überzeugung wider, daß ein Haufen nicht durch Wegnehmen eines Körnchens in einen Nicht-Haufen verwandelt werden kann.

Gleichermaßen:

9925. Wenn eine 77-Körner-Ansammlung ein Haufen ist, dann ist es auch eine 76-Körner-Ansammlung.

Hier könnten wir uns wirklich fragen, ob jede der beiden Mengen die Bezeichnung »Haufen« verdient. Der Konditionalsatz reflektiert jedoch unsere Überzeugung, daß entweder beide Haufen sind oder keiner von beiden. Das aber ist nur eine andere Art und Weise, das Toleranzprinzip auszudrücken: Die Differenz von einem Korn kann nicht den Unterschied zwischen einem Haufen und einem Nicht-Haufen ausmachen.
Noch haben wir keine Paradoxie. Um sie zu bekommen, wenden wir auf diese Prämissen ein allgemeines Gesetz der logischen Folgerung an: Sind eine Aussage p und ein Konditional »wenn p, dann q« gegeben, dann können wir q ableiten. Dieses Prinzip wird immer noch mit dem lateinischen Namen bezeichnet, den es im Mittelalter erhielt: *modus*

ponendo ponens, oder kurz *modus ponens*. Seine Anwendung auf die erste und zweite Prämisse ergibt:

Eine 9999-Körner-Ansammlung ist ein Haufen.

Erneute Anwendung auf das obige und Prämisse (3) ergibt:

Eine 9998-Körner-Ansammlung ist ein Haufen.

In derselben Weise fortfahrend, kommen wir schließlich zu dem Ergebnis, daß eine 1-Korn- (oder schließlich sogar eine 0-Korn-)Ansammlung einen Haufen darstellt, und das ist die Absurdität.

Die Analyse zeigt, daß das einzige in der Ableitung der Absurdität verwendete logische Folgerungsprinzip der *modus ponens* ist. Es scheint unmöglich, dieses Prinzip anzuzweifeln – das heißt, unmöglich, anzunehmen, es könne uns je von Wahrheit zu Falschheit führen, egal wie oft wir es anwenden. Wir zögern also sicherlich, Antwort (b) zu wählen. Wir werden daher Erwiderung (c) untersuchen: Die Prämissen ablehnen, während wir erklären, warum sie uns unwiderstehlich erschienen.

2.2 Die Prämissen ablehnen: Verschärfung

Der Grund für eine Ablehnung der Prämissen ist zunächst einfach die mangelnde Attraktivität der anderen möglichen Antworten. Wenn man die Schlußfolgerung nicht annehmen und die Prinzipien der Folgerung nicht ablehnen kann, dann *muß* an den Prämissen etwas faul sein. Wir müßten jedoch noch erklären, warum sie uns wahr erschienen.

Sagen wir, ein Gegenstand fällt genau dann in die *positive Extension* eines Prädikates, etwa »Haufen«, wenn der Gegenstand eindeutig die betreffende Eigenschaft hat, also etwa eindeutig ein Haufen ist; ein Gegenstand fällt genau dann in die *negative Extension*, wenn ihm die relevante Eigenschaft eindeutig fehlt; und anderenfalls fällt er in die

Penumbra [»Halbschatten«, »Halbdunkel«]. Definitionsgemäß ist ein vages Wort ein solches, bei dem einige Gegenstände in die Penumbra fallen oder fallen könnten. Mit Hilfe dieser Terminologie werden wir einen Gedankengang betrachten, der erklären soll, warum uns die Prämissen des paradoxen Arguments wahr erschienen, ohne es wirklich zu sein.

Man kann sich einen vagen Ausdruck so denken, daß er uns einen gewissen Spielraum bezüglich der Gegenstände in seiner Penumbra läßt. Dies sind Gegenstände, bei denen es sozusagen freigestellt ist, sie entweder in der positiven oder der negativen Extension zu plazieren, wiewohl kein Zwang besteht, sie einer von beiden zuzuordnen. Wir tendieren dazu, diese Erlaubnis nach der Art des Toleranzprinzips zu verwenden, d. h., wenn wir sie bei einem Gegenstand in einer bestimmten Weise gebraucht haben, dann glauben wir, bei einem sehr ähnlichen Gegenstand in derselben Weise verfahren zu müssen. Diese Haltung ist jedoch irrational, wenn wir es mit Fällen in der Penumbra zu tun haben. Es steht außer Frage, ob ein vages Prädikat wirklich auf einen Gegenstand in seiner Penumbra zutrifft oder nicht. Wir können die Sache in eine der beiden Richtungen frei entscheiden. Es wäre also nichts falsch daran, etwa einen Mann von 1,80 m der positiven Extension von »groß« und einen um einen Millimeter kleineren der negativen Extension zuzuordnen. Es zwingt uns nichts, diese Entscheidung zu treffen, aber es gibt auch nichts, was sie ausschließen würde. Wir befinden uns nicht in dem Bereich: *wie es sich mit dem Gegenstand verhält*, sondern in dem Bereich: *wie wir von den Gegenständen sprechen wollen*. Sobald wir das einsehen, so der Gedankengang, begreifen wir auch, daß man nicht dem Toleranzprinzip anhängen sollte, jedenfalls nicht was die Fälle in der Penumbra betrifft.

Um den Vorschlag neu zu formulieren (ich bleibe bei dem »Haufen«-Beispiel, wiewohl der Vorschlag allgemeine Verwendung finden soll): Man sagt bei der Anwendung des

Wortes »Haufen« auf einen Gegenstand genau dann die Wahrheit, wenn der Gegenstand eindeutig ein Haufen ist; man sagt genau dann etwas Falsches, wenn der Gegenstand eindeutig kein Haufen ist. Wendet man das Wort »Haufen« auf einen Gegenstand in der Penumbra des Wortes an, dann sagt man weder etwas Wahres noch etwas Falsches. Der Gedanke dabei ist, von hier aus zu zeigen, daß die Prämissen der Paradoxie nicht alle wahr sind.

Seien wir uns darüber im klaren, was sonst noch benötigt wird. Die kategorische Prämisse handelt nicht von einem Gegenstand in der Penumbra, und daher läßt sie der gegenwärtige Vorschlag, ganz richtig, auch unberührt. Welche Prämisse also ist nicht wahr? Zweifellos jede Prämisse, die Fälle in der Penumbra von »Haufen« betrifft: Ansammlungen mit etwa 70 Elementen (wir tun so als ob). Dies sind aber *konditionale* Prämissen, und nichts von dem bisher Gesagten beinhaltet irgend etwas davon, was es für Konditionale heißt, wahr, falsch oder weder wahr noch falsch zu sein.

Angenommen, α und β fallen in die Penumbra von »Haufen« und α hat ein Korn mehr als β. Aus dem bisher Gesagten geht dann hervor, daß »α ist ein Haufen« weder wahr noch falsch ist; und ebenso »β ist ein Haufen«. Der Vorschlag sagt aber soweit nichts über die Frage, ob das folgende Konditional wahr ist:

Wenn α ein Haufen ist, dann ist auch β ein Haufen.

Um uns erfolgreich von der Paradoxie befreien zu können, müßte der Vorschlag zeigen, daß eine solche Prämisse nicht wahr ist.

Die erforderliche Verfeinerung kann folgendermaßen erreicht werden: »Haufen« ist vage, könnte aber durch ein klares, scharfes Prädikat ersetzt werden. (Lassen wir im Moment außer acht, ob ein scharfes Prädikat allen Zwecken genügen kann, die ein vages erfüllt.) Tatsächlich ist diese Ersetzung der einzige Weg voran, wenn jemand erbarmungslos die Frage verfolgt, ob ein bestimmter Gegenstand in der Penumbra ein Haufen ist oder nicht. Wir müssen sagen: Auf *diese* Frage gibt es keine Antwort, aber es ließen sich neue Prädikate ähnlich wie »Haufen« einführen, von denen wir die Frage beantworten *könnten*. Alles in der positiven Extension von »Haufen« wird auch zu der positiven

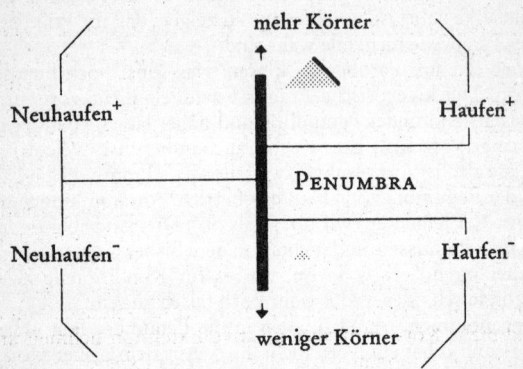

Abb. 2.1 *Schärfung des Prädikates »Haufen« durch das neue Prädikat »Neuhaufen«.*

Extension eines solchen neuen Prädikates gehören. Alles in der negativen Extension von »Haufen« wird auch in der negativen Extension eines solchen neuen Prädikates sein. Gegenstände in der Penumbra von »Haufen« werden zwischen der positiven und der negativen Extension der neuen Prädikate verteilt. Es wird diverse Arten geben, diese Verteilung durchzuführen, und je ein neues Prädikat für jede Art und Weise.

In Abbildung 2.1 deutet »Haufen⁺« die positive Extension von »Haufen« an und »Haufen⁻« dessen negative Extension. »Neuhaufen« ist eines der vielen neuen Prädikate, die eingeführt werden könnten; seine positive Extension enthält die positive Extension von »Haufen«, seine negative Extension die negative Extension von »Haufen«, und jene Ansammlungen von Körnern aus der Penumbra von »Haufen« werden zwischen seinen beiden Extensionen aufgeteilt. Ein solches Prädikat wird als *Schärfung* in bezug auf »Haufen« bezeichnet werden.[6]

Wir können den Begriff der Schärfung dazu gebrauchen, ein umfassenderes Verständnis der Wahrheit in bezug auf jene Sätze zu gewinnen, die vage Prädikate enthalten. Wir werden sagen, ein solcher Satz sei dann und nur dann wahr, wenn er unabhängig davon wahr ist, wie seine vagen Prädikate geschärft werden – mit anderen Worten, dann und nur dann, wenn der Satz bei allen Schärfungen wahr ist. Was damit gemeint ist, läßt sich am besten anhand von Beispielen erklären. Angenommen, eine Menge von 75 Körnern, nennen wir sie α, fällt in die Penumbra von »Haufen«. Einige Schärfungen von »Haufen« machen »α ist ein Haufen« wahr. So könnte zum Beispiel eine Schärfung Ansammlungen von 75 und mehr Körnern in ihre positive Extension nehmen und kleinere Ansammlungen in ihre negative Extension. Jedoch ist der Satz nicht bei *allen* Schärfungen wahr, da es eine Schärfung gibt, nennen wir sie Σ, die alle Ansammlungen von mindestens 76 Körnern in ihre positive Extension nimmt und alle kleineren Ansammlungen in ihre negative Extension. Also ist der Satz »α ist ein Haufen« nicht bei allen

6 **Frage:** Der Text ist ungenau (wiewohl die Zeichnung zeigen wird, in welcher Hinsicht). Eine Art und Weise, die Penumbra aufzuteilen, wäre zum Beispiel die folgende: Das Prädikat »Haufen*« wird so definiert, daß die positive Extension von »Haufen« in seine positive Extension fällt, die negative Extension von »Haufen« in seine negative Extension; daß außerdem die Mitglieder der Penumbra von »Haufen« mit ungerader Anzahl in seine positive Extension fallen sowie deren Mitglieder mit gerader Anzahl in seine negative Extension. Erklären Sie, warum dieses Prädikat nicht den geforderten Zwecken dienen könnte. Geben Sie eine vollkommen angemessene Definition von *Schärfung*.

Schärfungen wahr und daher nach der vorliegenden Theorie nicht wahr. Das ist das erwünschte Ergebnis. Aus analogen Gründen ist der Satz auch nicht falsch. Bisher haben wir noch keinen Fortschritt erzielt, denn wir hatten ja schon gezeigt, daß der vorliegende Entwurf behaupten würde, die Anwendung von »Haufen« auf Gegenstände in seiner Penumbra sei weder wahr noch falsch. Was die Technik der Schärfung zur Verfügung stellt – und darin besteht der ganze Grund, sie einzuführen – ist eine Handhabung von komplexen Sätzen, insbesondere von Konditionalsätzen. Wir müssen, diesem Gedankengang folgend, einen Weg finden, die Wahrheit einiger der Prämissen des paradoxen Arguments zu verneinen. Die betreffenden Prämissen sind Konditionale, also müssen wir erklären, warum die Konditionale nicht wahr sind.

Angenommen, wie bisher, daß α und β in die Penumbra von »Haufen« fallen. Es sei insbesondere angenommen, daß α eine Ansammlung von 76 Körnern und β eine von 75 Körnern ist. Ist der folgende Satz bei jeder Schärfung wahr?

S. Wenn α ein Haufen ist, dann ist es auch β.

Nein – denn man bedenke Schärfung Σ. Da sie alle Mengen von 76 oder mehr Körnern in ihre positive Extension nimmt, ist »α ist ein Haufen« bei Σ wahr; da sie aber auch alle Ansammlungen von 75 oder weniger Körnern in ihre negative Extension nimmt, ist »β ist ein Haufen« bei Σ falsch. Ein Satz von der Form »wenn . . ., dann . . .« kann nicht wahr sein, wenn der erste Satz – das Antezedens – wahr und der zweite – die Konsequenz – falsch ist. Also ist S nicht wahr bei Σ und daher nicht bei allen Schärfungen wahr; folglich ist S nicht wahr. Genausowenig ist es falsch, wie der analoge Gedankengang zeigen würde.[7] Es ist nicht so, daß in dieser Theorie *jeder* Satz, in dem ein

---

7 **Frage:** Wie könnte man zeigen, daß S nicht falsch ist?

vages Prädikat auf einen Gegenstand in seiner Penumbra angewandt wird, weder wahr noch falsch wäre. Der Satz,

α ist entweder ein Haufen oder kein Haufen

zum Beispiel, ist bei allen Schärfungen wahr, und also wahr. Eine Schärfung zieht irgendwo eine Linie: α wird entweder in die positive oder in die negative Extension fallen, wo auch immer sie gezogen wird. Daher gilt für jede Schärfung, daß entweder »α ist ein Haufen« oder »α ist kein Haufen« bei dieser Schärfung wahr ist. Also wäre »α ist entweder ein Haufen oder kein Haufen« bei jeder Schärfung wahr – das heißt, in dieser Theorie, *wahr (simpliciter)*.

Das vervollständigt die Theorie. Ich nenne sie die *Verschärfungstheorie*.[8,9] Zusammenfassend gibt sie zu zeigen vor, daß nicht alle Prämissen des paradoxen Arguments wahr sind. Insbesondere gilt das Toleranzprinzip nicht für Fälle in der Penumbra. Die mit einem vagen Prädikat gegebene Freizügigkeit gestattet uns (auch wenn sie uns nicht dazu zwingt), jeden Gegenstand in der Penumbra als Gegenbeispiel zum betreffenden Toleranzprinzip zu betrachten. Ein angeblicher Vorzug der Theorie ist, daß sie die übliche Logik bewahrt: So läßt sie zum Beispiel alle Fälle von »entweder p oder nicht p« wahr sein. Bei dieser Theorie haben wir also nichts mit jener Antwort zu tun, die ich mit (b) bezeichnet hatte: Aufgabe einiger logischer Prinzipien.

---

8 Siehe Fine (1975) und auch van Fraassen (1966). Diese Aufsätze enthalten einige formale Details. Man vergleiche Dummett (1975), besonders S. 256 f., bezüglich einer weniger technischen Darstellung der zugrundeliegenden Idee. [*Anm. d. Übers.*: Im Original nach einem Vorschlag von Kit Fine in dem o. g. Aufsatz als »the supervaluational account« bezeichnet.]

9 **Frage:** Impliziert die Verschärfungstheorie, daß folgendes wahr ist?
»α ist ein Haufen« ist wahr, oder »α ist kein Haufen« ist wahr.
Auf welchen interessanten Punkt in der Behandlung von »oder« durch die Verschärfungstheorie wirft die Antwort ein Licht?

Ich werde mich mit zwei Einwänden gegen die Verschärfungstheorie befassen. Der erste besteht darin, die Theorie setze voraus, daß es eine scharfe Trennlinie zwischen der positiven Extension eines vagen Prädikates und seiner Penumbra gibt. Dem Einwand zufolge setzt die Theorie voraus, es gäbe zum Beispiel eine Zahl *n*, von der gilt, daß eine Ansammlung von *n* Körnern eindeutig ein Haufen ist und eine Ansammlung von *n* − 1 Körnern nicht. Diese Voraussetzung geht aus der Definition von Schärfung hervor.

Es steht fest, daß das, was angeblich vorausgesetzt wird, falsch ist – zumindest für einige Prädikate. Ein Weg dies einzusehen besteht in der Beobachtung, daß es einen Unterschied zwischen *eindeutigen* Grenzfällen und anderen geben kann. Ich denke zum Beispiel, daß ein Fünfzehnjähriger einen eindeutigen Grenzfall von »Kind« darstellt. Es gibt jedoch auch Grenzfälle von Grenzfällen: Ein Vierzehnjähriger ist wahrscheinlich ein Grenzfall zu einem Grenzfall von »Kind«. Es gibt keine scharfe Grenze zwischen positiver Extension und Penumbra. Um das Argument anders aufzuzäumen: Wir könnten eine neue Version der Paradoxie ersinnen, ganz wie die alte, nur daß »ist ein Haufen« oder »ist ein Kind« durch »ist eindeutig ein Haufen« oder »ist eindeutig ein Kind« ersetzt wird.[10] Dies zeigt, die Vagheit von »ist eindeutig ein Haufen« und »ist eindeutig ein Kind«, und daß es folglich vage ist, wo die jeweilige positive Extension von »Haufen« und »Kind« aufhört und ihre Penumbra beginnt.

Die Frage ist also, ob die Verschärfungstheorie wirklich voraussetzt, daß es scharfe Grenzen gibt, wo keine sind. Ich denke, sie tut es nicht und ist daher gegen den Einwand nicht empfindlich. Wenn es keine scharfe Grenze zwischen

---

10 **Frage:** Schreiben Sie die kategorische Prämisse dieses paradoxen Arguments aus und geben Sie ein Beispiel für die konditionalen Prämissen. Was ist die scheinbar unannehmbare Konsequenz dieser Prämissen?

Penumbra und positiver Extension sowie Penumbra und negativer Extension gibt, dann ist der Begriff der Schärfung vage. Nehmen wir zum Beispiel an, eine Ansammlung von 100 Körnern falle weder eindeutig in die positive Extension von »Haufen« noch eindeutig in seine Penumbra. Ein Prädikat, das Ansammlungen von 100 Körnern in seine negative Extension nimmt, wird dann ein Grenzfall von Schärfung sein. Es wird nicht eindeutig eine Schärfung sein, da es nicht eindeutig gestattet ist, Mengen von 100 Körnern so zu behandeln, als fielen sie in die Penumbra von »Haufen«. Es wird nicht eindeutig *keine* Schärfung sein, da es nicht eindeutig illegitim ist, Mengen von 100 Körnern so zu behandeln. Da in der Verschärfungstheorie Wahrheit in Begriffen von Schärfungen definiert ist, wird die Wahrheit dieser Theorie zufolge selbst vage sein. Dies ist eine Möglichkeit, wie die Theorie mit dem fraglichen Phänomen zurechtkommen könnte – Vagheit höherer Ordnung, wie es genannt wird.[11]

Um zu zeigen, daß Vagheit höherer Ordnung nicht die Fähigkeit der Verschärfungstheorie zunichte macht, die Paradoxien zu blockieren, bedenke man die folgende Tatsache: Von einer gewissen Zahl n gilt, daß sowohl Ansammlungen von n Körnern als auch von $(n-1)$ Körnern eindeutig in die Penumbra von »Haufen« fallen. Es ist also eindeutig der Fall, daß irgendeine Schärfung – wie wenig auch immer wir uns als Schärfung anzusehen gestatten – die größere Ansammlung in seine positive Extension und die kleinere in seine negative Extension aufnimmt und dadurch das Konditional als falsch erweist:

Wenn die Ansammlung von n Körnern ein Haufen ist, dann ist es auch die Ansammlung von $(n-1)$ Körnern.

Die Vagheit von »Schärfung« hat also keinen Einfluß auf die

---

11 **Frage:** Viele Schärfungen sind recht eindeutig Schärfungen. Welches Beispiel könnten Sie geben, um dies zu veranschaulichen?

Tatsache, daß der Verschärfungstheorie zufolge nicht alle Prämissen des paradoxen Arguments wahr sind.[12]

Ich wende mich nun dem zweiten Einwand gegen die Verschärfungstheorie zu: sie entstelle den Charakter der Vagheit. Dieser Einwand benötigt einen gewissen Hintergrund.

Man betrachte das Wort »Perle«. Es ist vage (zumindest werde ich so tun als ob) aus folgendem Grund. Alles aus dem richtigen Stoff und in einer Auster gebildet, zählt als Perle. Alles nicht aus dem richtigen Stoff ist keine Perle. Es gibt jedoch Grenzfälle. Was sollen wir über einen perlenförmigen Klumpen aus Perlen-Material sagen, der irgendwie außerhalb einer Auster künstlich hergestellt wurde? Ich schlage vor, der Sinn von »Perle« entscheidet diese Frage nicht; also zählt »Perle« als vage, seine Vagheit ist aber von ganz anderer Art als die von »groß« oder »Kind«.

Ein Unterschied besteht darin, daß eine willkürliche Entscheidung, »Perle« in der einen oder anderen Weise zu schärfen (diese perlenförmigen Klumpen aus Perlen-Material einschließend oder ausschließend), uns ein scharfes Wort zur Verfügung stellen würde, das im wesentlichen dieselbe Rolle spielen könnte, wie unser gegenwärtiges vages Wort »Perle«. Das ist jedoch bestenfalls ein Hinweis auf einen weiteren noch wichtigeren Unterschied.

Angenommen, die Mutter sagt: »Auf keinen Fall trägst du dein Haar als Zopf!« Dieser Befehl betrifft nur die Art und

---

12 **Frage:** Wie würden Sie den folgenden Einwand gegen die vorliegende Fassung der Verschärfungstheorie bewerten?

Wenn »Schärfung« vage ist, dann kann kein Satz eindeutig wahr sein. Wahrheit beinhaltet die Berufung auf *alle* Schärfungen; was als Schärfung gilt, ist vage, also trifft auf keine Menge eindeutig zu, daß dies alle existierenden Schärfungen wären (von einem bestimmten Prädikat). Es ist jedoch absurd, sagen zu wollen, »Yul Brynner war kahlköpfig« sei irgend etwas anderes als *eindeutig* wahr.

Weise des Kindes, das Haar zu tragen, nicht dessen Farbe. Die Mutter sagt nicht, die Farbe sei ihr egal, sie erwähnt sie ganz einfach gar nicht. Was diesen Befehl angeht, so hat das Kind Freizügigkeit in bezug auf die Farbe, auch wenn der Befehl diese Freizügigkeit nicht gewährt. Im Gegensatz dazu gibt der Befehl, »Auf keinen Fall trägst du dein Haar als Zopf, aber du kannst es färben, wie du willst!«, ausdrücklich Freizügigkeit in bezug auf die Farbe. Die Bedeutung eines Wortes verhält sich ein wenig wie ein Befehl oder eine Regel. Ich kann behaupten, die Bedeutung von »Perle« sei wie die erstere Art von Befehlen. Ganz so, wie der erste Befehl nicht von Haarfarbe handelte, so handelt auch die Bedeutung von »Perle« nicht von perlenförmigen Klumpen aus Perlen-Material. Im Endeffekt haben wir Freizügigkeit in diesen Dingen, auch wenn sie von der Bedeutung des Wortes nicht ausdrücklich gewährt wird. Im Gegensatz dazu werde ich vertreten, daß die Bedeutung von Worten wie »Haufen« etwas über Fälle in der Penumbra aussagt, und das, was sie sagt, erschöpft sich nicht darin, daß man Freizügigkeit hat.

Ich werde diese Behauptung ausarbeiten und verteidigen. Zunächst ein wenig Terminologie: Worte wie »Perle«, deren Bedeutung zu Fällen der Penumbra schweigt, werde ich als *unwesentlich vage* bezeichnen. Worte wie »Kind«, deren Bedeutung von Fällen in der Penumbra handelt, werde ich als *wesentlich vage* bezeichnen.[13]

Was sagt die Bedeutung eines wesentlich vagen Wortes über seine Fälle in der Penumbra? Schauen wir zunächst, welche Antwort man für die Verschärfungstheorie geben kann. Es gibt zwei Möglichkeiten:

---

13 **Frage:** In allen meinen Beispielen für wesentliche Vagheit besteht ein flüssiger Übergang: Es gibt Veränderungen, die zu klein sind, um einen Unterschied auszumachen, ob das Wort zutrifft, auch wenn eine große Veränderung doch einen Unterschied macht. Könnte man dieses Merkmal zu einer *Charakterisierung* der wesentlichen Vagheit verwenden?

1. Man könnte sagen, die Antwort ist: »Nichts«, so daß jene Freizügigkeit, die man zur Rechtfertigung des Begriffs der Schärfung braucht, durch Unterlassung zustande kommt – wie in der ersten Art von Befehlen. Das bedeutet, daß der Verschärfungstheoretiker die Unterscheidung von wesentlicher und unwesentlicher Vagheit ablehnt oder doch behauptet, jeder Fall von Vagheit sei ein Fall von unwesentlicher Vagheit.
2. Man könnte sagen, daß die Bedeutung ausdrücklich Freizügigkeit gewährt, das Prädikat zu- oder abzusprechen, wie man wünscht – nach dem Muster der zweiten Art von Befehlen.

Beide möglichen Antworten sind meiner Ansicht nach falsch.

Zunächst kann gezeigt werden, so denke ich, daß wir zugestehen müssen, daß die Bedeutung eines wesentlich vagen Prädikates etwas über Fälle in der Penumbra sagt. Wird das zugegeben, dann ist die erste mögliche Antwort versperrt. Ein Argument hierfür wäre folgendes: Allein aus der Bedeutung von »Haufen« folgt, wenn α einen Grenzfall von einem Haufen darstellt und β eine Ansammlung mit mehr Körnern als α, dann ist β eher ein Haufen als α. Die Bedeutung von »Haufen« sagt also etwas über Grenzfälle von Haufen – anders als die Bedeutung von »Perle« und Grenzfälle von Perlen.

Zweitens folgt aus der Bedeutung von »Haufen« auch noch, daß es weder ganz richtig noch ganz falsch wäre, einen Grenzfall als Haufen zu bezeichnen. Dies widerspricht der zweiten möglichen Erwiderung, die der Verschärfungstheorie bleibt. Würde ich nach einem Stoff suchen, der zu meinen roten Vorhängen paßt, dann wäre es nicht ganz richtig von einem Stoff zu sagen, »Dieser hier ist auch rot« oder »Dieser wird passen«, wenn er einen Grenzfall von rot darstellt. Wenn die roten Krabben und nur die roten eßbar sind, die anderen aber giftig, dann wäre es nicht ganz richtig, über einen Grenzfall von rot zu sagen: »Diese ist rot« oder »Diese ist eßbar«. Die Freizügigkeit, von welcher der Verschärfungstheoretiker zu glauben scheint, sie würde selbst von wesentlich vagen Prädikaten gewährt, ist wohl eine Illusion.

Wenn wir über den folgenden Satz nachdenken, werden wir einsehen, daß die Verschärfungstheorie falsch sein muß.

> Von einer gewissen Zahl n gilt: Eine n-Körner-Ansammlung ist ein Haufen, aber eine $(n - 1)$-Körner-Ansammlung ist es nicht.

Wir glauben, daß dieser Satz falsch ist (und ebenso ähnliche Sätze für andere wesentlich vage Prädikate). Ja, daß er falsch ist, bildet ein erstklassiges Merkmal dafür, daß das fragliche Prädikat vage ist: Vagheit heißt, daß es keine scharfe Grenze gibt. Der Verschärfungstheorie zufolge wird der Satz jedoch wahr, da alle seine Schärfungen wahr sind.[14] Das ist nicht akzeptabel.[15]

---

14 **Frage:** Warum ist das so? (Vgl. Sanford, 1976.)

15 Diverse Autoren haben gemeint, es *sei* akzeptabel, sobald wir uns klarmachen, daß die Wahrheit des obigen Satzes nicht verlangt, es *gebe* eine Zahl n, so daß folgendes wahr ist:

Eine n-Körner-Ansammlung ist ein Haufen, aber eine $(n - 1)$-Körner-Ansammlung ist es nicht.

Siehe etwa Dummett (1975), S. 257 f.; und, als Gegensatz, Kamp (1981), S. 237 ff. Die Behauptung hängt von zwei Faktoren ab: (1) Eine Auffassung von »es gibt«, der zufolge es so ist wie »oder« [so daß zu sagen, es gäbe einen Studenten der raucht, heißt: entweder Sabine raucht oder Michael raucht oder . . . (und so weiter durch alle Studenten)]; und (2) eine Auffassung von »oder«, nach der eine Aussage »*p* oder *q*« (eindeutig) wahr sein kann, auch wenn weder »*p*« noch »*q*« es sind. Ein Standardbeispiel von letzterem ist angeblich: »Dies ist orange oder rot«, von einem Grenzfall gesagt. Siehe noch einmal Dummett (1975), S. 255. Es ist völlig unklar, ob die Kombination von (1) und (2) weniger paradox ist als die Haufenparadoxie. Um es unverblümt zu sagen, sie impliziert zu behaupten, daß »Es gibt ein so-und-so« wahr sein kann, auch

Zugegebenermaßen bestand die Strategie der Verschärfungstheorie darin, uns dazu zu bringen, daß wir etwas aufgeben, an das wir zu glauben geneigt sind – da wir geneigt sind, an alle Prämissen des paradoxen Arguments zu glauben. Es ist aber eine Sache, einige der konditionalen Prämissen aufzugeben, die mit Fällen in der Penumbra zu tun haben (»Wenn α ein Haufen ist, dann ist auch β ein Haufen«, etc.) – was vielleicht mit guten Gründen zu tolerieren wäre. Es ist eine ganz andere, die Essenz von Vagheit aufzugeben – nämlich, daß es keine scharfen Grenzen gibt.

Die Verschärfungstheorie sieht Vagheit als eine Schwäche in der Bedeutung des vagen Wortes, als eine Unzulänglichkeit, die ausgeräumt werden muß. Die Theorie behauptet außerdem zum Beispiel, daß folgendes wahr sei:

> Entweder ist das eine Perle oder es ist keine.

Vielleicht können wir das akzeptieren. »Perle« ist kein wesentlich vages Prädikat. Vielleicht gleicht das Akzeptieren des eingerückten Satzes der Zustimmung, daß wir eine *Entscheidung* darüber treffen müssen, ob perlenförmige Klumpen aus Perlen-Material Perlen sind oder nicht. Das können wir eventuell als Behebung eines Mangels in der Bedeutung von »Perle« sehen. Man vergleiche jedoch:

> Entweder ist er ein Erwachsener oder nicht.

Man überlege, wie dies im folgenden Argument funktionieren könnte:

> Entweder ist er ein Erwachsener oder nicht. Wenn er ein Erwachsener ist, dann wird es ihm nicht schaden, den harten Porno zu sehen. Wenn er kein Erwachsener ist, dann wird er ihn nicht verstehen, also wird es ihm auch in diesem Fall nicht schaden, ihn zu sehen. In jedem Fall schadet es ihm nicht, den Film zu sehen.

---

wenn es von jedem Ding im Universum falsch ist zu sagen, es sei so-und-so.

Wir könnten einwenden: Das Argument bezieht die Person auf der Grenze zwischen Kindheit und Erwachsensein nicht mit ein. Für diese ist es nicht richtig, zu sagen: »Entweder ist er ein Erwachsener oder nicht.« Es steht nicht zur Debatte, dies mit einer *Entscheidung* zu erledigen, und gerade weil er sich zwischen Kindheit und Erwachsensein befindet, könnte der Film ihm schaden.

2.3 Den Gedankengang ablehnen: Grade der Wahrheit

Machen wir eine Bestandsaufnahme. Wir haben drei mögliche Erwiderungen auf die Paradoxie in Augenschein genommen:

(a) die Schlußfolgerung zu akzeptieren,
(b) den Gedankengang abzulehnen, oder
(c) eine oder mehrere Prämissen zu verwerfen.

Wir haben (a) als hoffnungslos bezeichnet. Wir haben untersucht, wie man nach Art von (c) antworten könnte; das ist die Kategorie, zu der die Verschärfungstheorie gehört. Ich habe nicht gezeigt, daß es keine andere (c)-Erwiderung gibt, aber ich habe dargelegt, daß diejenige der Verschärfung inakzeptabel ist. Ich will mich jetzt einer Antwort des Typs (b) zuwenden. Wie ich oben bereits sagte, sind wir äußerst abgeneigt, zu gestatten, daß am *modus ponens* etwas nicht stimmen könnte. Dennoch haben einige Theoretiker versucht, diesem Prinzip die Schuld zuzuschieben, und ich werde ihre Haltung zu erklären versuchen.

Wenn man gebeten wird, zu der Ansicht Stellung zu nehmen, ein Fünfzehnjähriger sei ein Erwachsener, dann ist es natürlich, so etwas wie »Das ist *zu einem gewissen Grade* wahr« oder »Darin steckt *ein gewisses Maß an Wahrheit*« zu antworten – desgleichen immer dann, wenn ein vages Prädikat auf einen Gegenstand in seiner Penumbra angewandt wird. Jene Entgegnung auf das paradoxe Argument, die ich jetzt betrachten will, nimmt dies sehr ernst. Der Vorschlag besteht darin, die Vorstellung von *Graden der Wahrheit* einzuführen. Die Anwendung eines Prädikates auf einen Gegenstand in seiner positiven Extension wird den höchsten Grad von Wahrheit erzielen, üblicherweise 1. Jede Anwendung eines Prädikates auf einen Gegenstand in seiner negativen Extension wird den niedrigsten Grad von Wahrheit erzielen, üblicherweise 0. Die Anwendung eines Prädikates auf einen Gegenstand in seiner Penumbra wird einen Grad von Wahrheit erzielen, der irgendwo zwischen diesen Extremen liegt. Wo der Wert liegt, wird zeigen, wo sich der Gegenstand relativ zur positiven und negativen Extension in der Penumbra befindet. Die Zuschreibung von »kahlköpfig« für einen Mann, der beinahe als kahlköpfig gilt, wird also einen Wahrheitsgrad näher an 1 erzielen als die Zuschreibung bei einem Mann, der beinahe als nicht kahlköpfig gilt. Eine graduelle Wahrheitstheorie nimmt also das Argument sehr ernst, daß die Bedeutung eines wesentlich vagen Wortes etwas über die Grenzfälle sagt. Die Theorie sucht mittels der diversen Wahrheitsgrade darzustellen, *was* die Bedeutung sagt.

Wie kann eine Wahrheitsgrad-Theorie die Paradoxie auflösen? Sie muß der kategorischen Prämisse den höchsten Grad an Wahrheit zusprechen und der Schlußfolgerung den niedrigsten – wie aber wird sie mit den konditionalen Prämissen verfahren?

Angenommen, Mengen von Sandkörnern beginnen etwa ab der 100-Marke zur Penumbra von »Haufen« zu gehören. Man betrachte den folgenden Konditionalsatz:

> Wenn eine 95-Körner-Ansammlung ein Haufen ist, dann ist es auch eine 94-Körner-Ansammlung.

Was sollte der Vertreter der Wahrheitsgrad-Theorie sagen? Das Antezedens des Konditionals ist:

> Diese 95-Körner-Ansammlung ist ein Haufen.

Die Konklusion ist:

Diese 94-Körner-Ansammlung ist ein Haufen.

Der Wahrheitsgrad-Theorie zufolge ist das Antezedens beinahe wahr, aber nicht ganz. Ihm wird vielleicht der Wahrheitsgrad 0,96 zugesprochen. Die Konklusion ist ebenfalls
fast wahr, aber nicht ganz so wie das Antezedens. Eventuell
wird ihr der Wahrheitsgrad 0,95 zugeteilt. Welcher Grad an
Wahrheit sollte dem Konditionalsatz selbst zukommen?
Hier gibt es Raum für Unterschiede im Detail, die allgemeine
Vorstellung ist aber, daß ein Konditional nicht ganz wahr
sein kann, wenn das Antezedens wahrer ist als die Konklusion; also muß dem fraglichen Konditional ein Wahrheitswert von weniger als 1 zuerkannt werden. Die Rechtfertigung hierfür liegt teilweise in der Analogie mit dem
Standardfall, bei welchem Wahrheitsgrade nicht in Betracht
gezogen werden: Wir sagen, daß ein Konditional, dessen
Antezedens wahr und dessen Konklusion falsch ist, nicht
wahr sein kann, weil ein Konditional nicht von Wahrheit zu
Falschheit führen soll. Analog soll ein Konditional nicht zu
einem geringeren Grad von Wahrheit führen. Je mehr Wahrheit im Übergang von Antezedens zu Konklusion verloren-
geht, desto niedriger ist der Wahrheitsgrad, der dem ganzen
Konditional zugesprochen werden kann.
Es könnte so aussehen, als ob die Antwort des Wahrheitsgrad-Theoretikers von Typ (c) wäre: die Prämissen verwerfen. Dieser Theorie zufolge sind die konditionalen Prämissen, wenn auch beinahe wahr, so doch nicht ganz wahr. Wir
müssen uns ihnen also nicht ganz verschreiben. Also verpflichtet uns das paradoxe Argument nicht zu der paradoxen
Schlußfolgerung. Das wäre aber kein gutes Verständnis.
Selbst wenn wir den Prämissen nicht vollkommen verpflichtet sind: Sie sind beinahe wahr. Der Theoretiker der Wahrheitsgrade muß erklären, wie Prämissen, die alle beinahe
wahr sind, zu einer vollkommen falschen Konklusion führen
können.

Um dies zu tun, muß der Theoretiker die Gültigkeit des *modus ponens* anzweifeln, und das macht seine Antwort zu einer von Typ (b): den Gedankengang ablehnen. Der Wahrheitsgrad-Theorie zufolge erhält der *modus ponens* nicht den Grad der Wahrheit: Die Schlußfolgerung eines Arguments von der Form »Wenn *p*, dann *q*; *p*, also *q*« kann einen geringeren Wahrheitsgrad haben als jede der Prämissen. Kehren wir zu dem Konditionalsatz über Haufen mit 95 und 94 Körnern zurück. Das Konditional selbst ist sehr nahe an der ganzen Wahrheit; es hat vielleicht einen Wahrheitsgrad von 0,99. Das Antezedens hat, wie vorgeschlagen, Wahrheitsgrad 0,96. Die Anwendung des *modus ponens* jedoch ergibt eine Schlußfolgerung mit lediglich Wahrheitsgrad 0,95 – weniger als die Grade beider Prämissen. Der *modus ponens* ist in bezug auf Sätze mit den extremen Wahrheitsgraden 1 oder 0 gültig: Man kann keine Konklusion mit einem Grad von weniger als 1 aus Prämissen von Grad 1 erhalten. Bei den dazwischenliegenden Graden jedoch kann die Anwendung des *modus ponens* zu einem »Schwund« von Wahrheit führen. Dieser Schwund mag bei jeder Anwendung klein sein, kann aber groß werden, wenn die Anzahl der Anwendungen groß ist; wie im Falle des paradoxen Arguments.

Wir meinten oben, der *modus ponens* sei ein Prinzip, das ganz einfach nicht aufgegeben werden könne. Jenes Aufgeben aber, das der Wahrheitsgrad-Theoretiker vorschlägt, könnte durchaus mit allem vereinbar sein, was wir vom *modus ponens* geglaubt hatten. Wir hatten nur an die Fälle gedacht, wo er auf Sätze angewandt wurde, die (*vollkommen*) wahr oder (*vollkommen*) falsch waren. Für diese Fälle stimmt die Ansicht des Wahrheitsgrad-Theoretikers mit unseren Intuitionen überein. Es ist ganz einfach unklar, ob unsere Intuition von den Fällen *teilweiser* Wahrheit handelt, und es ist also unklar, ob irgend etwas an dem Vorschlag gegen unsere Intuitionen verstößt.

Eine vollständige Verteidigung der Wahrheitsgrad-Theorie würde erfordern, eine Reihe von Fragen in Betracht zu ziehen, die ich kurz anführen will. Erstens ist es nötig, etwas darüber zu sagen, was ein Grad von Wahrheit ist. Zweitens muß über die Quelle und Rechtfertigung jener Zahlen, die als Grade zugesprochen werden, ein Verständnis erzielt werden. Drittens müssen Folgen der Wahrheitsgrad-Theorie für die Logik vollständig dargelegt und verteidigt werden.

Eine Schlüsseleigenschaft von Wahrheit ist durch die Platitüde gekennzeichnet, daß wir danach streben, das zu glauben, was wahr ist. Könnten wir zeigen, daß Grade von Wahrheit eine analoge Eigenschaft haben, dann hätten wir ein Stück der Erklärung dessen erreicht, was ein Grad von Wahrheit ist.

Angenommen, Sie sind sich ziemlich sicher, daß *Arkle* 1960 den *Gold Cup* gewonnen hat. Ihr Gedächtnis mag Sie bei manchen Dingen im Stich lassen, aber in bezug auf die Geschichte des Pferderennsports sind Sie recht verläßlich. Sie rechnen damit, eine weitaus höhere Chance als *fifty-fifty* zu haben, daß es *Arkle* war. In dem Fall wird es für Sie (falls Sie überhaupt vom Spiel angezogen sind) vernünftig sein, darauf zu wetten, daß *Arkle* gewonnen hat, solange die Quote Verdoppelung ihres Einsatzes bietet. Wenn Sie dieser Maxime allgemein folgen, dann werden Sie mehr als fünfzig- von hundertmal gewinnen. Angenommen, jedesmal wenn Sie gewinnen, gewinnen Sie einen Dollar und jedesmal wenn Sie verlieren, verlieren Sie einen Dollar. Ein Verfahren, das dazu führen wird, daß Sie mehr gewinnen als verlieren, ist ein Verfahren, dem zu folgen vernünftig ist. Es ist vernünftig, eine bestimmte Handlung auszuführen, die von der Befolgung eines vernünftigen Verfahrens verlangt wird.

Wir wollen das glauben, was wahr ist, aber wir wissen nicht immer, was wahr ist. Je größer unser Vertrauen in eine Aussage, desto mehr beeinflußt sie uns, so als ob wir sie für wahr hielten. Wenn wir beinahe sicher sind, daß unser Haus nicht abbrennen wird, dann werden wir nicht viel Geld ausgeben, um es gegen Feuer zu versichern. Sind wir fast sicher, daß wir morgen noch leben werden, dann werden wir heute nicht viel

Zeit damit vertun, Vorbereitungen für unseren Tod zu treffen.

Es ist also vernünftig, daß wir verschieden stark an etwas glauben – je nach den Schwankungen in unserer Überzeugtheit und also den Schwankungen in unserer Beurteilung der Qualität der Informationen. Wir mögen uns weniger als vollkommen sicher sein, weil wir weniger als vollkommen informiert sind. In dem Fall reflektiert die unvollkommene Sicherheit unsere Unzulänglichkeiten.

Auch Vagheit kann zu unvollkommener Überzeugtheit führen. Angenommen, Sie wissen von einer unfehlbaren Autorität, daß alle und nur die roten Pilze giftig sind. Sie möchten Jones umbringen. Wenn es geht, würden Sie es vorziehen, ihn zu vergiften und dies möglichst mit Pilzen, so daß es nach einem Unfall aussieht. Der einzige Pilz jedoch, den Sie im Moment finden können, ist, wenn auch rötlich, so doch kein klarer Fall von rot. Werden Sie ihn für einen Versuch verwenden, Jones zu vergiften? Je nachdem, wie wichtig es Ihnen ist, erfolgreich zu sein, wie wichtig es ist, beim ersten Versuch erfolgreich zu sein und wie bald Jones sterben muß, damit sein Tod Ihnen von Nutzen ist. Je geringer das Gewicht, das Sie diesen Faktoren beimessen, desto vernünftiger wird es, den Pilz zu verwenden; je größer das Gewicht, desto weniger vernünftig. Je mehr Sie überzeugt sind, daß der Pilz wirklich rot ist, desto vernünftiger ist es, ihn zu benutzen; je weniger überzeugt, desto unvernünftiger. In unserem Kontext beeinflußt dieses Vertrauen Ihre Handlungen in derselben Weise, wie es geringe Überzeugtheit aus mangelhafter Information tun würde – aus Angst, daß Ihr Gedächtnis Sie im Stich läßt oder was auch immer. Aus der Sicht der Handlung ist es eher so, als wenn Sie sich nicht vollkommen sicher über die Aussage wären: »Dieser Pilz wird es schaffen.«

Es gibt aber auch einen entscheidenden Unterschied: Unvollkommene Überzeugtheit, die aus unvollständigen Anhaltspunkten oder einer Befürchtung ihrer geringen Verläßlichkeit herrührt, reflektiert unsere Unzulänglichkeiten – unvollkommene Überzeugtheit, die einer Anerkennung von Vagheit entstammt, tut das nicht. Wenn der Pilz einen Grenzfall darstellt, dann ist es nicht Ihr Fehler, daß Sie sich unsicher sind, ob er als rot gelten kann; ja, Sie wären im Unrecht, wenn Sie ihn als eindeutig rot oder nicht rot einordnen würden. Wie perfekt auch immer Ihr Gedächtnis und Ihre Sinne, wie unfehlbar auch Ihr Urteil, der Pilz bleibt auf der Grenze. Die Frage, ob der Pilz rot ist, könnte auch ein allwissendes Wesen nicht besser beantworten.

Wenn wir es mit unvollständiger Information oder Unzuverlässigkeit zu tun haben, dann gibt es eine Chance für Fortschritt: Wir können theoretisch unsere Überzeugung unterstützen, indem wir mehr Informationen einholen. Wo wir es mit Vagheit zu tun haben, da mag es eventuell keine Chance zur Verbesserung geben: So wie die Sprache und die Welt sind, kann man nicht mehr als teilweise von dem Satz »Dieser Pilz ist rot« überzeugt sein. Wahrheit ist es, wonach wir in unserem Glauben streben: Soviel können wir hier aber nicht erreichen. Wo also partielle Sicherheit auch theoretisch das beste ist, was zur Verfügung steht, da brauchen wir einen entsprechenden Begriff von teilweiser Wahrheit oder Grad von Wahrheit. Wo Vagheit zur Debatte steht, da müssen wir nach einem Grad von Überzeugung streben, der zum Grad der Wahrheit paßt; ganz so, wie wir dort, wo keine Vagheit ist, danach trachten müssen, einfach das zu glauben, was wahr ist.

Der zweite Teil einer Verteidigung der Wahrheitsgrad-Theorie ist es, den Ursprung jener Zahlen zu erklären und zu rechtfertigen, die als Grade der Wahrheit zugeteilt werden. Angenommen, wir haben zwei Pilze, beide Grenzfälle von rot, aber der eine röter als der andere. Wenn Sie die Vergiftung begehen wollen und vollständiges Vertrauen in die Information haben, daß alle und nur die roten tödlich sind, dann werden Sie den röteren wählen, wenn Sie einen nehmen: Der Rötere muß näher an einem eindeutigen Fall von rot sein. Das verweist darauf, wie wir es rechtfertigen könnten, Grade der Wahrheit zuzusprechen: Wir müssen einem röteren Gegenstand einen höheren Grad zuteilen; oder, wenn es um »Haufen« geht, müssen wir Ansammlungen aus der Penumbra einen höheren Grad zusprechen, je mehr Körner sie haben. Kurz, die Quelle und Rechtfertigung der Zuteilung von Wahrheitsgraden würde in unseren vergleichenden Urteilen über Fälle aus der Penumbra liegen.[16, 17]

Der dritte Teil einer Verteidigung der Wahrheitsgrad-Theorie würde eine Rechtfertigung jener Logik enthalten, die aus ihr hervorgeht. Eine solche Theorie führt zu einer Abweichung von der gewöhnlichen, sogenannten klassischen Logik. Während in der klassischen Logik gilt, daß alle Sätze der Form »σ und nicht-σ« falsch sind und alle Sätze der Form »σ oder nicht-σ« wahr, macht der Wahrheitsgrad-Theoretiker Einwände geltend. Wenn σ nur einen mittleren Grad von Wahrheit hat, dann wird »σ und nicht-σ« nicht völlig falsch und »σ oder nicht-σ« nicht völlig wahr sein.[18] Wir haben schon in dem Falle des Arguments über die verderblichen Effekte von Pornofilmen gesehen, daß es zumindest gewisse Gründe für die Annahme gibt, wenn σ vage ist, sei »σ oder nicht-σ« nicht ohne weiteres wahr. Des weiteren

---

16 **Frage:** Was würden Sie auf den folgenden Einwand erwidern?

Es ist eine Sache, zu sagen, daß die Komparativform von »rot«, nämlich »röter als«, zur Basis für die Zuteilung von Graden im Verhältnis zu »rot« dienen soll; es ist aber eine ganz andere, dies auf »Haufen« anzuwenden. Die Grundlage dieser Zuschreibungen wären Vergleiche unter Verwendung von »haufenhafter als«, was aber Unsinn ist.

17 **Frage:** Was würden Sie auf den folgenden Einwand erwidern?

Ich gebe zu, daß es Grade von Röte gibt, sehe aber nicht ein, daß das bedeuten würde, es gäbe Grade von Wahrheit.

18 Fine (1975) zeigt in nicht formaler Weise, warum der Vertreter der Wahrheitsgrade zu solchen Abweichungen von der klassischen Logik gezwungen ist.

gibt die Selbstverständlichkeit der Antwort »Ja und nein« auf die Frage, ob ein Grenzfall von Pilz rot ist, zumindest einen ersten Hinweis darauf, daß der Vertreter der Wahrheitsgrade recht hat, anzuerkennen, nicht alle Fälle von »σ oder nicht-σ« seien vollkommen falsch.

Die Wahrheitsgrad-Theorie löst die Paradoxie auf und kann meiner Ansicht nach verteidigt werden. Wenn aber die Paradoxie gelöst ist, dann wäre es schade, das Thema der Vagheit zu verlassen, ohne die folgende, grundlegende, wiewohl dunkle Frage aufzuwerfen: Gibt es vage *Gegenstände*, oder ist Vagheit etwas, das nicht daher rührt, wie die Welt ist, sondern wie wir sie beschreiben?

2.4 Vage Gegenstände?

Wir beginnen, indem wir uns einer oben gestellten Frage zuwenden (siehe Fußnote 5). Das zu diskutierende Argument funktionierte folgendermaßen:

> Berge sind Teil der Wirklichkeit, aber sie sind vage. Sie haben keine scharfen Begrenzungen: Es ist vage, wo der Berg endet und die Ebene beginnt. Es ist also leicht zu sehen, daß Vagheit ein Zug der Wirklichkeit ist und nicht bloß ein Merkmal unseres Denkens und Sprechens.

Selbst wenn uns der Schluß gefällt, sollten wir dieses Argument dafür nicht akzeptieren. Mit unserer Sprache, die Worte wie »Berg« enthält, können wir eine vage Frage stellen: Gehört dieser Punkt zum Berg oder zu der Ebene? Es ist aber alles andere als offensichtlich, daß wir ein solches Wort brauchen, um eine vollständige Lehre darüber aufzustellen, was in der Welt ist. Wenn wir das Wort nicht benötigen, dann liegt vielleicht die Vagheit, die es einbringt, nicht in der Welt. An dieser Stelle ist es wichtig, sich zu erinnern, daß ein Wort wie »Haufen« uns sicherlich nicht zur Anerkennung der Existenz vager Gegenstände zwingt. Jede Ansammlung von Körnern hat eine ganz bestimmte Anzahl: Wir müssen nicht das vage Wort »Haufen« benutzen, um zu beschreiben, was da ist. Nach allem, was soweit gesagt worden ist, gibt es also Raum für die Ansicht, daß Vagheit von unserem Denken und Sprechen herrührt und kein objektiver Zug der Welt ist.

Lassen Sie uns eine alte Geschichte in Betracht ziehen. Theseus hatte ein Schiff. Wenn eine Planke verrottet war, wurde sie ersetzt. Nach einer Weile war keine der ursprünglichen Planken übrig. Genauso bei den anderen Teilen des Schiffes – Masten, Segel und so fort. Hat Theseus' Schiff überlebt? Angenommen, jemand habe die verrotteten Planken und anderen Teile aufbewahrt und sie dann wieder zu einem (zweifellos nicht seetüchtigen) Schiff zusammengebaut. Hat dieses einen größeren Anspruch darauf, das originale Schiff von Theseus zu sein? Hier liegt eine Art von Vagheit vor. Die Frage wäre: Ist das Schiff *selbst* vage oder hört die Vagheit mit dem Wort »Schiff« auf und läßt das Schiff selbst unangetastet?

Mir scheint die zweite Antwort die richtige zu sein. Wir können in einem solchen Fall eine angemessene und relativ präzise Darstellung der »Tatsachen« geben. Wir wissen einfach, was passiert ist. Es ist eine Frage nach Worten, auf welchen Gegenstand (wenn überhaupt auf einen) wir den Ausdruck »das Schiff von Theseus« anwenden sollen.

Diese Ansicht könnte durch ein Argument von folgender Struktur unterstützt werden. Erstens zeige man, daß *Identität* keine vage Relation ist; d.h., daß Fragen von der Form: »Ist dieses Ding (etwa Theseus' originales Schiff) dasselbe wie jenes Ding (etwa das später aus den Teilen von Theseus Original zusammengebaute)?«, definitive Antworten haben. Der Vorschlag lautet, ganz allgemein:

Wenn $\beta \ \alpha$ ist, dann ist β definitiv α.

Dies wird angeblich durch den folgenden Gedanken bewiesen: Es erscheint unbestreitbar, daß für jeden Gegenstand α gilt:

α ist definitiv α.

Angenommen, β ist α. Alles, was auf β zutrifft, trifft auch auf α zu. »Ist definitiv α« trifft auf α zu, also trifft »ist definitiv α« auf β zu. Daher:

β ist definitiv α.

Der zweite Schritt des Arguments geht dahin, zu zeigen, daß Gegenstände nicht vage sind, wenn Identität keine vage Relation ist. Die Vorstellung ist: Wenn ein Gegenstand vage wäre, dann wäre es eine vage Sache, mit welchem Gegenstand er identisch ist. Da der erste Teil des Arguments angeblich gezeigt hat, daß Identität nicht vage ist, wird der Schluß gezogen, daß Gegenstände nicht vage sind.

Ich will mit zwei Bedenken schließen. Erstens scheint die Ablehnung der Existenz vager Gegenstände vorauszusetzen, daß »die Tatsachen selbst« präzise sind. Ich hatte gesagt, daß die Tatsachen im Falle von Theseus' Schiff »relativ präzise« sind. Verglichen mit der Vagheit von »Schiff« sind sie präzise, da sie ausgedrückt werden können, ohne dieses Wort zu verwenden. Es müssen jedoch andere Worte, wie »Planke«, verwendet werden – diese sind ebenso vage wie »Schiff«. Können wir sicher sein, daß es einen Bereich von letzten Tatsachen gibt, die man beschreiben kann, ohne irgendein vages Wort zu gebrauchen? Eine solche Überzeugung bedürfte sicherlich sehr sorgfältiger Rechtfertigung.

Das zweite Bedenken betrifft folgendes: Identität durch die Zeit, wie sie im Falle des Schiffs diskutiert wird, muß sicherlich von Prinzipien geleitet werden wie: »Die Ersetzung einiger, aber nicht zu vieler Teile eines hergestellten Gegenstandes zerstört ihn nicht, sondern hinterläßt denselben Gegenstand.« Derartige Prinzipien sind vage. Wie könnte die Identitätsrelation präzise sein, die sie bestimmen? Man hat nur dann ein angemessenes Verständnis von Vagheit, wenn man diese Frage gelöst hat.[19]

---

19 **Frage:** Wie würden Sie das folgende Argument bewerten?

Wenn Sie überhaupt existieren, dann sind Sie ein vager Gegen-

Literaturhinweise

Der beste einführende Aufsatz ist Black (1937); siehe auch Dummett (1975).

Fine (1975) ist ein klassischer Text für die Verschärfungstheorie, Goguen (1969) für die Wahrheitsgrad-Theorie. Eine mehr philosophische und weniger technische Darstellung der Wahrheitsgrad-Theorie bietet Peacocke (1981).

Einige sehr wichtige Beiträge zu diesen Problemen stammen von Crispin Wright: Siehe besonders Wright (1975), das neben vielem anderen auch ein Argument für die Nützlichkeit von Vagheit enthält (in Abschnitt 2.1 skizziert).

Zu dem Begriff der teilweisen Überzeugung siehe Ramsey (1926) und Jeffrey (1965), Kapitel 3 und 4. Eine davon unabhängige Frage wäre, ob ein ähnliches Argument dazu verwendet werden könnte, objektive Wahrscheinlichkeiten zu garantieren. Wenn die Antwort darauf positiv ist, wie Mellor (1971) meint, dann wäre es eine Frage von entscheidender Wichtigkeit, ob man eine zufriedenstellende Erklärung dafür geben kann, daß die Argumente unterschiedliche Endpunkte erreichen: Grade der Wahrheit in dem einen Fall, objektive Wahrscheinlichkeiten in dem anderen.

Zu der am Ende aufgeworfenen Frage, ob es vage Gegenstände gibt, siehe Evans (1978), Nathan Salmon (1982), S. 243 ff., und Wiggins (1986).

---

stand, da wir an folgendes Toleranzprinzip glauben: Ein Molekül mehr oder weniger kann nicht den Unterschied ausmachen, ob Sie existieren oder nicht. Auf dieser Grundlage können wir ein paradoxes Argument konstruieren: Ein Molekül wegzunehmen wird nicht bewirken, daß Sie zu existieren aufhören; ein weiteres Molekül wegzunehmen wird nicht bewirken, daß Sie zu existieren aufhören; und so weiter. Also können Sie existieren, auch wenn keines Ihrer Moleküle mehr existiert. Das zeigt, daß Sie so vage sind wie ein Haufen. Es gibt jedoch keine vagen Gegenstände, also existieren Sie nicht.

Siehe Unger (1979).

3 Vernünftiges Handeln

3.1 Newcombs Paradoxie

Sie werden vor eine Wahl gestellt. Vor Ihnen stehen zwei Kästen, *A* und *B*. Sie dürfen entweder beide Kästen öffnen oder nur *B*. Was sich in einem von Ihnen geöffneten Kasten befindet, dürfen Sie behalten, aber was sich in einem von Ihnen nicht geöffneten Kasten befindet, dürfen Sie nicht behalten. Der Hintergrund ist dieser:

Ein sehr mächtiges Wesen, dessen Prophezeiungen über Ihr Verhalten bisher durchweg richtig gewesen sind, hat bereits folgendermaßen gehandelt:

> Es hat $ 1000 in Kasten *A* deponiert.
> Falls es prophezeit hat, daß Sie nur Kasten *B* öffnen werden, hat es zusätzlich $ 1 000 000 in Kasten *B* deponiert.
> Falls es prophezeit hat, daß Sie beide Kästen öffnen werden, hat es nichts in Kasten *B* deponiert.

Die Paradoxie besteht in der Tatsache, daß es sowohl ein schlagendes Argument für die Ansicht zu geben scheint, es sei das Vernünftigste, beide Kästen zu öffnen, als auch ein schlagendes Argument für die Ansicht, es sei das Vernünftigste, nur Kasten *B* zu öffnen. Diese Argumente raten zu zwei unverträglichen Handlungsweisen: Wenn Sie beide Kästen nehmen, dann können Sie nicht gleichzeitig *nur* Kasten *B* nehmen. Die beiden Argumente zusammengenommen beinhalten den Schluß, daß es das Vernünftigste und auch nicht das Vernünftigste ist, beide Kästen zu nehmen. Das ist nicht annehmbar, wiewohl die Argumente, aus denen es abgeleitet ist, annehmbar zu sein scheinen.

Das Argument dafür, beide Kästen zu öffnen, lautet folgendermaßen: Das mächtige Wesen – nennen wir es den Propheten – hat bereits gehandelt. Entweder hat er Geld in beiden

Kästen deponiert, oder nur in Kasten *A*. Im ersten Fall werden Sie durch Öffnen beider Kästen $ 1 001 000 erhalten, im zweiten Fall bekommen Sie durch Öffnen beider Kästen immerhin $ 1000, und das ist besser als nichts. Würden Sie, im Vergleich dazu, nur Kasten *B* aufmachen, dann erhielten Sie nur $ 1 000 000 unter der ersten Voraussetzung (daß der Prophet Geld in beiden Kästen deponiert hat) und nichts unter der zweiten Voraussetzung (daß der Prophet nur in Kasten *A* Geld deponiert hat). In beiden Fällen hätten Sie $ 1000 weniger, als wenn Sie beide Kästen geöffnet hätten. Es ist also das beste, beide aufzumachen.

Das Argument dafür, nur Kasten *B* zu öffnen, geht wie folgt: Da der Prophet bei allen seinen bisherigen Voraussagen richtiglag, haben Sie allen Grund anzunehmen, daß er auch mit dieser richtigliegen wird. Sie haben also allen Grund anzunehmen, daß, falls Sie beide Kästen öffnen sollten, der Prophet dies vorausgesehen und daher Kasten *B* leer gelassen haben würde. Daher haben Sie allen Grund anzunehmen, daß es nicht das beste wäre, beide Kästen zu öffnen. Desgleichen haben Sie allen Grund, zu denken, daß – falls Sie sich dafür entscheiden, nur Kasten *B* aufzumachen – der Prophet dies vorausgesagt haben und daher $ 1 000 000 hineingelegt haben wird. Stellen Sie sich einen Dritten vor, der alle Tatsachen kennt. Er wird sehr darauf wetten, daß Sie $ 1 000 000 bekommen, wenn Sie nur Kasten *B* aufmachen. Er wird viel darauf wetten, daß Sie nur $ 1000 bekommen, wenn Sie beide Kästen aufmachen. Sie müssen zugeben, daß seine Wetten vernünftig sind. Es muß also für Sie vernünftig sein, nur Kasten *B* zu öffnen.

Diese Paradoxie wurde für einen Vergleich zwischen zwei verschiedenen Prinzipien zur Bestimmung dessen verwendet, was zu tun vernünftig ist. Das eine Prinzip ist dieses: Du sollst so handeln, daß Du den aus Deinen Handlungen zu erwartenden Gewinn maximierst. In der Formulierung dieses Prinzips wird »Gewinn« meist durch den Fachausdruck »Nutzen« ersetzt. Zum Teil ist der Grund dafür der, jede vermeintliche Verbindung zwischen Vernunft und Egoismus oder Fehlen von moralischem Rückgrat zu unterbinden. Ein Gewinn oder »Nutzen« besteht in jeder Situation, die Sie erreichen wollen. Wenn Sie altruistisch sind, dann könnten Sie das Wohlergehen eines anderen wünschen, und eine Verbesserung seines Wohlergehens würde als Nutzen für Sie zählen. Wenn Sie das tun wollen, was moralisch richtig ist, dann wird eine Handlung genau dann von Nutzen sein, wenn sie mit dem übereinstimmt, was in Ihren Augen moralisch geboten ist – selbst wenn die Konsequenzen Ihrer Handlung aus einer anderen Sichtweise, etwa der rein materiellen, nicht von Vorteil für Sie sind.

Es ist offensichtlich etwas Ansprechendes an dem Prinzip, daß es vernünftig ist, auf den *maximal zu erwartenden Nutzen* hin – kurz MEN – zu handeln. Man denke etwa an Glücksspiele: Je größer der Gewinn in der Lotterie, desto mehr Geld für ein Los zu bezahlen ist vernünftig (wenn keine weiteren Aspekte in Betracht kommen); je größer die Anzahl der Lose, desto weniger Geld zu bezahlen ist vernünftig. Das MEN-Prinzip lehrt uns, diese beiden Faktoren zu gewichten. Wenn es 100 Lose gibt, und nur einen Gewinn von $ 1000, dann wird man meinen, es gut zu treffen, wenn man ein Los für weniger als $ 10 kaufen kann. (Denn man bedenke: wenn man *alle* für weniger als je $ 10 kaufen kann, dann könnte man sicher sein, $ 1000 bei einer Ausgabe von weniger als $ 1000 zu bekommen.) Wenn die Lose mehr als $ 10 kosten und man eines kaufen wollte, dann müßte man die Lotterie eher als einen Weg betrachten, Geld für eine unterstützenswerte Wohlfahrtseinrichtung zu sammeln.

Ein solches Beispiel enthält eine Reihe von unrealistischen Annahmen. Manche von diesen sind unwesentlich, eine aber zumindest ist wesentlich, wenn das MEN-Prinzip irgendein Paar von Handlungen auf ihren Grad der Vernünftigkeit hin vergleichen soll. Das ist die Voraussetzung, daß Nutzen und

Wahrscheinlichkeit meßbar sind.[1,2,3] Sind sie es, dann können wir einfach berechnen, welche der möglichen Handlungen den größten zu erwartenden Nutzen hat: Wir multiplizieren das Maß des Nutzens mit dem Maß der Wahrscheinlichkeit, daß dieser Nutzen entsteht.

Lotterien sind nützliche Beispiele dafür, wie Wahrscheinlichkeit gemessen werden kann. Wenn eine Lotterie fair ist, dann hat jedes Los die gleiche Chance zu gewinnen. Die Chance, in einer Lotterie mit n Losen zu gewinnen, ist für jedes Los ganz einfach $\frac{1}{n}$. Wahrscheinlichkeitstheoretiker verallgemeinern diese Vorstellung wie folgt: Angenommen, es gibt genau x relevante und ausschließliche Möglichkeiten (z. B.

---

1 **Frage:** Angenommen, am Montag sind Sie bettelarm und hungern, aber am Dienstag gewinnen Sie $ 1 000 000 im Lotto. Kann die Zahl 5 dazu verwendet werden, den Nutzen von $ 5 für Sie an diesen beiden Tagen zu messen?

2 **Frage:** Angenommen Sie haben die vier möglichen Handlungsweisen (a) – (d) zur Wahl, die wie folgt mit Belohnung verbunden sind: (a) $ 1, (b) $ 6, (c) $ 10 000, (d) $ 10 005. Kann die Zahl 5 dazu verwendet werden, sowohl den Unterschied zwischen den Nutzen von (a) und (b) als auch den Unterschied zwischen den Nutzen von (c) und (d) zu messen?

3 **Frage*:** Erörtern Sie die folgende Ansicht:

Wiewohl Menschen auch andere Dinge als Geld wollen, so können wir es doch in Zahlen messen, wie sehr sie diese Dinge wollen, indem wir herausfinden, wieviel sie für diese zu bezahlen bereit wären, unter der Annahme, daß das von ihnen Gewünschte gekauft werden kann (evtl. *per impossibile*). Wenn jemand sagt, er will eine glückliche Liebe, dann können wir den Nutzen dieses Zieles für ihn messen, indem wir herausfinden, wieviel Geld er auszugeben bereit wäre, um zu bekommen, was er will. Würde er sein Auto hergeben? Sein Haus? Seinen Beruf? Alles was wir brauchen ist die Fähigkeit, uns vorzustellen, daß die Dinge anders wären, als sie sind: uns vorzustellen, daß Dinge gekauft werden könnten, die tatsächlich nicht gekauft werden können.

daß Losnummer 1 der alleinige Gewinner ist, daß Losnummer 2 der alleinige Gewinner ist usw.) und von diesen haben y die Eigenschaft E (z. B., das Los, was gewinnt, ist meines). Dann wird die Wahrscheinlichkeit, daß das, was tatsächlich passiert, die Eigenschaft E hat (z. B. daß mein Los gewinnt), durch $\frac{y}{x}$ dargestellt. Das heißt, daß das höchste Maß an Wahrscheinlichkeit 1 ist (wenn $x = y$, z. B. wenn ich alle Lose kaufe) und das niedrigste 0 (wenn $y = 0$, z. B. wenn ich kein Los kaufe), während alle übrigen Maße dazwischen liegen.

Lotterien sind auch dann nützliche Beispiele dafür, wie Wahrscheinlichkeit gemessen werden kann, wenn wir uns die vereinfachende Annahme gestatten, daß der Geldwert des Gewinns seinen Nutzen darstellt. Wir können also Lotterien ohne weiteres als Beispiele für zu erwartenden Nutzen verwenden. Angenommen, es gibt zwei Lotterien: Die eine mit 1000 Losen und einem einzigen Gewinn von $ 1100 und die andere mit 900 Losen und einem einzigen Gewinn von $ 1000. Der zu erwartende Nutzen ist die Chance auf einen Gewinn, die Sie zu haben glauben, mal dem Nutzen des Gewinns. Für die erste Lotterie kann das dargestellt werden als: $\frac{1}{1000} \times 1100 = 1{,}1$. Für die zweite Lotterie kann es dargestellt werden als: $\frac{1}{900} \times 1000 = 1{,}11$ (circa). Der zu erwartende Nutzen der zweiten Lotterie ist eine Spur höher als jener der ersten. Wenn also die Lose für beide Lotterien dasselbe kosten und Sie ein Los für eine der beiden kaufen wollen, dann rät das MEN-Prinzip dazu, die zweite zu wählen.

Das MEN-Prinzip rät nicht dazu, ein Los von irgendeiner der beiden Lotterien zu kaufen. Es könnte durchaus viele weitere Möglichkeiten geben (und man sollte hoffen, daß dies tatsächlich der Fall ist), Ihr Geld auszugeben, die einen höheren zu erwartenden Nutzen haben als jede der beiden Lotterien. Das Prinzip sagt Ihnen bloß, *wenn* Sie ein Los für eine der beiden kaufen, dann sollte es für die zweite sein.[4]

Der Begriff des Nutzens wurde in bezug darauf eingeführt, welches Ergebnis ein Handelnder wünscht. Was jemand will heißt manchmal, was er oder sie will, wenn er oder sie alle Aspekte in Erwägung zieht. Wenn ich mich dazu entschließe, zum Zahnarzt zu gehen, dann *will* ich üblicherweise gehen – das heißt, ich will, wenn ich alle Aspekte in Erwägung ziehe. Jedoch, was jemand will, kann auch alles das bedeuten, dem er einen positiven Wert zuspricht. In diesem Sinne trifft auf mich zu, während ich freiwillig zum Zahnarzt gehe, daß ich *nicht* gehen will: Nicht zu gehen hat den positiven Wert, Zeit und Unannehmlichkeiten zu sparen. Wenn ich gehe, dann ist es, weil dieser Wunsch von einem anderen übertroffen wird: Ich will das Schlechtwerden meiner Zähne vermeiden, und um dieses Vorteils willen bin ich bereit, mich mit dem Verlust von Zeit und mit der Unannehmlichkeit abzufinden. Die angemessene Verbindung von Nutzen und Wunsch sollte nicht das auswerten, was ein Handelnder allgemein will, sondern dasjenige, dem er positiven Wert zuspricht.

	Der Prophet hat *kein* Geld in B deponiert	Der Prophet *hat* Geld in B deponiert
Sie öffnen A und B	$ 1000	$ 1 001 000
Sie öffnen nur B	$ 0	$ 1 000 000

Abb. 3.1 *Newcombs Paradoxie*

Die Situation, die zu Newcombs Paradoxie führt, kann so dargestellt werden, wie in Abbildung 3.1 gezeigt. Der zu

---

4 **Frage***: Könnte das MEN-Prinzip eine allgemeine Abneigung gegenüber dem Glücksspiel erfassen? Wenn ja, wie?

erwartende Nutzen, beide Kästen zu öffnen, wird wie folgt berechnet: Im Hintergrund des Problems betrachten Sie es als sehr wahrscheinlich, daß der Prophet Ihre Wahl richtig vorausgesagt haben wird. Wenn Sie also beide Kästen öffnen, dann müssen Sie es für sehr wahrscheinlich halten, daß der Prophet dies prophezeit und also kein Geld in *B* deponiert haben wird. Der zu erwartende Nutzen ist also ein hoher Quotient von beinahe 1, der die Wahrscheinlichkeit für dieses Ergebnis bemißt – nennen wir ihn *h* –, multipliziert mit 1000, dem Nutzen. Analog ist der zu erwartende Nutzen für Sie, nur Kasten *B* zu öffnen, derselbe hohe Quotient (die Wahrscheinlichkeit bemessend, daß der Prophet richtig vorausgesagt haben wird, Sie werden genau dies tun, und daher \$ 1 000 000 in Kasten *B* deponiert hat), multipliziert mit 1 000 000 als Maß für den Nutzen des Resultats. Was auch immer *h* sein mag, 1000 × *h* ist viel weniger als 1 000 000 × *h*; daher rät MEN dazu, nur Kasten *B* zu öffnen.[5]

Das MEN-Prinzip bestätigt das Argument dafür, nur Kasten *B* zu öffnen. Zur Lösung der Paradoxie jedoch müßte man zeigen, was an dem anderen Argument nicht in Ordnung war – dem Argument dafür, beide Kästen zu öffnen. Jene, die

---

5 Genauer wird der Nutzen einer Handlung wie folgt berechnet: Zunächst bestimmt man die möglichen Folgen F_i. Jede wird mit einer vom Ausführen der Handlung *A* bedingten Wahrscheinlichkeit sowie einem Nutzen verbunden. Der zu erwartende Nutzen einer *Folge*, bezogen auf eine Handlung *A*, ist das Produkt ihres Nutzens und ihrer Wahrscheinlichkeit bei *A*. Der zu erwartende Nutzen einer Handlung *A* ist die Summe der zu erwartenden Nutzen ihrer Folgen in bezug auf *A*:

$$EN(A) = [\text{wahrsch.} (F_1 / A) \times N(F_1)]$$
$$+ [\text{wahrsch.} (F_2 / A) \times N(F_2)] + \ldots$$

»$EN(A)$« steht für den zu erwartenden Nutzen von *A*, »wahrsch. (F_i/A)« für die Wahrscheinlichkeit der Folge F_i bei *A* und »$N(F_i)$« für den Nutzen dieser Folge. Auf Newcombs Paradoxie angewendet und unter Verwendung von *B* für die Handlung, nur Kasten *B*

überzeugt sind, es sei vernünftig, beide Kästen zu öffnen, werden die Tatsache, daß das MEN-Prinzip die gegenteilige Empfehlung gibt, als Widerlegung des Prinzips betrachten.

Ein gewinnender Zug von MEN ist, daß es ein recht allgemeines und für sich attraktives Prinzip darstellt. Gibt es noch weitere Prinzipien für vernünftiges Handeln, die auch attraktiv sind, aber zu einer anderen Empfehlung führen? Es gibt sie. Ein Beispiel ist das sogenannte *Dominanzprinzip* – kurz DP.

Dem DP zufolge ist es vernünftig, eine Handlung α auszuführen, wenn sie die beiden folgenden Bedingungen erfüllt:

(a)   Was immer auch geschehen mag, α zu tun, wird dazu führen, daß es Ihnen nicht schlechter geht, als wenn Sie etwas anderes von dem getan hätten, was Ihnen offensteht.

---

zu öffnen und A & B für die Handlung, beide Kästen zu öffnen, erhalten wir:

$$EN(B) = [\text{wahrsch.}\,(B \text{ ist leer} / B) \times N\,(B \text{ ist leer})]$$
$$+ [\text{wahrsch.}\,(B \text{ ist gefüllt} / B) \times N\,(B \text{ ist gefüllt})]$$
$$= (1-h) \times 0 + h \times 1\,000\,000$$

$$EN(A \,\&\, B) = [\text{wahrsch.}\,(B \text{ ist leer} / A \,\&\, B) \times N\,(B \text{ ist leer und } A \text{ ist}$$
$$\text{gefüllt})] + [\text{wahrsch.}\,(B \text{ ist gefüllt} / A \,\&\, B) \times N\,(B \text{ ist}$$
$$\text{gefüllt und } A \text{ ist gefüllt})]$$
$$= h \times 1000 + [(1-h) \times 1\,001\,000]$$

Das Setzen von h auf 0,9 bewirkt also $EN(B) = 900\,000$ und $EN(A \,\&\, B) = 101\,100$, was einen beinahe neunfachen Vorteil für das Öffnen von nur B ergibt.

Ich habe hier den Begriff der Wahrscheinlichkeit vorausgesetzt, die ein Handelnder mit einer Folge verbindet. Wie wird diese Wahrscheinlichkeit bestimmt und wie analysiert? Mein persönlicher Vorzug gehört der bahnbrechenden Theorie von Ramsey (1926). Dem Leser sei jedoch geraten, auch Jeffrey (1965) und zu allgemeineren Anwendungen der Wahrscheinlichkeit Kyburg (1961) und Levi (1967) zu konsultieren.

(b) Es gibt wenigstens eine mögliche Folge, bei der Ihre
Wahl für α bewirkt, daß es Ihnen besser geht, als es
Ihnen gegangen wäre, hätten Sie eine der anderen zur
Verfügung stehenden Handlungen gewählt.

DP sagt dem gesunden Menschenverstand zu. Wenn man
ihm folgt, wird man so handeln, daß nichts anderes, was man
hätte tun können, zu größerem Wohlergehen geführt hätte –
außer man hätte das Risiko akzeptiert, es könnte einem
schlechter ergehen.
Abbildung 3.1 zeigt, daß das Öffnen beider Kästen DP
gemäß ist und daß es das Öffnen nur von *B* nicht ist. Was
auch immer der Prophet getan hat, es ist besser, beide Kästen
zu öffnen als nur einen. In jedem Fall werden Sie verglichen
mit der anderen möglichen Handlungsweise $1000 mehr
gewinnen. Also stehen DP und MEN in einem Gegensatz:
Sie raten zu gegenteiligen Handlungsweisen.
Man kann Newcombs Paradoxie als einen Hinweis auf
eben diesen Prinzipienkonflikt auffassen. Die konstruktive
Aufgabe besteht dann darin, zu erklären, wie die Prinzipien so eingeschränkt werden können, daß sie nicht mehr
in einem Gegensatz zueinander stehen, während man die
eventuell in ihnen enthaltenen Elemente von Wahrheit erhält.
Wie kommt es, daß der Prophet so gut im Prophezeien ist?
Angenommen, es ginge so: Ihre Wahl würde den Propheten
dazu veranlassen, sie richtig vorherzusagen. Um diese
angebliche Möglichkeit ernst zu nehmen, müssen wir die
Möglichkeit von »rückwirkender Kausalität« ernst nehmen,
d. h., ein späteres Ereignis (hier Ihre Wahl) bewirkt ein frü-
heres (hier die Prophezeiung). Nehmen wir dies für den
Moment auf die leichte Schulter. Wenn man wüßte, daß die
Dinge so funktionieren, dann gäbe es sicher keine zwei Mei-
nungen darüber, was zu tun vernünftig ist. Man sollte nur
Kasten *B* öffnen, da dies den Propheten dazu veranlassen
würde, vorauszusagen, daß man dies tun würde, was zur

Deponierung von $ 1 000 000 in Kasten *B* führen würde. Diese Wahl nicht zu treffen, würde ihn im Gegensatz dazu veranlassen, die $ 1 000 000 nicht in Kasten *B* zu deponieren. Es wäre eindeutig verrückt, nicht das Öffnen nur von Kasten *B* zu wählen.

Der ursprüngliche Fall war vielleicht ungenügend beschrieben. Eventuell gestattete er die Möglichkeit (gesetzt es gibt eine solche) von rückwirkender Kausalität. Um Verwirrung zu vermeiden, setzen wir fest, daß der *ursprüngliche Fall* einer ist, der rückwirkende Kausalität ausschließt. Es ist jedoch lehrreich, diesen *anderen* Fall zu betrachten, bei dem es sich um rückwirkende Kausalität handeln soll. Vielleicht rührte die Anziehungskraft dafür, im ursprünglichen Fall nur *B* zu öffnen, daher, diesen als den Fall der rückwirkenden Kausalität zu betrachten. Allgemeiner, vielleicht kommt uns die Paradoxie nur insoweit paradox vor, wie wir sie mit dem Fall der rückwirkenden Kausalität verwechseln. Soweit wir an diesen Fall als einen mit rückwirkender Kausalität denken, soweit sind wir versucht, an MEN zu glauben. Soweit wir an diesen Fall als einen denken, der rückwirkende Kausalität ausschließt, soweit sind wir versucht, an DP zu glauben. Was uns als widersprechende Sichtweisen desselben Falles vorkommt, sind in Wirklichkeit Sichtweisen von verschiedenen Fällen.

In dem ursprünglichen Fall könnte man annehmen, daß der Prophet seine Prophezeiungen auf allgemeinen Gesetzen zusammen mit einzelnen Fakten aufbaut. Diese mögen alle physikalisch sein, oder auch von psychologischer Natur: So können zum Beispiel die Gesetze solche der Psychologie sein und die einzelnen Fakten Ihre Persönlichkeit betreffen. Rückwirkende Kausalität steht außer Frage. Die Basis für die Prophezeiung besteht aus Fakten, die in der Vergangenheit liegen. Die Ablehnung von rückwirkender Kausalität bedeutet, daß nichts, was Sie jetzt tun können, die Basis der Prophezeiung beeinflussen kann. Also kann nichts, was Sie jetzt tun können, irgendeinen Unterschied machen, ob Geld in Kasten *B* liegt oder nicht. Sie sollten also beide Kästen öffnen.

Es gibt jedoch einen komplizierenden Faktor: Angenommen, der Determinismus ist wahr. Insbesondere sei angenommen, daß die psychischen Gesetze, gemeinsam mit Daten über Ihren Charakter bis zu dem Zeitpunkt, da der Prophet seine Voraussage macht, bestimmen, wie Sie handeln werden. Bestimmen in dem Sinne, daß es Ihnen unmöglich ist, irgend etwas anderes zu tun als das, was Sie tatsächlich tun werden. Dies könnte die Vorstellung von vernünftiger Entscheidung vollkommen untergraben, und die ganze Frage, was zu tun das beste ist, kann nicht aufkommen. Kurz, es gibt guten Grund, zu sagen: Gäbe es einen solchen Propheten, dann könnte kein Zweifel bestehen, welche Wahl vernünftig ist. Ich werde diesen Fall ignorieren und argumentieren, daß es vernünftig ist, beide Kisten zu öffnen. Wer davon beeindruckt ist, könnte meinen Schluß als einen hypothetischen lesen: Wenn in der Newcomb-Situation Vernunft überhaupt Sinn macht, dann ist es vernünftig, beide Kästen zu öffnen.[6]

Um diesen Schluß zu verteidigen, muß ich in Betracht ziehen, ob es – wie oben behauptet – für die Betrachter vernünftig ist, viel auf die beiden folgenden Konditionale zu wetten:

(a) Wenn Sie beide Kästen wählen, wird Kasten *B* leer sein.
(b) Wenn Sie nur Kasten *B* wählen, wird er $ 1 000 000 enthalten.

---

6 Wenn Sie finden, daß die Argumente für einen Kasten und beide Kästen gleichermaßen zwingend sind, dann könnten Sie dies als Widerlegung der Geschichte betrachten (wie im Falle des Barbiers). Das heißt, Sie könnten die nicht akzeptable Konsequenz als Beweis betrachten, daß es kein Wesen geben kann, das in der Lage ist, freie Entscheidungen vorauszusagen. Was diese Richtung betrifft, siehe Schlesinger (1974b). Siehe auch die kritische Betrachtung von Benditt / Ross (1976), die einige wichtige Unterscheidungen trifft.

Wenn sie vernünftig sind, werden die Betrachter entsprechend ihrer Erwartungen wetten. Deren Erwartungen sind dieselben wie die Ihren. Diese haben angesichts der bisherigen Erfolge des Propheten sehr guten Grund, an die beiden Konditionale zu glauben. Wie kann das mit meiner Behauptung vereinbart werden, es sei vernünftig, beide Kästen zu öffnen, falls der Prophet seine Voraussage auf der Grundlage von vorhergegangener Erfahrung macht? Wenn es für die Beobachter vernünftig ist, zu erwarten, daß die Konditionale wahr sind, dann muß es für Sie vernünftig sein, dasselbe zu erwarten. Jedoch, es sieht so aus, als wenn Sie die *Wahl* hätten, welches Konditional zählen wird. Es ist sicherlich vernünftig, das zweite Konditional zu dem gültigen zu machen, und Sie können dies erreichen, indem Sie nur Kasten *B* öffnen. Wie kann man die Vernünftigkeit des Glaubens an die Konditionale mit der Vernünftigkeit des Öffnens beider Kästen vereinbaren?

Betrachten wir die Grundlage der Vernünftigkeit eines Glaubens an die Richtigkeit der Konditionale etwas genauer. Wir können dies tun, indem wir die Sache vom Standpunkt der Betrachter aus besehen. Diese schließen wie folgt: Der Prophet lag in der Vergangenheit stets richtig. Da er die Kästen bereits gefüllt hat, basiert seine Voraussage auf dem Wissen um einige Fakten über Sie aus der Vergangenheit, den Umständen und einigen Verallgemeinerungen. Unsere beste Grundlage dafür zu wissen, was er vorausgesagt hat, ist das, was Sie zu tun beschließen. Das ist der Grund, warum wir an die Konditionale glauben. Ihr alleiniges Öffnen von *B* ist Indiz dafür, daß der Prophet dies prophezeit hat und daher – so wie das Problem aufgebaut ist – Indiz dafür, daß er Kasten *B* mit $ 1 000 000 gefüllt hat. Ebenso bei der anderen Möglichkeit.

Die Vernünftigkeit dieser Überzeugungen impliziert nicht, daß es vernünftig ist, nur Kasten *B* zu öffnen. Das sieht man am leichtesten ein, wenn man zum Standpunkt des Subjekts wechselt; *Ihrem* Standpunkt, wie wir vorgeben. Der Prophet macht seine Prophezeiungen auf der Basis von Fakten über Sie aus der Vergangenheit, zusammen mit einigen Verallgemeinerungen. Um die Sache zu vereinfachen, sagen wir, daß es zwei relevante mögliche Fakten gibt, was für eine Persönlichkeit Sie zu dem Zeitpunkt waren, als der Prophet seine Vorhersage machte: Entweder sind Sie ein Ein-Kasten-Typ (d. h. jemand, der veranlagt ist, nur Kasten *B* zu öffnen) oder Sie sind ein Zwei-Kasten-Typ (d. h. jemand, der veranlagt ist, beide Kästen zu öffnen). Wenn wir nun durchweg eine Tendenz bei Ihnen finden, beide Kästen zu öffnen, dann ist das eine schlechte Nachricht.[7] Das ist ein Anzeichen, daß Sie jetzt ein Zwei-Kasten-Typ sind und daher, sofern keine weiteren Aspekte in Betracht kommen, Anzeichen dafür, daß Sie zu dem Zeitpunkt, als der Prophet seine Entscheidung traf, ein Zwei-Kasten-Typ waren. Es ist also ein Hinweis darauf, daß er vorausgesagt haben wird, Sie würden beide Kästen öffnen, und folglich darauf, daß sich kein Geld in Kasten *B* finden wird. Ein Versuch, diese Ihre Tendenz zu tilgen, macht aber keinen Sinn, und es wäre ein Irrtum zu denken, daß es die Situation ändern würde, wenn man sich ihr widersetzt. Es macht keinen Sinn, *jetzt* einen Versuch zu ihrer Tilgung zu unternehmen, da der Prophet seine Voraussage entweder auf der Basis der Wahrnehmung einer solchen Tendenz gemacht hat oder nicht; sie jetzt loszuwerden, nachdem sie wahrgenommen wurde, heißt, die Stalltür zu schließen, nachdem das Pferd ausgebrochen ist. Es wäre ein Irrtum, zu denken, daß irgend etwas, was Sie jetzt tun können, irgendeinen Unterschied in der Frage machen kann, ob Sie ein Zwei-Kasten-Typ waren, als der Prophet seine Voraussage

---

7 **Frage:** Was würden Sie auf das folgende Argument erwidern?

Es wäre eine wundervolle Nachricht, zu erfahren, daß ich ein Ein-Kasten-Typ bin, denn dann könnte ich schließen, daß ich bald reich sein werde. Ich kann mir jedoch diese Nachricht selbst geben, indem ich einfach beschließe, ein Ein-Kasten-Typ zu sein. Das ist es also, was ich zu tun beschließen sollte.

machte. Fänden Sie in sich eine Neigung, nur Kasten *B* aufzumachen, dann wären das gute Nachrichten – aus analogen
Gründen. Aber es ist eine Neigung, der zu widerstehen rat-
samer wäre. Indem Sie ihr widerstehen und beide Kästen
öffnen, können Sie das Geld, von dem Sie vernünftigerweise
annehmen, daß es sich in *B* befindet, nicht verschwinden
machen, und Sie bekommen die zusätzlichen $ 1000 aus
Kiste *A*.
Hier ein Einwand: Wenn der Gedankengang an diesem
Punkt enden sollte, würde ein wirklich guter Prophet das
nicht prophezeit und daher sichergestellt haben, daß nichts
in Kasten *B* ist? Des weiteren, hätten Sie den Gedankengang
durch noch eine Wendung fortgeführt (die soeben erwähnte
Tatsache als einen Grund dafür verwendend, am Ende nur
Kasten *B* zu nehmen), dann hätte der Prophet auch dies prophezeit und daher Kasten *B* gefüllt. Ist es nicht also *das*, was
Sie tun sollten?
Die ursprüngliche Schwierigkeit jedoch bleibt und kann
nicht überwunden werden. Welche Drehungen und Wen-
dungen in den Gedankengängen Sie auch immer jetzt machen, Sie können nicht beeinflussen, was der Prophet schon
getan hat. Selbst wenn Sie sich jetzt zu einem Ein-Kasten-
Typ machen könnten, so würde das nicht helfen. Was zählte,
war, ob Sie zu der Zeit, als der Prophet seine Voraussage
gemacht hat, ein Ein-Kasten-Typ waren oder jemand von
dem es wahrscheinlich ist, daß er ein Ein-Kasten-Typ wird.
Sie können die Vergangenheit nicht ändern.[8,9]

---

8 **Frage:** Wir haben uns die von Ihnen zu treffende Wahl als eine Ein-
mal-im-Leben-Chance vorgestellt. Gesetzt den Fall jedoch, Sie
wüßten, daß es Ihnen gestattet werden würde, diese Wahl einmal
pro Woche für den Rest Ihres Lebens zu treffen, und gesetzt, die
Fakten über den Propheten bleiben dieselben. Was ist die vernünftigste zu verfolgende Taktik?
9 **Frage:** Man betrachte eine Variante des Problems – nennen wir sie
den »Sequentiellen Newcomb«. Der Unterschied ist, daß es Ihnen

Wir haben gesagt, daß der Prophet in der Vergangenheit *immer* richtig lag.[10] Stellen wir uns im besonderen vor, daß er bei Newcomb-Problemen immer recht hatte. Wir werden voraussetzen, daß jeder mit dem Problem nur einmal im Leben konfrontiert wird (es gibt keine zweite Chance) und daß der Prophet sich nie geirrt hat: Das heißt, nie hat ein Zwei-Kasten-Typ irgend etwas in Kasten *B* gefunden, und nie hat ein Ein-Kasten-Typ Kasten *B* leer vorgefunden. Die meisten unserer Freunde hatten bereits ihre Chance. Die Ein-Kasten-Typen unter ihnen sind jetzt Millionäre. Sie wünschen über alles, ein Millionär wie diese zu sein, und nun ist Ihre Chance gekommen: Sie sehen sich dem Newcomb-Problem gegenüber. Ist es nicht wahr, daß alles, was Sie zu tun haben, ist, nur Kasten *B* zu wählen? Ist das nicht ein todsicherer Weg zum Reichtum? Wie kann es da vernünftig sein, ihn abzulehnen?

Dies bringt soweit keine neuen Überlegungen: Die Antwort des Zwei-Kasten-Typs steht nach wie vor. Ich habe die Sache jedoch so formuliert, um die folgende Wendung hinzuzufügen: Die Zwei-Kasten-Ansicht vertretend denken Sie, daß der Prophet aus irgendeinem verrückten Grund Unvernunft belohnt. Er macht Ein-Kasten-Typen reich, und Ein-Kasten-Typen sind irrational. Dennoch, wenn Sie vor allem reich

---

gestattet wird, Ihre Wahl in zwei Schritten zu treffen: Sie können sich entschließen, Kasten *B* zu öffnen, während Sie Ihre Entscheidung über Kasten *A* aussetzen, bis Sie herausfinden, was in Kasten *B* ist. Angenommen, Sie öffnen *B* und es ist nichts darin. Sollten Sie sich entschließen, auch *A* zu öffnen? Angenommen, Sie öffnen *B* und es sind $ 1 000 000 darin. Sollten Sie sich entschließen, auch *A* zu öffnen? Haben Ihre Antworten irgendwelche Implikationen für den ursprünglichen Newcomb?

10 **Frage:** Fassen Sie eine Variante ins Auge, in welcher er in der Vergangenheit *meist* recht hatte. Welchen Unterschied macht das für den Gedankengang? Versuchen Sie herauszuarbeiten, wozu MEN rät, wenn wir die Wahrscheinlichkeit, daß der Prophet richtig liegt, mit 0,6 ansetzen.

sein wollen, ist es dann nicht das *Vernünftigste*, sich den Unvernünftigen anzuschließen, indem Sie nur Kasten *B* öffnen? Sir John Harington (1561–1612) schrieb:

Arglist dürft' nie gedeihn; was der Grund ist?
Täte sie's, keiner hieße sie Arglist.

Desgleichen, wenn sich »Unvernunft« auszahlt, dann ist es überhaupt keine Unvernunft! Sie wollen reich sein wie Ihre Millionärsfreunde, und wenn Sie so denken wie diese, dann werden Sie es sein. Es ist vernünftig, Mittel zu Zwecken zu wählen, also ist es vernünftig, so wie diese zu denken.

Dieser Vorschlag kann so dargestellt werden, daß er zwei wichtige Punkte beinhaltet. Der erste ist, daß man vernünftigerweise wünschen kann, man wäre ein anderer Mensch als der der man ist; weniger rational, in unserem Fall. Einige der Klarheit und Wahrheit verpflichtete Leute finden diesen Vorschlag ungenießbar.[11] Wir brauchen jedoch noch einen zweiten Punkt: Wenn es vernünftig ist, ein anderer Mensch sein zu wollen, dann ist es vernünftig, so zu handeln, wie dieser andere Mensch gehandelt hätte – auch wenn die Dinge so sind, wie sie sind. Es ist der zweite Punkt, der den Übergang vom Neid auf die Ein-Kasten-Typen zu der Behauptung sicherstellt, es sei vernünftig, ihrem Beispiel zu folgen. Sobald er klar ausgedrückt ist, können wir sehen, daß der zweite Punkt inkorrekt ist: Sind Sie kein »natürlicher« Ein-Kasten-Typ und sind Sie von dem Argument für Zwei-Kästen überzeugt, dann kann es, so wie die Dinge liegen, nichts für Sie *vernünftig* machen, Ein-Kasten zu wählen.[12]

---

11 **Frage:** Was sind Ihre eigenen Ansichten zu diesem Punkt? Einige Leute sagen, sie wünschten sich, an ein Leben nach dem Tod glauben zu können. Wenn dieser Wunsch beinhaltet, daß sie wünschen, nicht mehr von den Anzeichen *gegen* ein Leben nach dem Tod beeindruckt zu werden, dann ist dies ein Beispiel für so einen Wunsch, dessen Vernünftigkeit oder Rationalität in Frage steht.

12 Dank der menschlichen Schwäche würde sicherlich der soziale Druck unter den vorgestellten Umständen aus allen, außer den

Eine klare Sicht der Vorteile, ein Ein-Kasten-Typ zu sein, kann Ihnen keinen *Grund* liefern, einer zu werden – selbst wenn das in Ihrer Macht stünde. Ein(e) Atheist(in) mag den aus dem Glauben an Gott gewonnenen Trost klar sehen, aber das liefert ihm oder ihr keinen *Grund*, daran zu glauben, daß es einen Gott gibt. Das Licht der Vernunft kann einen nicht zu dem leiten, was man für unvernünftig hält. Um eine Position anzunehmen, die man für unvernünftig hält, muß man sich auf etwas anderes als Vernunft verlassen: Drogen, Fasten, Gesang, Tanz oder was auch immer.

Diese Art und Weise, mit der Paradoxie zu verfahren, läßt die beiden Prinzipien MEN und DP außer Betracht. Sollte eines von ihnen angenommen werden? MEN kann nicht richtig sein, da es dazu rät, nur Kasten *B* zu nehmen. DP kann nicht richtig sein, da es in jener anderen Version der Paradoxie, in welcher rückwirkende Kausalität gestattet war, zu Unrecht dazu riet, beide Kästen zu nehmen.[13, 14] Wir könnten jedoch verstehen, warum uns die Prinzipien ver-

---

sehr beherzten von uns, Ein-Kasten-Typen machen. Das berührt nicht die Frage, was unter solchen Umständen die *vernünftigste* Handlungsweise wäre.

13 **Frage:** Denken Sie an ein bekanntes Glücksspiel, etwa Roulette oder Poker. Kann DP dazu verwendet werden, zu sagen, welches Setzen im von Ihnen gewählten Spiel vernünftig ist? Nehmen Sie an, daß es das einzige Ziel ist, soviel Geld wie möglich zu gewinnen.

14 **Frage:** Israel fragt sich, ob es sich aus den von ihm besetzten Gebieten zurückziehen soll. Ägypten fragt sich, ob es Israel den Krieg erklären soll. Vom Standpunkt Israels aus sind die Nutzen wie folgt:

	Ägypten erklärt den Krieg	Ägypten erklärt *nicht* den Krieg
Israel zieht sich zurück	0	2
Israel bleibt	1	3

ließen, und das könnte zu Wegen führen, sie entsprechend einzuschränken.

Im Falle der rückwirkenden Kausalität ist es kein Zufall, daß DP das falsche Ergebnis liefert. Es hat keine Möglichkeit, die Tatsache einzubeziehen, daß Ihre Wahl beeinflussen wird, was in den Kästen ist, indem diese Wahl den Propheten beeinflußt. Allgemeiner, es liefert das falsche Ergebnis, weil es keine Vorkehrung dafür trifft, wie die eigenen Handlungen die Wahrscheinlichkeit der Ergebnisse beeinflussen können. Der Fall der rückwirkenden Kausalität alleine zeigt, daß DP, so wie es ist, nicht als ein richtiges Prinzip der vernünftigen Handlung gelten kann: Es kann nicht vernünftig sein, so zu handeln, daß es eine Verminderung der Wahrscheinlichkeit dessen bewirkt, daß jemand anders etwas tut, was den eigenen Gewinn erhöht.

Ebenso ist es kein Zufall, daß MEN für den Fall der rückwirkenden Kausalität das richtige Ergebnis liefert. Der Gedanke, daß es vernünftig ist, in einer Weise zu handeln, von der man es für wahrscheinlich hält, daß sie den eigenen Gewinn *fördert*, ist der Grundgedanke von MEN. Im Fall der rückwirkenden Kausalität hat man Grund anzunehmen, daß es den eigenen Gewinn beeinflussen wird, wie man handelt, indem es den Propheten beeinflußt. In diesem Fall spiegeln die konditionalen Wahrscheinlichkeiten die Wahrscheinlichkeit wider, daß das eigene Handeln ein Ergebnis eher fördert als ein anderes.

Dies trifft, im Gegensatz dazu, auf den ursprünglichen Fall nicht zu. Die konditionalen Wahrscheinlichkeiten bestehen, aber sie tun dies in einer Weise, die nicht den Grundgedanken von MEN widerspiegelt. Die Wahrscheinlichkeit, daß Kasten *B* leer sein wird, wenn Sie beide Kästen öffnen, ist in der Tat hoch; aber sie ist nicht deshalb hoch, weil Ihr Öffnen

---

Zeigen Sie, wie dieses Beispiel dazu verwendet werden kann, zu beweisen, daß DP nicht immer richtige Ergebnisse liefert. (Siehe Bar-Hillel / Margalit, 1972.)

der Kästen irgendeine kausale Rolle dabei spielt, daß Kasten *B* leer ist. Die richtige Einschränkung von MEN, was die Newcomb-Paradoxie betrifft, besteht darin, daß man nach diesem Prinzip nur dann handeln sollte, wenn die konditionalen Wahrscheinlichkeiten das widerspiegeln, von dem man glaubt, daß es die eigenen Handlungen *hervorrufen* werden.[15]

Wir haben gesehen, daß DP kein annehmbares Prinzip vernünftigen Handelns ist, da es konditionale Wahrscheinlichkeiten außer acht läßt. Diese Tatsache erklärt, warum es im ursprünglichen Fall das richtige Ergebnis liefert. In diesem ist es richtig, die konditionalen Wahrscheinlichkeiten zu ignorieren, da sie unwichtig sind, d. h. nicht die voraussichtlichen Ergebnisse der möglichen Handlungen widerspiegeln. Was diesen Fall betrifft, ist es die angemessene Einschränkung von DP, daß es nur dann verwendet werden kann, wenn es keinen relevanten Unterschied in der Wahrscheinlichkeit der diversen möglichen Ergebnisse gibt.

Auch wenn diese Überlegungen Newcombs Paradoxie auflösen, so lassen sie jedoch in der weiteren Aufgabe, die Natur des vernünftigen Handelns zu verstehen, noch viel zu tun übrig. Eine erste zu betrachtende Frage wäre es, ob die modifizierten Versionen von MEN und DP *verträglich* sind: d. h., ob sie in allen Fällen dieselbe Lehre liefern würden, was vernünftigerweise zu tun ist.[16] Man müßte dann mit der Frage

---

15 Man könnte dies erfassen, indem man sagt, die relevante Wahrscheinlichkeit für ein richtiges MEN-Prinzip sei nicht die konditionale Wahrscheinlichkeit des Ergebnisses einer Handlung, sondern die nicht-konditionale Wahrscheinlichkeit einer Aussage von der Form: »Würde ich so handeln, dies wäre das Ergebnis.« Um wahr zu sein, benötigt dieses sogenannte kontrafaktische Konditional etwas, das sich dem Verhältnis zwischen Handlung und Ergebnis im Text annähert: Die Handlung sollte das Ergebnis *hervorrufen*. Vergleiche Gibbard / Harper (1978).

16 **Frage:** Was würden Sie auf das folgende Argument erwidern?

fortfahren, ob sie *richtig* sind; ob jede in allen Fällen eine richtige Lehre liefern würde, was vernünftigerweise zu tun ist. Es ist unwahrscheinlich, daß solche einfachen Prinzipien dieser Aufgabe angemessen sind. Viele Philosophen sind in der Tat skeptisch gegenüber vielen der Begriffe, auf denen diese Diskussion aufgebaut war. Es ist keineswegs plausibel, daß die bei einer Entscheidung, was zu tun ist, zur Debatte stehenden Werte in der Weise meßbar sind, wie es vorausgesetzt wurde. Es wäre wichtig, zu sehen, ob wesentliche Prinzipien der Vernünftigkeit formuliert werden können, die nicht auf dieser Annahme beruhen. Eine weitere Frage ist, ob wir irgendein Recht auf einen angeblich objektiven, kul-

---

Das Dominanzprinzip DP kann nicht mit dem MEN-Prinzip im Widerspruch stehen, wenn das heißen soll, daß es eine Situation gibt, in der eine Handlung mit maximaler zu erwartender Nützlichkeit nicht vom Dominanzprinzip vorgezogen würde. Für jedes Ergebnis ist die Wahrscheinlichkeit seines Eintretens dieselbe, unabhängig von der Handlung. Also ist der Nutzen die einzige relevante Tatsache für jedes Ergebnis. Also können MEN und DP nicht voneinander abweichen. Die Tabelle macht es klar:

	M_1	M_2
H_1	5	2
H_2	4	2

H_1 und H_2 sind mögliche Handlungen. Die möglichen Ergebnisse sind M_1 und M_2. Wenn Sie H_1 ausführen und M_1 ist das Ergebnis, dann ist Ihr Nutzen mit der Zahl 5 bemessen. Ebenso für die anderen Kästen in der Tabelle. Das Dominanzprinzip rät, H_1 den Vorzug vor H_2 zu geben. MEN tut entweder dasselbe oder es ist gegenüber H_1 und H_2 gleichgültig. In beiden Fällen stehen die beiden Prinzipien nicht im Widerspruch. Um dies zu zeigen, benennen wir die Wahrscheinlichkeiten des Handelnden für M_1 und M_2 mit π_1 und π_2. Wir wissen nicht, wie hoch diese Werte sind, aber wir können sicher sein, daß $5 \times \pi_1$ mehr ist als $4 \times \pi_1$ und daß $2 \times \pi_2$ nicht mehr ist als $2 \times \pi_2$. Also muß MEN entweder zu H_1 raten oder neutral bleiben.

turunabhängigen Begriff von Vernünftigkeit als Maßstab haben, an dem jede beliebige Handlung gemessen werden kann. Vielleicht gibt es Arten der Vernünftigkeit, oder vielleicht ist Vernünftigkeit nur ein Wert unter anderen. Im nächsten Abschnitt werde ich eine angebliche Bedrohung für die Kohärenz des Begriffs der Vernünftigkeit betrachten.

3.2 Das Gefangenendilemma

Sie und ich, wir sind wegen Drogenhandels festgenommen worden und sitzen in getrennten Zellen. Jeder von uns erfährt durch seinen Anwalt, daß der Staatsanwalt folgendes verfügt hat (und wir haben allen Grund dieser Information zu trauen):

1. Wenn wir beide schweigen, muß der Staatsanwalt die Anschuldigung des Drogenhandels aus Mangel an Beweisen fallenlassen und wird uns statt dessen wegen des erheblich geringeren Vergehens des unerlaubten Waffenbesitzes anklagen. Wir würden dann jeweils ein Jahr Gefängnis bekommen.
2. Wenn wir beide gestehen, bekommen wir beide fünf Jahre Gefängnis.
3. Wenn der eine schweigt und der andere gesteht, dann wird derjenige, der gestanden hat, freigelassen (weil er als Kronzeuge dienlich war), und der andere geht für zehn Jahre ins Gefängnis.
4. Dem anderen Verhafteten wird 1–4 mitgeteilt.

Was ist vernünftigerweise zu tun? Wir bauen in die Geschichte folgende weiteren Merkmale ein:

5. Jeder ist nur daran interessiert, die geringste Strafe für sich selbst zu bekommen.
6. Keiner hat irgendwelche Information über das wahrscheinliche Verhalten des anderen, außer daß 5 von ihm gilt und daß er vernünftig handelt.

Es gibt einen auf der Hand liegenden Gedankengang, der für ein Geständnis spricht. Was auch immer Sie tun, es wäre für mich ganz einfach besser zu gestehen. Schweigen Sie und ich gestehe, dann bekomme ich, was ich am meisten will: keine Strafe. Gestehen Sie, dann geht es mir erheblich besser, wenn ich auch gestehe (fünf Jahre), als wenn ich nicht gestehe (zehn Jahre). Wir können die Situation mit Abbildung 3.2 darstellen, und der Gedankengang für ein Geständnis folgt dem uns vertrauten Dominanzprinzip (DP).

	Sie gestehen	Sie gestehen nicht
Ich gestehe	⟨5,5⟩	⟨0,10⟩
Ich gestehe nicht	⟨10,0⟩	⟨1,1⟩

Abb. 3.2 *Das Gefangenendilemma*

In Abbildung 3.2 steht ⟨0,10⟩ für die Tatsache, daß ich bei dieser Alternative für null Jahre ins Gefängnis gehe und Sie für zehn Jahre, etc. Je kleiner die Zahl auf meiner Seite des Paares (der linken), desto mehr ist mir gedient. Es ist leicht zu sehen, daß Gestehen vor Schweigen kommt: Im Vergleich zum Schweigen spart mir das Gestehen fünf überflüssige Jahre, falls Sie gestehen, und eines, wenn Sie nicht gestehen.

Da wir beide uns in einer ähnlichen Situation befinden und (6. zufolge) beide vernünftig sind, sollten wir wohl in derselben Weise folgern und also das gleiche tun. Wenn es demnach für mich vernünftig ist zu gestehen, dann ist es für Sie vernünftig, desgleichen zu tun – dann aber gehen wir beide für fünf Jahre ins Gefängnis. Schwiegen wir beide, dann gingen wir für jeweils ein Jahr ins Gefängnis. Indem wir angeblich vernünftig handeln, würden wir uns ein Ergebnis sichern, das für uns beide schlechter ist als das, was wir erreichen könnten.

Dieser Sichtweise zufolge führt vernünftiges Handeln unter

manchen Umständen zu schlechteren Ergebnissen als andere Handlungsweisen. Auch wenn das deprimierend ist, so ist es doch noch nicht paradox: Wir alle wissen, daß unvernünftige Wetten erfolgreich sein können. Was für paradox gehalten werden könnte, ist, daß das Versagen der Vernunft, die besten Lösungen hervorzubringen, in unserem Fall keine Sache von irgendeiner Einmischung des Zufalls ist, sondern die vorhersagbare und unvermeidliche Folge von sogenanntem vernünftigen Handeln. Wie kann es in diesem Fall vernünftig sein, »vernünftig« zu sein?[17] Die angeblich unannehmbare Konsequenz des anscheinend annehmbaren Gedankenganges ist, es könne vorausgesehen werden, daß vernünftiges Handeln ein schlechteres Ergebnis sehr wahrscheinlich machen kann.

Wenn das eine Paradoxie ist, dann ist die richtige Erwiderung darauf, wie ich glaube, zu bestreiten, daß die Konsequenz wirklich nicht annehmbar ist. Die Unannehmbarkeit soll darin bestehen, daß es uns bessergehen würde, wenn wir beide in einer bestimmten Weise handelten, als wenn wir dem angeblichen Diktat der Vernunft folgten. Also ist die Vernunft nicht die *beste* Ratgeberin, wie man handeln soll, da auf die andere Weise zu handeln für beide zu einem besseren Ergebnis führen würde. Das Problem bei diesem Vorschlag besteht darin, daß ein Ratgeber im Entscheidungsprozeß des Handelnden auch zur Verfügung stehen muß. Um von dem Gedanken geleitet zu werden, daß es uns beiden besser ginge, wenn wir schwiegen als wenn wir gestehen würden, müßte ich wissen, daß Sie schweigen werden. Was zu tun vernünftig ist, muß darauf bezogen sein, was wir wissen. Sind wir unwissend, dann mag uns die vernünftige Handlungsweise nicht zu dem besten Ergebnis führen. In unserem Fall betrifft die Unwissenheit das, was der andere tun wird, und

---

17 Man vergleiche: Wie kann es vernünftig sein, ein Zwei-Kasten-Typ zu sein, wenn das Ein-Kasten-Typ-Sein sicherstellen würde, daß man Millionär wird?

es ist eigentlich diese Unwissenheit und nicht eine Schwäche der Vernunft, die das weniger als optimale Ergebnis hervorruft.

Wir sind aber nun nahe an einer Paradoxie anderer Art. Ich hatte gesagt, es gibt ein zwingendes Argument dafür, daß es vernünftig ist zu gestehen. Es scheint jedoch auch triftige Gründe dafür zu geben, daß Schweigen vernünftig ist. Wenn diese Gründe tauglich sind, dann führen zwei anscheinend annehmbare Argumentationen zu Schlüssen, die zusammengenommen unannehmbar sind.

Das Argument für Schweigen geht folgendermaßen. Wir wissen beide, daß wir vernünftig handeln, da dies in die Geschichte eingebaut ist. Wir wissen also, daß jeder Grund, den einer von uns hat, auch für den anderen gilt. Demnach wissen wir, daß wir dasselbe tun werden. Es gibt zwei Handlungsweisen, die als »dasselbe tun« gelten: beide gestehen oder beide schweigen. Von diesen beiden ist die zweite für jeden von uns zu bevorzugen. Es liegt also auf der Hand, welche mögliche Handlungsweise jeder von uns vernünftigerweise vorziehen muß: schweigen. Das ist die vernünftige Wahl.

Dieses Argument lädt zu einer Revanche ein. Angenommen, schweigen ist die vernünftige Wahl und ich bin mir klar darüber. Wissend, daß Sie vernünftig sind, weiß ich also: Dies wird die Wahl sein, die Sie treffen werden. Ich weiß also, daß Sie schweigen werden. In diesem Fall aber muß es für mich vernünftig sein zu gestehen, indem ich damit mein bevorzugtes Ergebnis sichere: freigelassen zu werden. Andererseits weiß ich, daß Sie auch so denken können und daher nicht schweigen werden, wenn Sie vernünftig sind. In diesem Fall ist es wiederum vernünftig für mich zu gestehen – und noch dringender. Der Weg des Schweigens ist unsicher. Die Hypothese, schweigen sei die vernünftige Wahl, ist also widerlegt.

Dies zeigt, daß das Gefangenendilemma nicht wirklich einen unannehmbaren Schluß über die Vernunft enthält. Wir sollten uns jedoch nicht damit zufriedengeben, das bloß zu zeigen. Wir sollten betrachten, wie der Fall mit den bereits diskutierten Prinzipien vernünftigen Handelns zusammenhängt.

So wie es in Abschnitt 3.1 formuliert wurde, besagte das MEN-Prinzip, daß die vernünftige Handlung jene ist, welche den zu erwartenden Nutzen maximiert. Dies wurde als aus den folgenden zwei Faktoren bestehend aufgefaßt: wie wünschenswert ein Ergebnis ist und wie wahrscheinlich, abhängig von der Ausführung einer bestimmten Handlung. In Verbindung mit Newcombs Paradoxie hatte ich ursprünglich formuliert, die betreffenden Wahrscheinlichkeiten seien:

(a) Die Wahrscheinlichkeit, daß $ 1 000 000 in Kasten *B* sind, *vorausgesetzt*, ich entscheide mich, beide Kästen zu öffnen.

(b) Die Wahrscheinlichkeit, daß $ 1 000 000 in Kasten *B* sind, *vorausgesetzt*, ich entscheide mich, nur Kasten *B* zu öffnen.

In der Diskussion vertrat ich die Ansicht, daß dies in jenen Fällen, wo diese konditionalen Wahrscheinlichkeiten nicht die Tendenz meiner Handlung spiegeln, das fragliche Ergebnis *hervorzurufen*, nicht die richtigen zu betrachtenden Wahrscheinlichkeiten seien. Welche sind also die relevanten Wahrscheinlichkeiten? Ein Vorschlag wäre, es handelt sich um die folgenden:

(a′) Die Wahrscheinlichkeit, meine Wahl beider Kästen bewirke es, daß $ 1 000 000 in Kasten *B* sind.

(b′) Die Wahrscheinlichkeit, meine Wahl eines Kastens bewirke es, daß $ 1 000 000 in Kasten *B* sind.

Diese beiden Wahrscheinlichkeiten sind gleich null. Wenn wir festsetzen, daß alles, was bekanntermaßen ohnehin wahr ist (was eine Wahrscheinlichkeit von 1 unabhängig von meiner Handlung besitzt), bei *allem*, was ich tue, als davon her-

vorgerufen zählt, dann hat das Öffnen von Kasten *A* einen
zu erwartenden Nutzen gleich dem Nutzen von $ 1000, und
das Öffnen nur von *B* hat einen zu erwartenden Nutzen von
0. Jene Version von MEN, welche die Wahrscheinlichkeiten
(a′) und (b′) anstelle von (a) und (b) berücksichtigt, unterstützt das Öffnen beider Kästen.

Wenden wir den Gegensatz zwischen diesen beiden Versionen von MEN auf das Gefangenendilemma an; beginnend
mit der ursprünglichen Version: Die Wahrscheinlichkeit, daß
Sie gestehen, wenn ich gestehe, ist hoch und gleich der Wahrscheinlichkeit, daß Sie schweigen, wenn ich schweige. Des
weiteren ist die Wahrscheinlichkeit, daß Sie gestehen, während ich schweige, niedrig und ebenso die Wahrscheinlichkeit des umgekehrten Falles. Diese konditionalen Wahrscheinlichkeiten folgen aus meinem in das Beispiel eingebau-
ten Wissen, daß Sie und ich in ähnlicher Weise folgern, da
wir beide vernünftig sind.[18] Bei passenden Nutzen wird es
Versionen des Dilemmas geben, für die MEN in seiner ursprünglichen Form Schweigen als die vernünftige Handlungsweise auszeichnet.[19]

In seiner modifizierten Form sollte MEN die Wahrscheinlichkeit einbeziehen, daß eine Handlung das betreffende
Ergebnis *hervorruft*. Da diese Wahrscheinlichkeit im vorliegenden Fall gemäß unserer Setzung gleich null ist (weil jeder

---

18 **Frage:** Klären Sie die Voraussetzung hinter der Bemerkung, wenn
    zwei Leute vernünftig sind, dann würden sie über jedes Problem
    in ähnlicher Weise folgern. Ist die Voraussetzung zu rechtfertigen?

19 **Frage:** Wie könnte man, unter Verwendung der Zahlen in Abbil-
    dung 3.2 als Nutzen der diversen Ergebnisse (je mit einem Minus-
    zeichen versehen, um zu kennzeichnen, daß die Ergebnisse
    zumeist unerwünscht sind), konditionale Wahrscheinlichkeiten
    (Zahlen zwischen 0 und 1) derart zuweisen, daß der zu erwar-
    tende Nutzen des Schweigens höher ist als der des Geständnisses?
    [Für Details mag es nützlich sein, Fußnote 5 zu konsultieren.]
    Diese Zuweisung wird den Satz im Text rechtfertigen.

von uns seine Entscheidung trifft, bevor er weiß, was der andere entschieden hat), gibt uns die modifizierte Version von MEN hier keinen Rat: So verstanden, sind alle zu erwartenden Nutzen gleich. Diese Tatsache jedoch wäre ein nachhaltiger Grund, DP anzuwenden: Haben Sie keine Ahnung, welche Ergebnisse Ihre Handlungen hervorbringen werden, dann wählen Sie diejenige Handlung, welche die Dinge für Sie besser gestalten würde, was auch immer der andere tut.

Man hat vorgeschlagen, in der Newcomb-Paradoxie einfach eine Variante des Gefangenendilemmas zu sehen. In der Newcomb-Paradoxie ist die entscheidende Frage – ob irgend

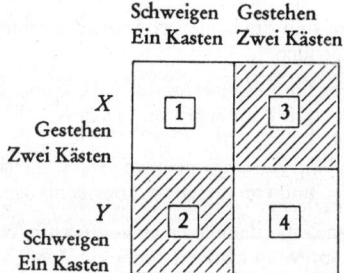

Abb. 3.3 *Ähnlichkeiten zwischen der Newcomb-Paradoxie und dem Gefangenendilemma.*

Ich muß mich entscheiden, ob ich X tun will (gestehen, beide Kästen nehmen) oder Y (schweigen, nur einen Kasten nehmen). Die Spalte zeigt, was der andere in der Geschichte tun kann: Der andere Gefangene schweigt oder gesteht; der Prophet sagt voraus, daß ich einen Kasten öffnen werde oder daß ich beide Kästen öffnen werde. Meine Präferenzen unter den Ergebnissen liegen vom Besten zum Schlechtesten in dieser Reihenfolge: 1, 2, 3, 4. Die »passenden« Möglichkeiten sind schraffiert: Der andere Gefangene tut auch, was ich tue, der Prophet sieht richtig vorher. Ich weiß, daß meine Wahl nicht beeinflussen kann, ob eine Übereinstimmung eintritt. Ich weiß, daß ein Passen wahrscheinlicher ist, als ein Nicht-Passen.

etwas in *B* ist – eine der Entsprechung: Das Geld ist dann und nur dann im Kasten, wenn meine Handlung zu der »Vorhersage« paßt. Es spielt keine Rolle, ob die »Vorhersage« vor oder nach der Wahl stattfindet; was zählt, ist, daß die Handlung des Wählens keine Auswirkung auf den Inhalt der »Vorhersage« hat. Desgleichen ist beim Gefangenendilemma das Zusammen-Passen entscheidend: Indem ich weiß, daß wir beide vernünftig sind, erwarte ich, daß meine Handlung zu der Ihren paßt, genauso, wie ich erwarte, daß die Vorhersage zu meiner Wahl paßt. Mehr noch: Genauso wie ich die Vorhersage nicht beeinflussen kann, so kann ich auch Ihre Wahl nicht beeinflussen. Abbildung 3.3 legt die Ähnlichkeiten dar.

In aller Kürze sind die beiden von uns betrachteten Argumente die folgenden:

A Tue *X*, da es Dir besser geht, was auch immer der andere tut, als wenn Du *Y* tun würdest: 1 ist besser als 2, und 3 ist besser als 4.
B Tue *Y*, da ein Zusammenpassen das wahrscheinlichste Ergebnis ist, und von diesen ist 2 besser als 3.

Taugt diese Analogie, dann hat man *konsistente* Ansichten zu den Problemen, wenn man entweder ein Zwei-Kasten-Typ ist und an das Gestehen glaubt – oder aber ein Ein-Kasten-Typ und an das Schweigen glaubt. Meine Ansicht ist erstere.

Das Gefangenendilemma ist die vereinfachte Fassung eines wohlbekannten Konflikts: Wenn Zusammenarbeit heißt, jeder von uns verzichtet auf etwas, das er (oder sie) andernfalls zu besitzen vorgezogen hätte, dann scheint Zusammenarbeit nicht in meinem Interesse zu liegen. Meinen Interessen am dienlichsten wäre es, mir die Zusammenarbeit von Ihrer Seite zu sichern, während ich diese nicht erwidere. Im Gefangenendilemma wäre es das beste für mich, Sie schweigen – vielleicht unter dem Einfluß von Überzeugungsarbeit, Drohungen oder Versprechungen von mir –, während ich gestehe, eventuell indem ich meine Versprechungen an Sie nicht einhalte. Ist die erste Ansicht richtig und X-en das, was vernünftigerweise zu tun ist, dann führt dies dazu, daß wir diesen Interessen schlechter dienen, als es möglich wäre, wenn wir diese vernunftgemäß verfolgen. Das ist nicht wirklich unannehmbar, denn es ist wahr; aber es mag deprimierend scheinen.

In dem von uns betrachteten Fall gibt es bloß eine einzige Situation, die eine Entscheidung erfordert. Man stelle sich dagegen vor, wir stünden einem »vielfachen Gefangenendilemma« gegenüber: Angenommen, es gibt eine Reihe von Auswahlhandlungen, und wir beide wissen das – insbesondere wissen wir, daß dies nicht das letzte Mal sein wird, daß wir das Spiel gemeinsam spielen. Uns ist auch bekannt, daß sich der andere daran erinnern und sicherlich davon geleitet sein wird, was bei früheren Malen passiert ist. Es gibt ein Argument dafür, daß mich diese neue Situation in Richtung Schweigen drängen wird. Angenommen, Sie gewinnen den Eindruck, ich bin von der Sorte, die im allgemeinen gesteht. Ich weiß dann, daß Sie daraufhin ebenfalls gestehen werden, um sich vor den katastrophalen Konsequenzen des Schweigens zu bewahren, und das Endergebnis wird jedes Mal alles andere als das Bestmögliche für mich sein. Ich habe daher ein Interesse daran, Sie glauben zu machen, daß ich von der Sorte bin, die im allgemeinen schweigt. Ein Weg für mich, diese Ansicht zu verbreiten, besteht darin, tatsächlich zu schweigen. (Wir wissen alle aus unserer Kenntnis von Gebrauchtwagenhändlern und Politikern, daß dies nicht der einzige Weg ist, derartige Effekte zu erzielen.) Ich weiß auch, daß Sie derselben Taktik folgen werden. In dieser Situation scheint also die zusammenarbeitende Taktik des Schweigens die vernünftige zu sein.[20]

---

20 **Frage*:** Gesetzt den Fall jedoch, beide Parteien wissen im voraus, wie oft sie sich in dieser Situation befinden werden – sagen wir

Es gibt faszinierende Hinweise darauf, daß dies nicht sehr weit von der Wahrheit entfernt ist. In einigen Computersimulationen von Situationen nach Art des Gefangenendilemmas hat die folgende Strategie besser als alle anderen abgeschnitten: Man beginne mit Schweigen, danach handle man so, wie der andere Spieler in der vorhergehenden Runde. Unter passenden Umständen wird das zu einer Situation stabiler Zusammenarbeit führen. Da das vielfache Gefangenendilemma dem wirklichen Leben mehr entspricht als der einzelne Fall, könnte es sein, daß das Ergebnis der Verhandlung nicht so deprimierend sein muß: Vielleicht ist vernünftiges Eigeninteresse nicht dazu verdammt, zu einem nicht-optimalen Ergebnis zu führen. Was ich jedoch im wesentlichen zu zeigen bemüht war, ist, daß der paradoxe Anschein des Gefangenendilemmas ebenso wie der von Newcombs Paradoxie aufgelöst werden kann.

---

fünfzigmal. Wir würden Sie die Argumentation für die Ansicht formulieren, daß es die vernünftigste Taktik ist, durchweg zu gestehen?

Literaturhinweise

Newcombs Paradoxie, auch bekannt als Newcombs Problem wurde zuerst bei Nozick (1969) veröffentlicht. Nozick sagt, die Paradoxie stamme von Dr. William Newcomb aus den *Livermore Radiation Laboratories* in Kalifornien. Soweit ich weiß, hat Newcomb selbst nicht über diese Paradoxie geschrieben.

Die Überlegungen, denen ich am meisten verpflichtet bin, sind jene von Mackie (1977) und Gibbard / Harper (1978). Die Ein-Kasten-Lösung verteidigen Bar-Hillel / Margalit (1972).

Eine systematische Studie der vernünftigen Entscheidung bietet Jeffrey (1965). Zur Einführung in die Wahrscheinlichkeitslehre siehe Black (1967).

Einen sehr guten Überblick zu Newcombs Paradoxie und dem Gefangenendilemma gibt Campbell (1985) in der Einleitung zu einer exzellenten Aufsatzsammlung zu diesen Fragen.

Die vom Gefangenendilemma aufgeworfenen Probleme sind eng mit praktischen Problemen verknüpft. Parfit (1984), Kap. 2.–4., betont diese im Verlauf seiner enorm anregenden Diskussion.

Zur Gleichartigkeit von Newcombs Paradoxie und dem Gefangenendilemma siehe Lewis (1979). Ein ähnliches Problem behandelt Selton (1978).

Einen Bericht über die Ergebnisse von Computersimulationen diverser Strategien für das Spielen vielfacher Gefangenendilemma-Spiele bietet Axelrod (1984).

Siehe auch Bar-Hillel / Margalit (1983), (1985) und Janaway (1988).

4 Vernünftige Überzeugung

In diesem Kapitel geht es um Probleme zu dem Thema, was es heißt, Wissen oder eine vernünftige Überzeugung zu haben. Das Kapitel hat zwei größere Abschnitte, von denen der erste, mit »Paradoxien der Bestätigung« betitelt, von zwei Paradoxien handelt, die man »Philosophen-Paradoxien« nennen könnte. Lassen Sie mich das erklären.

Die meisten Paradoxien in diesem Buch sind recht einfach aufzustellen. Um zu sehen, was an ihnen paradox ist, braucht man kein spezielles Wissen: Sie müssen kein Spieltheoretiker oder Statistiker sein, um zu sehen, was an Newcombs Paradoxie oder dem Gefangenendilemma paradox ist, und ebensowenig müssen Sie ein Physiker oder Sportler sein, um zu sehen, was an Zenons Paradoxien paradox ist. Im Gegensatz dazu kommen die Paradoxien der Bestätigung nur im Kontext eines speziellen philosophischen Projekts auf und können nur innerhalb desselben verstanden werden. Diese Paradoxien brauchen also einigen Hintergrund (Abschnitt 4.1.1), bevor sie eingeführt werden (in den Abschnitten 4.1.2 und 4.1.3). Der Abschnitt über den Hintergrund legt die Natur des philosophischen Projekts dar, innerhalb dessen die Paradoxien auftreten.

Der zweite größere Abschnitt des Kapitels betrifft die Paradoxie der unerwarteten Prüfung. Auch wenn sie schwer zu lösen ist, so ist sie doch einfach genug aufzustellen. Diese Paradoxie wurde dazu verwendet, intuitiv selbstverständliche Prinzipien über vernünftige Überzeugung und Wissen in Zweifel zu ziehen.

4.1 Paradoxien der Bestätigung

4.1.1 *Hintergrund*

Wir glauben alle, daß es eine strikte Trennung zwischen starken, guten oder verläßlichen Anhaltspunkten oder Evidenzen einerseits und schwachen, schlechten oder nicht verläßlichen andererseits gibt. Wenn Ihnen ein Fremder an der Hunderennbahn sagt, *Wolfsgesicht* werde das nächste Rennen gewinnen, und Sie keine weiteren relevanten Informationen zur Verfügung haben, dann wäre es töricht, viel auf *Wolfsgesicht* zu wetten. Die Anhaltspunkte dafür, daß er gewinnen wird, sind extrem schwach. Hätte Ihnen aber der Trainer denselben Tip gegeben, dann hätte Ihnen das einen erheblich besseren Anhalt geboten. Dieser wäre noch stärker, wenn der Trainer ein Gauner ist, der glaubt, Sie seien ihm auf die Schliche gekommen, und Sie auch noch wüßten, daß er glaubt, ein guter Tip würde Sie bestechen.

Die meisten unserer Handlungen werden geleitet von kaum bewußten Bewertungen, wie gut die Anhaltspunkte für bestimmte Überzeugungen sind. Wenn wir uns dafür entscheiden, welchen Film wir sehen wollen, oder welches Restaurant besuchen, dann werden wir oft von Erfahrungen aus der Vergangenheit geleitet: ob der Regisseur oder die Schauspieler bisher zu gefallen wußten oder ob das Restaurant in der Vergangenheit gutes Essen serviert hat. Wir sind auch davon beeinflußt, was andere sagen: Wir gewichten ihre Berichte, indem wir einigen mehr trauen als anderen – guten Rezensenten oder Leuten, die wir für Kenner der Gastronomie halten. In solchen alltäglichen Fällen ist unsere Bewertung der Qualität von Anhaltspunkten recht grob. Wir sehen Kenner und Unwissende, gute und schlechte Zeichen, aber wir fragen uns unter normalen Umständen nie, was einen Kenner oder ein gutes Zeichen *ausmacht*.

Das philosophische Projekt, innerhalb dessen die Paradoxien aus Abschnitt 4.1 auftauchen, besteht darin, allgemeine

Prinzipien zu formulieren, was als guter Anhaltspunkt gelten soll. Solche Prinzipien tauchen manchmal außerhalb von philosophischen Fachbereichen auf. In Gerichten werden zum Beispiel ausdrücklich abgestufte Kategorisierungen der Beweise vorgenommen (»Indizienbeweis«, »unzulässiger Beweis«). Für wissenschaftliche Untersuchungen, insbesondere solche mit bestimmten Arten von numerisch strukturierten Daten, gibt es ausgearbeitete und verfeinerte statistische Theorien, die sich mit der Frage befassen, inwieweit Daten eine Hypothese stützen.

Das Gebiet der Philosophie, in dem sich Philosophen darum bemüht haben, allgemeine Prinzipien zu formulieren, welche die Qualität von Evidenz und Anhaltspunkten bestimmen, nennt sich »Theorie der Bestätigung«. Diese Versuche haben zu überraschenden Paradoxien Anlaß gegeben. Sie zu verstehen wird zu einer besseren Vorstellung der Natur von Anhaltspunkten führen.

Wenn ein Korpus von Aussagen *irgendeinen* Anhalt (wie schwach auch immer) für die Wahrheit einer Hypothese bildet, dann werden wir sagen, diese Aussagen *bestätigen* die Hypothese. Von diesem Punkt aus könnte man hoffen, ein Verständnis dessen zu entwickeln, was es ist, wovon man überzeugt sein sollte. Man könnte etwa denken, daß man von allen in Frage stehenden Hypothesen diejenige glauben sollte, welche von den eigenen Daten am besten bestätigt wird. Wie dem auch sei, es gibt genügend Probleme mit dem Ausgangspunkt, ganz zu schweigen von dem, was daraus entwickelt werden könnte.

Es ist ein sehr natürlicher Gedanke, daß folgendes Prinzip eine tragende Rolle für einen Begriff von Bestätigung spielen wird:

V 1. Eine Verallgemeinerung wird von jeder ihrer Instanzen bestätigt.

Hier einige Beispiele von Verallgemeinerungen:

1. Alle Smaragde sind grün.

2. Immer wenn der Preis von Kokain fällt, steigt sein Konsum.

3. Jeder, den ich heute morgen getroffen habe, sagte, daß die Demokraten die nächste Wahl gewinnen werden.

4. Alle Aids-Opfer haben dieses Chromosom.

V 1 besagt, daß alle diese Aussagen von ihren Instanzen bestätigt werden – d. h. jeweils dadurch, daß dieser oder jener Smaragd grün ist; durch Fälle, in denen der Preis von Kokain fällt und sein Konsum steigt; durch die Tatsache, daß ich heute morgen Mary getroffen habe und sie gesagt hat, daß die Demokraten gewinnen werden; und durch die Tatsache, daß Frank, der Aids hat, auch dieses Chromosom hat. Man beachte, daß V 1 nicht verrückterweise besagt, eine Instanz könne die Gültigkeit einer Verallgemeinerung *etablieren*. Eine einzelne Instanz kann, V 1 zufolge, bestätigen, aber das erledigt die Angelegenheit offensichtlich nicht. Eine einzelne Instanz zeigt noch nicht einmal, daß es vernünftig ist, die Hypothese zu glauben – von ihrer Wahrheit ganz zu schweigen.

Ich habe sowohl von Gegenständen (wie Smaragden) als auch von Tatsachen (wie der Tatsache, daß Frank Aids und auch dieses Chromosom hat) als Instanzen von Verallgemeinerungen gesprochen, und ich werde dies auch weiterhin tun. Bei offiziellen Gelegenheiten will ich jedoch davon sprechen, daß die Instanz einer Verallgemeinerung selbst eine Aussage ist. Wenn eine Verallgemeinerung die Form hat:

Alle *As* sind *Bs*,

dann ist jede Aussage eine *Instanz* von ihr, die die Form hat:

Dieses *A* ist ein *B*.

Also ist:

Dieser Smaragd ist grün

eine Instanz von:

Alle Smaragde sind grün.

Eine *Gegeninstanz* zu der Verallgemeinerung »Alle *A*s sind *B*s« ist eine Aussage von der Form:

Dieses *A* ist kein *B*.

Also ist:

Dieser Smaragd ist nicht grün

eine Gegeninstanz zu »Alle Smaragde sind grün«. Ebenso wie wir bei inoffiziellen Gelegenheiten von grünen Smaragden als Instanzen jener Aussage sprechen mögen, so können wir von nicht-grünen Smaragden als ihren Gegeninstanzen sprechen.

Das Gegenteil von Bestätigung nenne ich *Schwächung*. Eine Hypothese wird von denjenigen Aussagen geschwächt, die dazu tendieren, zu zeigen, daß sie falsch ist. Ein extremer Fall ist *Falsifikation*: Eine Verallgemeinerung wird von jeder ihrer Gegeninstanzen falsifiziert.

Das Prinzip V 1 soll bedeuten, daß jede Aussage, die eine Instanz einer Verallgemeinerung ist, diese bestätigt. Nicht immer liegt so klar auf der Hand, wie dies mit dem Begriff des guten Anhaltspunktes verbunden ist. Offensichtlich stellt ein Aids-Opfer mit einem gewissen Chromosom keinen guten Anhaltspunkt für die Hypothese dar, alle Aids-Opfer hätten es. Aber vielleicht summiert sich eine große Anzahl von Instanzen, ohne Gegeninstanzen, zu einem guten Anhalt. Wenn das so ist, dann werden wir uns jede Instanz als positiven Beitrag dazu vorstellen, und das ist es, was man sich unter dem Begriff der Bestätigung vorstellt. V 1 besagt nicht, daß eine Instanz einer Verallgemeinerung für sich ein guter Grund wäre, von dieser Verallgemeinerung überzeugt zu sein – was ja absurd wäre. Es sagt eher, daß eine Instanz einen positiven Beitrag zur Aufstellung guter Anhaltspunkte leistet – wie klein auch immer dieser Beitrag sein mag und wie sehr er auch dazu neigt, durch andere gewichtigere Faktoren ausbalanciert zu werden. Wenn wir von der Instanz einer Verallgemeinerung wissen, so die Vorstellung, dann haben wir damit einen kleinen Schritt in Richtung eines guten Anhalts für diese Verallgemeinerung getan, auch wenn andere Dinge, von denen wir wissen, diesen Anhalt untergraben mögen. Tatsächlich kann unser Wissen eine Gegeninstanz derselben Verallgemeinerung enthalten.

Die Qualität des Anhalts, der Evidenz, ist eine graduelle Angelegenheit: Mancher Anhalt mag stärker sein, ein anderer schwächer. Eine Möglichkeit, die wir ausprobieren könnten, um von der Idee der Bestätigung aus in diese Richtung, in Verbindung mit V 1, zu arbeiten, bestünde darin, zu sagen, daß der Anhalt für eine Verallgemeinerung desto stärker ist, je mehr Instanzen von ihr unser Wissenskorpus enthält – vorausgesetzt er enthält keine Gegeninstanzen. Man muß sich jedoch davor hüten anzunehmen, es sei einfach, zu einer richtigen Lehre zu gelangen. Das Folgende zeigt, daß es tatsächlich falsch ist, was soeben vorgeschlagen wurde. Man könnte durchaus viele Instanzen und keine Gegeninstanzen der Verallgemeinerung

An allen Orten liegt nicht meine Brille

angetroffen haben (man hat erfolglos überall gesucht), und dennoch wäre es ganz richtig zu sagen, daß diese Verallgemeinerung falsch ist.

Die Anziehungskraft von V 1 liegt teilweise in dem Gedanken, daß *Extrapolation* vernünftig ist. Wenn alle Dinge von der Art A, die man untersucht hat, auch von der Art B waren, dann hat man Grund, die Hypothese zu extrapolieren, daß alle Dinge von der Art A auch von der Art B sind. Natürlich mögen die Anhaltspunkte schwach sein und es mag andere geben, die überwiegen.

Wir sind normalerweise im Falle von Verallgemeinerungen wie »Jeder, den ich heute morgen getroffen habe, sagte, daß die Demokraten die nächste Wahl gewinnen werden« nicht an Bestätigung in dem hier verwendeten speziellen Sinn interessiert. Habe ich eine einigermaßen kleine Anzahl von Leuten getroffen, dann könnte ich mittags sagen: »Ich brauche keine Anhaltspunkte. Ich *weiß* schon, daß es wahr ist.«

Die Vorstellung besteht darin, daß meine eigene Erfahrung bereits die Wahrheit der Verallgemeinerung bestimmt. Dies steht im Gegensatz zu Verallgemeinerungen wie »Immer wenn der Preis von Kokain fällt, steigt sein Konsum«. Man mag wissen, daß das bisher zutraf – was aber nicht entscheidet, daß die Aussage wahr ist, da sie von zukünftigen Fällen ebenso handelt wie von vergangenen. Das ist jene Art von Verallgemeinerung, bei der wir glauben, daß wir Anhaltspunkte brauchen: eine Verallgemeinerung, von der man nicht allen Instanzen begegnet ist.[1]

Induktives Schließen, wie die Philosophen es nennen, besteht darin, ausgehend von Anhaltspunkten oder Daten für Hypothesen zu argumentieren, die nicht aus diesen Daten folgen. Es ist ein traditionelles philosophisches Problem, diesen Übergang zu rechtfertigen; zu zeigen, daß es zumindest manchmal legitim ist, »über die Daten hinauszugehen«. Nennen wir dies das Problem der *Rechtfertigung*. Es ist ein weiteres philosophisches Problem, eine allgemeine Erklärung derjenigen Arten von induktivem Schließen zu liefern, die wir für legitim *halten* (ohne uns notwendigerweise dazu zu äußern, welche wirklich legitim sind). Nennen wir dies das Problem der *Charakterisierung*. Wir glauben, daß es legitim ist, von der Tatsache aus, daß die Sonne bisher jeden Tag aufgegangen ist, für den Schluß zu argumentieren, sie werde wahrscheinlich jeden Tag in der Zukunft aufgehen – oder doch wenigstens für den Schluß, sie werde wahrscheinlich morgen aufgehen. Im Gegensatz dazu glauben wir nicht, daß es legitim ist, von denselben Daten aus für den Schluß zu argumentieren, die Sonne werde irgendwann nicht mehr aufgehen – oder für den Schluß, sie werde morgen nicht aufgehen.[2] Das Problem der Charakterisierung besteht

---

1 **Frage:** Es gibt Verallgemeinerungen, bei denen man nicht sicher sein kann, daß man allen Instanzen begegnet ist. Was wären einige Beispiele?

2 **Frage:** Opfer des sogenannten Monte-Carlo-Fehlschlusses be-

darin, uns eine erhellende allgemeine Erklärung dafür zu bieten, welcher Zug eines Anhaltspunktes uns dazu bringt, diesen als *guten* Anhalt zu zählen, als legitime Basis für die fragliche Hypothese.

Eine erste Antwort auf das Problem der Charakterisierung lautet, daß induktives Schließen allgemein dann als legitim betrachtet wird, wenn es einen Fall von Extrapolation darstellt; wenn man unter der Annahme folgert, daß das, was man nicht erfahren hat, dem, was man erfahren hat, ähnlich ist. V 1 ist mit diesem ersten Vorschlag verknüpft, da es eine Art von Extrapolation spezifiziert.

Die Probleme der Induktion sind mit gewissen Problemen verwandt, denen wir bereits begegnet sind. Oben hatten wir gefragt: »Unter welchen Umständen sind Daten gute Anhaltspunkte für eine Hypothese?« Wenn wir diese Frage in einer erhellenden Weise beantworten können (und nicht bloß indem wir sagen: »Wenn sie es sind«), dann wären wir nahe an einer Lösung für das Problem der Rechtfertigung – denn wir wären dann kurz davor, zu zeigen, daß es manchmal *gerechtfertigt* ist, über die Daten hinauszugehen.[3] Mehr noch, könnten wir die Frage beantworten: »Unter welchen Umständen werden Daten als gute Anhaltspunkte für eine Hypothese angesehen?«, dann hätten wir das Problem der Charakterisierung gelöst.

Wir werden uns lediglich mit dem Problem der Charakterisierung befassen, d. h. nicht mit der Frage, ob es überhaupt

---

streiten das. Sie glauben, je länger die Serie von Rot bei einem einwandfreien Roulette, desto *weniger* wahrscheinlich ist es, daß bei der nächsten Runde Rot kommt. Was, wenn überhaupt irgend etwas, ist an dieser Ansicht verkehrt? Ist irgend etwas an ihr richtig?

3 **Frage***: Unter welchen Umständen würde die Antwort auf diese Frage nicht zeigen, daß induktives Schließen manchmal gerechtfertigt ist, und daher keine vollständige Antwort auf das Problem der Rechtfertigung darstellen?

irgendein wirklich gerechtfertigtes induktives Schließen gibt, sondern vielmehr mit der Frage, welche Art induktiven Schließens wir (zu Recht oder zu Unrecht) für legitim halten. Obwohl dies das einfachere Problem zu sein scheint, führen Versuche seiner Lösung bald zu Widersprüchen.

4.1.2   *Die Rabenparadoxie*

Trotz der ursprünglichen Anziehungskraft von V 1 führt es in Verbindung mit anderen scheinbar harmlosen Prinzipien zu einer von Carl Hempel (1945) entdeckten Paradoxie, die jetzt allgemein als die *Rabenparadoxie* oder als *Hempels Paradoxie* bekannt ist.

Um die paradoxe Schlußfolgerung abzuleiten, brauchen wir nur noch ein weiteres Prinzip:

Ä 1. Wenn man von zwei Hypothesen *a priori* wissen kann, daß sie äquivalent sind, dann bestätigen alle Daten, welche eine dieser Hypothesen bestätigen, auch die andere.

Das bedarf einiger Erläuterung.[4] Etwas kann *a priori* gewußt werden, wenn man es ohne Rückgriff auf Erfahrung wissen

---

4 Ich sollte hier eine Abweichung von Hempels Formulierung erwähnen – und seine Formulierung wird in beinahe allen Erörterungen des Themas gebraucht. Die von ihm verwendete Äquivalenzrelation ist die der *logischen* Äquivalenz, nicht der *apriorischen* Äquivalenz. Zwei Aussagen sind genau unter der Bedingung logisch äquivalent, wenn ein System formaler Logik ein Theorem enthält, welches besagt, daß die Aussagen entweder beide wahr sind oder beide falsch. Also sind »Tom ist Junggeselle« und »Tom ist Junggeselle, und die Erde ist rund oder nicht-rund« logisch äquivalent, aber »Tom ist Junggeselle« und »Tom ist ein unverheirateter Mann« sind nicht logisch äquivalent (wiewohl man *a priori* wissen kann, daß sie äquivalent sind). Die intuitive Motivation für das Äquivalenzprinzip ist meines Erachtens folgende: Wenn *P* und *Q* im angemessenen Sinne äquivalent sind und wir Anhaltspunkte

kann. Man muß zum Beispiel nicht irgendeine gesellschaftliche Übersicht durchführen, um zu entdecken, daß Frauen Frauen sind; ja, man könnte das nicht durch eine Übersicht herausfinden. Was *a priori* gewußt werden kann, das kann man einfach auf der Basis von Nachdenken und Schlußfolgern wissen.

Zwei Hypothesen sind genau unter der folgenden Bedingung äquivalent: Wenn eine von beiden wahr ist, dann ist es die andere auch, und wenn eine von beiden falsch ist, dann ist es die andere auch. Ä 1 fordert uns auf, Fälle in Betracht zu ziehen, bei denen man von zwei Hypothesen *a priori* wissen kann, daß sie äquivalent sind. Ein Beispiel wären etwa die Hypothesen

R 1. Alle Raben sind schwarz

und

Es gibt keine Raben, die nicht schwarz sind

sowie

R 2. Alles, was nicht-schwarz ist, ist ein Nicht-Rabe.

Jede Paarung dieser drei Hypothesen ist äquivalent, und das kann durch einfaches Nachdenken gezeigt werden, ohne Rückgriff auf Erfahrung. Man kann die Äquivalenz also *a priori* wissen. Nehmen wir etwa an, R 1 sei wahr: Alle Raben sind schwarz. Dann ist eindeutig jedes nicht-schwarze Ding kein Rabe, oder ein Nicht-Rabe, wie R 2 es ausdrückt. Wenn also R 1 wahr ist, dann ist auch R 2 wahr. Nun, angenommen, R 1 sei falsch, dann sind einige Raben nicht schwarz. Das heißt jedoch, daß einige Dinge, die nicht schwarz sind,

---

finden, die *P* unterstützen, dann brauchen wir keine weiteren empirischen Daten, um zu sehen, daß damit *Q* im selben Maße unterstützt ist. Wenn diese Motivation angenommen wird, dann scheint es klar, daß die angemessene Äquivalenzrelation weiter ist als logische Äquivalenz – und daß es eben jene *apriorische* Äquivalenz sein wird.

Raben sind, also ist R 2 auch falsch. Also sind R 1 und R 2 äquivalent, und das kann man *a priori* wissen.[5]

Wir können nun zeigen, wie die Rabenparadoxie aus V 1 und Ä 1 abgeleitet wird. Nach V 1 wird R 2 von seinen Instanzen bestätigt – etwa von einem weißen Schuh oder (um den offiziellen Begriff der Instanz zu verwenden) zum Beispiel von:

P 1. Dieses nicht-schwarze (tatsächlich weiße) Ding ist ein Nicht-Rabe (tatsächlich ein Schuh).

Die Instanz P 1 bestätigt R 1, aber man kann *a priori* wissen, daß R 2 äquivalent zu R 1 ist. Also bestätigt P 1, Ä 1 zufolge, R 1: »Alle Raben sind schwarz.« Das ist auf den ersten Blick absurd. Daten, die relevant dafür sind, ob alle Raben schwarz sind, müssen Daten über Raben sein. Die Farbe von Schuhen kann überhaupt keinen Einfluß auf die Sache haben. Also führen die scheinbar annehmbaren Prinzipien V 1 und Ä 1 zu der scheinbar unannehmbaren Schlußfolgerung, ein weißer Schuh würde die Hypothese bestätigen, daß alle Raben schwarz sind. Das ist endlich unsere Paradoxie.

---

5 Der Äquivalenzbeweis mag unvollständig erscheinen: Die Definition der Äquivalenz forderte noch, wenn R 2 wahr ist, dann ist es auch R 1, und wenn R 2 falsch ist, dann ist es auch R 1 – doch diese Dinge wurden nicht explizit angesprochen. In der klassischen Logik gilt aber für zwei Aussagen *P* und *Q*, daß die Wahrheit von

Wenn *P* falsch ist, dann ist *Q* falsch

die Wahrheit von

Wenn *Q* wahr ist, dann ist *P* wahr

sicherstellt. Ebenso gilt in der klassischen Logik, daß die Wahrheit von

Wenn *P* wahr ist, dann ist *Q* wahr

die Wahrheit von

Wenn *Q* falsch ist, dann ist *P* falsch

sicherstellt. Bei diesen Implikationen der klassischen Logik zeigt also das im Text Gesagte die Äquivalenz von R 1 und R 2.

Die Folgerungsprinzipien in unserem Gedankengang scheinen nicht angreifbar zu sein, also gibt es drei mögliche Erwiderungen:

(a) Zu sagen, die paradoxe Schlußfolgerung sei schließlich
und endlich doch annehmbar,
(b) Ä 1 zu verwerfen, oder
(c) V 1 zu verwerfen.

Hempel selbst gibt die erste dieser Erwiderungen. Man
könnte für sie folgendermaßen argumentieren: Erstens müssen wir uns ins Gedächtnis rufen, daß »bestätigen« hier als
Fachausdruck verwendet wird. Aus der Annahme, ein weißer Schuh *bestätige*, daß alle Raben schwarz sind, folgt nicht,
daß es ein weißer Schuh jemandem ermöglicht, vernünftigerweise davon überzeugt zu sein, daß alle Raben schwarz sind.
Zweitens gibt es Fälle, in denen es recht natürlich oder doch
viel weniger absurd erscheint, zu gestatten, daß P 1 bestätigt,
alle Raben seien schwarz – d. h., daß P 1 einen positiven Beitrag zu gutem Anhalt für die Hypothese leisten könnte.
Angenommen, wir befinden uns bei einer ornithologischen
Feldstudie. Wir haben diverse schwarze Raben in den Bäu-
men gesichtet und formulieren die Hypothese, daß alle
Raben schwarz sind. Dann erblicken wir etwas Weißes auf
einem hohen Ast. Für einen Moment zittern wir um die
Hypothese und fürchten eine Gegeninstanz, d. h., wir fürch-
ten, einen weißen Raben gefunden zu haben. Ein genauerer
Blick zeigt, daß es sich um einen Schuh handelt. In dieser
Situation werden wir eher zustimmen, daß ein weißer Schuh
die Hypothese bestätigt. Hempel erzählt eine ähnliche Ge-
schichte von einem realistischeren Fall. Während wir die
Hypothese untersuchen, daß alle Natriumsalze mit gelber
Flamme brennen, treffen wir auf etwas, das nicht mit gelber
Flamme brennt. Indem wir entdecken, daß jenes Objekt ein
Eisklumpen ist, betrachten wir das Experiment als Bestäti-
gung der Hypothese.
Der erste Punkt appelliert an die Vorstellung, daß wir eine

komplizierte Erklärung brauchen, welche die Bestätigung mit Gründen für eine Überzeugung verbindet. Des weiteren wird im Laufe dieser Erklärung deutlich werden, warum die Beobachtung weißer Schuhe trotz ihres bestätigenden Charakters in bezug auf die Hypothese, alle Raben seien schwarz, normalerweise nicht dazu beiträgt, einem gute Gründe für den Glauben an die Hypothese zu liefern. Wir können den Vorschlag nicht bewerten, bevor wir nicht die Details dieser Erklärung kennen.

Der zweite jener Punkte betont, daß Bestätigung, wie wir sie uns normalerweise vorstellen, kein absoluter Begriff ist, sondern vielmehr relativ zu der Hintergrundinformation, die wir besitzen. Indem man dies ausspricht, läßt man die Aufgabe unberührt, zu spezifizieren, wie der Fachbegriff der Bestätigung – den wir bisher als absoluten verstanden hatten – so modifiziert werden sollte, daß er jener Relativität gerecht wird.

Vielleicht können diese Punkte so entwickelt werden, daß sie die erste Erwiderung (a) rechtfertigen, ich werde mich nun aber den anderen möglichen Erwiderungen zuwenden.

Erwiderung (b) besteht darin, Ä 1 zu verwerfen. Man könnte zum Beispiel einfach darauf bestehen, daß alles, was eine Verallgemeinerung bestätigt, eine ihrer Instanzen sein muß. Das vermeidet die Paradoxie und widerspricht Ä 1, ist aber sehr schwer zu rechtfertigen. Man nehme zum Beispiel an, wir untersuchen einen Ausbruch der Legionärskrankheit. Unsere Hypothese lautet, daß das Wasser in *St. George's School* die Infektionsquelle ist, von dem alle Kinder getrunken haben, die letzte Woche da waren. Wird sie nur von Instanzen der Verallgemeinerung »Alle Schüler, die letzte Woche *St. George's* besuchten, haben sich mit der Legionärskrankheit infiziert« bestätigt? Man stelle sich vor, wir finden einige Kinder von *St. George*, die frei von der Krankheit sind, aber es stellt sich dann heraus, daß sie die Schule letzte Woche versäumt haben. Wir würden das normalerweise als Anhaltspunkt zugunsten unserer Hypothese ansehen –

einige potentielle und höchst relevante Gegeninstanzen sind beseitigt worden – und dennoch sind diese Kinder keine Instanzen der Hypothese.

Es gibt ein allgemeineres Argument gegen die Ablehnung von Ä 1. Angenommen, wir finden Daten, die zwei Hypothesen H 1 und H 2 bestätigen. Es ist übliche Praxis, wie folgt zu schließen: H 3 ist eine Folge von H 1 und H 2, also ist H 3 so weit bestätigt, wie es H 1 und H 2 sind. Hätten wir zum Beispiel Daten, welche die Hypothese, daß Magersüchtige ein Zink-Defizit haben, ebenso bestätigen würden, wie die Hypothese, daß jeder, der ein Zink-Defizit hat, zink-intolerant ist, dann würden diese Daten sicherlich die Hypothese bestätigen, daß alle Magersüchtigen zink-intolerant sind. Wenn wir jedoch gestatten, daß Daten auch diejenigen Konsequenzen von Hypothesen bestätigen, die man *a priori* wissen kann, dann hätten wir effektiv Ä 1 angenommen.[6]

Die dritte mögliche Erwiderung auf die Paradoxie besteht darin, V 1 zu verwerfen. Das ist sowohl die am meisten verbreitete als auch, wie ich glaube, die richtige Erwiderung. Die Rabenparadoxie bietet uns bereits einen gewissen Grund zur Ablehnung, falls die anderen Erwiderungen unbefriedigend sind. Die Paradoxie über »grue«, welche wir im nächsten Abschnitt betrachten, liefert einen entscheidenden Grund zur Ablehnung. Mehr noch: Es gibt recht einfache Gegenbeispiele. Betrachten wir etwa die Hypothese, daß alle Schlangen Gegenden außerhalb Irlands bewohnen. V 1 zufolge bestätigt eine außerhalb Irlands gefundene Schlange die Hypothese, aber wie viele Instanzen wir auch anhäufen, wir bekommen keinen Anhalt für die Hypothese. Ganz im Gegenteil: Je mehr verbreitet wir das Vorkommen von Schlangen finden, desto unwahrscheinlicher wird es, daß Irland schlangenfrei ist. Eine nicht-irische Schlange bestätigt die Hypothese nicht, da sie keinen positiven Beitrag zu dem

---

6 **Frage:** Wie kommt diese Folgerung zustande?

Anhalt für die Hypothese leistet, ja sie könnte sogar gegen diese zählen.

Eine Ablehnung von G 1 löst die Paradoxie auf, bringt uns aber in eine recht unbefriedigende Situation bezüglich der Bestätigung: Wir haben nur sehr geringe Fortschritte bezüglich der Entdeckung jener Prinzipien gemacht, die unserer Unterscheidung zwischen guten und schlechten Anhaltspunkten zugrunde liegen. Die nächste Paradoxie bringt weitere Schwierigkeiten auf dem Wege dieses Projekts ans Licht.

4.1.3 »*Grue*«

V 1 zufolge bestätigen grüne Smaragde die Hypothese, daß alle Smaragde grün sind. Wir betrachten nun das Prädikat »grue« – von Nelson Goodman (1955) im Hinblick darauf erfunden, die Unangemessenheit von V 1 zu zeigen. Die Bedeutung von »grue« stellt der Festsetzung gemäß sicher, daß ein Ding x genau dann als *grue* zählt, wenn es eine der beiden folgenden Bedingungen erfüllt:

Gr 1. x ist grün und ist untersucht worden, oder
Gr 2. x ist blau (*blue*) und ist noch nicht untersucht worden.[7]

Die Klasse der *gruen* Dinge besteht also definitionsgemäß aus den untersuchten grünen Dingen gemeinsam mit den

---

7 Es hat Kontroversen darüber gegeben, wie Goodman »grue« definiert. Er schreibt, »grue« solle so eingeführt werden, daß:

... es auf alle vor t untersuchten Dinge zutrifft, unter der Bedingung, daß sie grün sind, aber auf alle anderen Dinge, unter der Bedingung, daß sie blau sind. (1955, S. 74.)

Zeitpunkt t ist beliebig und war bei Goodman auf der vorhergehenden Seite eingeführt worden. In meiner Darstellung hatte ich uns als an diesem Zeitpunkt befindlich vorgestellt. Siehe Jackson (1975) zur Diskussion einiger alternativer Interpretationen.

nicht untersuchten blauen Dingen. Alle untersuchten Smaragde gelten nach Gr 1 als grue, da sie alle grün sind. Es folgt aus V 1, daß die Hypothese, alle Smaragde seien grue, von unseren Daten bestätigt wird: Jeder Smaragd, den wir untersucht haben, ist eine bestätigende Instanz, da er grün war. Das ist absurd. Wenn die Hypothese, alle Smaragde seien grue, wahr wäre, dann sind nicht-untersuchte Smaragde blau (gesetzt, es gibt welche). Das ist falsch, wie wir alle glauben, und wird sicherlich nicht von unseren Daten bestätigt. V 1 muß verworfen werden.[8]

Das Paradoxe ist, daß eine scheinbare Wahrheit, V 1, mittels eines scheinbar korrekten Gedankenganges zu einer scheinbaren Falschheit führt: Unsere Daten über Smaragde würden die Hypothese bestätigen, daß sie alle grue sind.[9] Die Paradoxie steht mit dem Problem der *Charakterisierung* in Verbindung – dem Problem, zu sagen, welche Arten von Anhaltspunkten wir für gut halten oder welche Sorten induktiven Schließens für legitim – weil wir sagen müssen, warum wir grün und grue unterschiedlich behandeln. V 1 unterscheidet die Fälle nicht.

Man bedenke, daß die Schlußfolgerung auch dann unannehmbar bleibt, wenn wir uns daran erinnern, daß »bestätigt« hier als Fachausdruck verwendet wird. Es ist nicht äquivalent zu »gibt uns guten Grund, überzeugt zu sein«,

---

8 Goodman (1955), S. 74:

  ... auch wenn wir sehr wohl wissen, welche der beiden unvereinbaren Voraussagen [»Alle im folgenden untersuchten Smaragde werden grün sein«, »Alle im folgenden untersuchten Smaragde werden grue sein«] wirklich bestätigt wird, so sind sie doch unserer Definition zufolge [der Bestätigung – eine Definition ähnlich V 1] gleich gut bestätigt.

9 Frage*: Eine alternative Darstellung der Paradoxie benennt als die anscheinend unannehmbare Schlußfolgerung, daß derselbe Korpus von Daten die *inkonsistenten* Hypothesen bestätigen kann, Smaragde seien grün und Smaragde seien grue. Ist es undenkbar, daß ein Korpus von Daten inkonsistente Hypothesen bestätigen kann?

sondern heißt bloß so etwas wie »würde einen positiven Beitrag zu einem guten Grund für die Überzeugung leisten«. Es scheint uns nicht akzeptabel, anzunehmen, daß ein grüner Smaragd irgendeinen Beitrag zu einem guten Grund für die Annahme leisten könnte, daß alle Smaragde grue sind.[10]

Schon in Verbindung mit den Raben (Abschnitt 4.1.2) haben wir gesehen, daß es triftige Gründe gibt, V 1 abzulehnen. Diese werden natürlich von der Grue-Paradoxie verstärkt. Verwerfen wir V 1, dann ist die Paradoxie fürs erste gelöst, denn wir hätten dann festgestellt, daß eine scheinbar annehmbare Prämisse nicht wirklich annehmbar ist. Was aber können wir an seine Stelle setzen? Es scheint, daß so etwas wie V 1 wahr sein muß. Gibt es eine angemessene Abwandlung? Wenn nicht, dann bleibt die Grue-Paradoxie ungelöst; denn zu sagen, es gäbe keine angemessene Abwandlung von V 1, heißt zu sagen, es gäbe keine Prinzipien, die regeln, wann ein Korpus von Daten eine Hypothese bestätigt. Das erscheint ebenso unannehmbar wie die Ansicht, grüne Smaragde bestätigten die Hypothese, daß alle Smaragde grue sind.

Diverse Vorschläge sind vorgebracht worden. Die meisten von ihnen fallen unter eines von zwei Mustern:

1. Die Schuld wird weniger der Struktur von V 1 als vielmehr dem Wort »grue« zugeschoben, von dem gesagt wird, es sei von besonders gemeiner Sorte. Alles, was wir brau-

---

10 Wir könnten die Paradoxie umarbeiten und dabei »gibt uns guten Grund, überzeugt zu sein« anstelle von »bestätigt« verwenden. Unsere Beobachtungen von Smaragden gibt uns, so nehmen wir an, guten Grund, überzeugt zu sein, daß alle Smaragde grün sind. »Gleichheit vor der Vernunft« scheint zu erfordern, daß unsere Beobachtungen von Smaragden uns auch guten Grund geben, überzeugt zu sein, daß sie alle grue sind. Würden wir versuchen, festzustellen, worin diese Gleichheit besteht, dann kämen wir ohne Zweifel auf V 1 oder ein sehr ähnliches Prinzip.

chen, ist ein allgemeines Prinzip, das die *gruelichen* Worte ausschließt, und V 1 wird für den Rest annehmbar sein.

2. Die Schuld wird nicht so sehr »grue« als vielmehr dem Versuch zugeschoben, ein Prinzip wie V 1 zu formulieren, das *Hintergrundinformationen* außer acht läßt, Informationen, die in jedem tatsächlichen Fall von Anhaltspunkten oder Bestätigung eine Rolle spielen.

Wenn wir es mit der ersten Erwiderung versuchen, dann besteht die Schwierigkeit darin, zu sagen, was genau an »grue« gemein ist. Zu sagen, daß »grue« ein erfundenes Wort ist und keines, was in unserer Sprache natürlicherweise vorkommt, reicht nicht aus. Wissenschaftler müssen oft neue Wörter erfinden (wie »Elektron«) oder alte Wörter auf neue Weise verwenden (wie »Masse«), aber es wäre übertrieben, daraus zu schließen, diese neuen oder neu verwendeten Wörter könnten nicht in zu bestätigenden Verallgemeinerungen vorkommen.

Es erscheint interessanter, zu sagen, an »grue« sei faul, daß es in seiner Definition einen bestimmten Zeitpunkt implizit erwähnt. Seine Definition bezieht sich darauf, was *bereits* untersucht worden ist, und das bezieht sich auf den Zeitpunkt, zu dem die Definition aufgestellt wird. In dieser Hinsicht unterscheiden sich »grün« und »grue« deutlich, denn es gibt keine *verbale* Definition von »grün«, und also trifft es nicht zu, daß die Definition von »grün« auf einen bestimmten Zeitpunkt Bezug nimmt.

Wenn wir aber V 1 auf Verallgemeinerungen einschränken wollten, in denen kein Bezug auf einen Zeitpunkt vorkommt, dann würden wir es zu sehr eingrenzen. Die Verallgemeinerung zum Beispiel »Zu Zeiten der Tudor-Dynastie fand die landwirtschaftliche Entwicklung überwiegend im Norden des Landes statt« ist eine, die nach dem Muster von V 1 bestätigt oder geschwächt werden könnte. Außerdem wäre V 1 nicht restriktiv genug. Die Struktur der Grue-Paradoxie bleibt erhalten, wenn wir einen Weg finden können, genau die Smaragde herauszupicken, die wir bereits untersucht haben. Wir könnten dies erreichen, indem wir jedem einen Namen geben: s_1, s_2 ..., oder es könnte sein, daß alle und nur die bisher untersuchten Smaragde aus einer bestimmten (jetzt erschöpften) Smaragdmine stammen, oder irgend etwas dergleichen. Dann könnten wir ein mit »grue« gleichwertiges Prädikat definieren, ohne eine Zeit zu erwähnen: In dem einen Fall könnten wir sagen, es träfe auf jedes s_1, s_2 ... genau unter der Bedingung zu, daß es grün ist, und auf alles andere genau unter der Bedingung, daß es blau ist. In dem anderen Fall könnten wir sagen, es träfe auf alles aus einer gewissen Mine genau unter der Bedingung zu, daß es grün ist, und auf alles andere genau unter der Bedingung, daß es blau ist. Es liegt also nicht im Wesen der Paradoxie, daß die Definition von »grue« einen Zeitpunkt erwähnt.

Es gibt andere Wege, zu sagen, was an »grue« gemein ist. Goodmans eigener Versuch hat wenigstens oberflächliche Ähnlichkeiten mit einem von mir oben verworfenen. Er sagt, an »grue« sei falsch, daß es nicht »gut verankert« ist; d.h., die Klasse von Entitäten, auf die es angewendet werden kann, ist eine, auf die kaum – oder eigentlich gar nicht – bei der Erstellung von Voraussagen hingewiesen wurde. Mangelhafte Verankerung als ausreichend dafür anzusehen, daß etwas nicht mehr in zu bestätigenden Hypothesen vorkommen kann, scheint eine nicht zu tolerierende Blockade wissenschaftlicher Innovation zu bedeuten. Wiewohl sich Goodman dieses Problems durchaus bewußt ist, mag man bezweifeln, ob er es erfolgreich angegangen hat.[11]

Ich werde nun eine Erwiderung der anderen von mir erwähnten Art ins Auge fassen: Nicht V 1 einzuschränken, indem man es auf Verallgemeinerungen begrenzt, die keine

---

11 Zur Diskussion dieses Problems siehe Goodman (1955), besonders S. 97 ff. Goodmans Theorie der Verankerung (*entrenchment*) ist weiter ausgearbeitet, als meine kurze Erwähnung vermuten läßt.

Worte enthalten, welche die angeblich gemeinen Züge von »grue« teilen, sondern V 1 vielmehr mittels Bezug auf Hintergrundinformation einzugrenzen. An der Annahme, unsere Informationen über untersuchte Smaragde gäben uns Grund, zu meinen, alle Smaragde seien grue, ist intuitiv verkehrt, daß wir wissen, die Untersuchten sind nur kraft der Tatsache grue, daß sie untersucht worden sind. Wir glauben nicht, daß unsere Untersuchung der Smaragde irgendeinen »wirklichen« Einfluß auf sie hatte. Wenn sie nicht untersucht worden wären, dann wären sie nicht grue, so glauben wir. Wir wissen: Den nicht Untersuchten fehlt die Eigenschaft, kraft derer die Untersuchten grue *sind*, nämlich untersucht worden zu sein – das ist, was es so absurd macht, auf der Grundlage unserer Daten anzunehmen, daß alle Smaragde grue sind. Ein erster Versuch, diesen Gedanken zu formulieren, mag folgendermaßen aussehen:

G 2. Eine Hypothese »Alle *F*s sind *G*s« wird von ihren Instanzen genau dann bestätigt, wenn es keine Eigenschaft *H* gibt, für die gilt, daß die *F*s unter den Daten *H* sind, und wenn sie es nicht gewesen wären, dann wären sie nicht *G*.[12]

---

12 Diese Idee stammt von Jackson (1975), auch wenn sein Vorschlag näher bei G 3 (siehe S. 127) liegt. Er schreibt: »[. . .] daß einige *F*s, die *H* sind, *G* sind, unterstützt nicht, daß andere *F*s, die nicht *H* sind, *G* sind, falls es bekannt ist, daß die *F*s in der Klasse der Anhaltspunkte nicht *G* gewesen wären, wenn sie nicht *H* gewesen wären.« (S. 123.)

Es ist sicherlich wahr, daß Goodmans allgemeines Projekt ihn daran hindern würde, diese Fassung von G 2 zu akzeptieren, weil sie ein Konditional im Konjunktiv enthält (»Wäre es nicht der Fall, daß . . ., dann wäre es nicht der Fall gewesen, daß . . .«). Das augenblickliche Projekt ist aber ganz einfach, sich mit dem zu befassen, was ich das Problem der Charakterisierung genannt habe (Abschnitt 4.1.1), und es ist nicht klar, daß dieses Projekt mit irgendeinem Verbot von Konditionalen im Konjunktiv einhergeht.

Wir könnten versuchen, G 2 zu unterstützen, indem wir es auf den folgenden Fall anwenden, der den gruen Smaragden in einiger Hinsicht ähnlich scheint. Angenommen, wir sammeln Anhaltspunkte über die Farbe von Hummern, aber wir haben unglücklicherweise nur Zugang zu gekochten Exemplaren. Alle Hummer in unserer Probe sind rosa. Des weiteren wissen wir, daß die Hummer aus der Probe nur kraft der Tatsache rosa sind, daß sie gekocht wurden. Es wäre dann absurd für uns, zu denken, daß unsere Probe die Hypothese bestätigt, alle Hummer seien rosa. Die Hypothese ist: »Alle Hummer (*F*) sind rosa (*G*)«, und *H* ist die Eigenschaft, gekocht worden zu sein. Weil die Hummer aus der Probe gekocht sind und nicht rosa wären, hätte man sie nicht gekocht, erfüllten die Daten nicht die von G 2 gestellte Bedingung dafür, die Hypothese zu bestätigen.

Der Fall der Hummer bringt eine Schwierigkeit oder eine Reihe von Schwierigkeiten ans Licht, die mit G 2 verbunden sind. Wir beginnen, diese aufzudecken, wenn wir fragen: Woher nehmen wir die Gewißheit, daß die Hummer aus der Probe nicht rosa gewesen wären, wenn man sie nicht gekocht hätte? Wenn wir das wissen, dann sieht es so aus, als ob wir wüßten, daß einige Hummer nicht immer rosa sind, und also in der Lage sind, zu wissen, daß die Hypothese falsch ist.

Daraus geht hervor, daß wir ohne Rückgriff auf G 2 erklären können, warum die Anhaltspunkte für die Hypothese mangelhaft waren, daß alle Hummer rosa sind. Ein Korpus von Anhaltspunkten bestätigt keine Hypothese, zu der er eine Gegeninstanz enthält. Zusätzlich bringt der Fall jedoch noch etwas Fundamentaleres ans Licht: So wie es steht, erfordert G 2 nicht, daß unser *Korpus von Daten* die Aussage enthält, es gäbe kein *H*, so daß die untersuchten *F*s nicht *G* gewesen wären, wären sie nicht *H*. Es erfordert nur, daß diese Aussage wahr ist. Für G 2 wäre also eine Variante des Hummer-Falles relevant, in welchem alle beobachteten Hummer rosa sind, wir, die Beobachter aber nicht erkennen, daß sie nur deshalb rosa sind, weil sie gekocht wurden. G 2 *verfügt nicht,* daß unsere Daten in dieser Situation der Unwissenheit die Hypothese bestätigen, alle Hummer seien rosa.[13] Ist das annehmbar?

Dies wirft eine wichtige Frage auf. Wenn es falsch erscheint, zu sagen, daß jemandem, der nur rosa Hummer beobachtet hat und der nichts über die Verbindung zwischen Kochen und Farbe weiß (und vielleicht noch nicht einmal weiß, daß die betreffenden Hummer gekocht sind), die Daten fehlen, welche die Hypothese bestätigen würden, daß alle Hummer rosa sind, dann hängt das mit unserer intuitiven Meinung zusammen, daß Anhaltspunkte *durchsichtig* sein sollten. Damit meine ich, wir empfinden intuitiv, wenn ein Korpus von Daten Anhalt für eine Hypothese bietet, dann sollten wir in der Lage sein, dies durch bloße Untersuchung der Daten und der Hypothese festzustellen. Mit anderen Worten, man sollte *a priori* in der Lage sein, festzustellen, daß dies der Fall ist. Das intuitive Gefühl könnte durch folgendes Argument unterstützt werden. Angenommen, kein Anhaltspunkt ist in diesem Sinne durchsichtig. Dann wäre eine Behauptung des Inhalts, daß ein Korpus von Daten *D* eine Hypothese *H* bestätigt, selbst eine Hypothese, die Bestätigung benötigt. Wir werden nach Daten Ausschau halten müssen, welche die Hypothese bestätigen oder schwächen, daß *D H* bestätigt. Es sieht so aus, als ob wir einem infiniten Regreß aufgesessen wären und nie einen Grund haben könnten, anzunehmen, daß irgend etwas irgend etwas bestätigt, außer wenn Anhaltspunkte durchsichtig sind.

Nicht alle Anhaltspunkte sind durchsichtig. Flecken können die Hypothese bestätigen, daß der Patient Masern hat, aber man braucht medizinische Kenntnisse, um zu erkennen, daß die Daten (die Flecken) derart mit der Hypothese verbunden sind. Man muß wissen, daß nur Leute – oder die meisten

---

13 **Frage:** Wie müßte G 2 modifiziert werden, um zu verfügen, daß unsere Daten die Hypothese in dieser Variante des Hummer-Falles *nicht bestätigen*?

Leute – mit Flecken dieser Art Masern haben. Mit anderen Worten: Es ist klar, daß Anhaltspunkte in vielen Fällen nicht durchsichtig sind. Das Argument des vorhergehenden Absatzes könnte höchstens zeigen, daß *manche* Anhaltspunkte durchsichtig sein müssen, da das alles ist, was wir brauchen, um den angeblichen Regreß abzuwehren.

Wenn wir meinen, daß manche Anhaltspunkte durchsichtig sein sollten, dann werden wir sicherlich auch meinen, ein Beispiel dafür sei der Extremfall, in dem alles, was unter den Daten mit eingeschlossen sein *kann*, auch mit eingeschlossen *wird*. In diesem Fall, so werden wir meinen, müßte man *a priori*, ohne weitere Untersuchung, feststellen können, welche Hypothesen diese Daten bestätigen. Das jedoch wird von G 2 aus zwei Gründen nicht garantiert.

Erstens könnte es sein, daß unsere Daten bei einigen Hypothesen »Alle *F*s sind *G*s« jede Menge Instanzen und keine Gegeninstanzen beinhalten, aber weder die Aussage »Es gibt kein *H*, für das gilt, daß alle untersuchten *F*s *H* sind und nicht *G* gewesen wären, wenn sie nicht *H* wären« noch ihre Negation. Wenn G 2 wahr wäre, dann könnten wir in diesem Fall nicht *a priori* feststellen, ob unsere Daten die Hypothese bestätigen, da wir nicht sagen könnten, ob die Bedingung erfüllt ist, welche G 2 den Instanzen einer Hypothese auferlegt.

Zweitens ist es eine strittige Frage, ob diese Bedingung wirklich unter unsere Daten fallen *könnte*. Man könnte die Ansicht vertreten, daß alle Daten im Endeffekt Beobachtungen sein müssen, und daß eine Bedingung wie »Es gibt kein *H*, für das gilt, daß alle untersuchten *F*s *H* sind und nicht *G* gewesen wären, wenn sie nicht *H* wären« nicht unmittelbar der Beobachtung zugänglich ist, und daher kein Datum sein kann.

Diese Einwände weisen in umstrittene Richtungen. Der zweite setzt eine Form von *Fundamentalismus* voraus, die sehr kontrovers ist. Vielleicht gibt es, entgegen dieser Voraussetzung, nichts an der inneren Natur einer Aussage, was sie als Datum auszeichnet; also könnte die kontrafaktische Bedingung gelegentlich als Datum zählen. Wird das zugelassen, dann könnten wir uns eine Variante von G 2 vorstellen, welche die erste der beiden Einwände berücksichtigt.

G 3. Eine Hypothese »Alle *F*s sind *G*s« wird von einem Korpus von Daten, der ihre Instanzen enthält, genau dann bestätigt, wenn die Daten auch die Aussage enthalten: »Es gibt keine Eigenschaft *H*, von der gilt, daß die *F*s unter den Daten *H* sind, und wenn sie es nicht gewesen wären, dann wären sie nicht *G*.«

Ebenso wie in G 2 wird damit nicht verfügt, daß »Alle Smaragde sind grue« von seinen Instanzen bestätigt wird, wenn wir gestatten können, daß unsere Daten die Aussage enthalten: »Es gibt eine Eigenschaft, nämlich die, *untersucht worden zu sein*, von der gilt, daß die Smaragde unter den Daten untersucht worden sind, und wenn sie es nicht gewesen wären, dann wären sie nicht grue«. G 3 hat das weitergehende Verdienst, mit der Durchsichtigkeit verträglich zu sein: Ob ein Korpus von Daten eine Hypothese bestätigt, hängt nur von Korpus und Hypothese selbst ab und nicht von anderen, vielleicht unzugänglichen Fakten. Es hat jedoch den scheinbar problematischen Zug, daß ein kleinerer Korpus von Daten mehr bestätigen kann als ein größerer.

Um zu sehen, wie das funktioniert, stelle man sich zwei Leute vor, die beide rosa gekochten Hummer vor sich haben und sich beide die Frage stellen, ob ihre Daten bestätigen: »Alle Hummer sind rosa.« Dem einen ist nicht klar, daß alle Hummer, die er bisher gesehen hat, gekocht waren, oder ihm ist nicht klar, daß Kochen deren Farbe beeinflußt. Wenn G 3 richtig ist, dann bestätigen seine Daten die Hypothese »Alle Hummer sind rosa«. Der andere weiß im Gegensatz dazu, daß die Hummer nicht rosa wären, hätte man sie nicht gekocht. Aus G 3 folgt nicht, daß seine Daten die Hypothese bestätigen, alle Hummer seien rosa. Wenn man mehr weiß, mögen die eigenen Daten weniger bestätigen.

Dieser Zug der Angelegenheit sollte keine Überraschung sein. Ein Korpus von Daten, voll mit Instanzen einer Verallgemeinerung und ohne Gegeninstanzen mag die Verallgemeinerung bestätigen, auch wenn dasselbe Korpus, um eine Gegeninstanz bereichert, es nicht täte. Dennoch benötigt G 3 Verfeinerung. Zum einen führt es nach wie vor zusammen mit Ä 1 zur Rabenparadoxie.[14] Zum anderen müssen wir es ein wenig abschwächen, wie das folgende Beispiel zeigt.

Angenommen, Sie finden jahraus, jahrein, daß, obwohl die anderen Gemüse in Ihrem Garten von Schädlingen angegriffen werden, der Lauch stets schädlingsfrei bleibt. Wäre es vernünftig, daraus zu schließen, daß Lauch gegen Schädlinge immun ist? Wir nehmen an, Sie kennen keine Aussage des Inhalts, daß Ihr Lauch nicht gesund wäre, wenn er nicht eine bestimmte Eigenschaft *E* hätte. G 3 zufolge wird die Hypothese, daß Lauch immun gegen Schädlinge ist, von Ihren Daten bestätigt. Ich denke jedoch, wir sollten eigentlich bei diesen Daten der Hypothese nicht allzusehr vertrauen. Selbst wenn man keine Aussage der relevanten Sorte kennt, so sollte man doch vermuten, daß es eine *gibt* – auch wenn man sie nicht kennt. Man weiß allgemein, daß die Anfälligkeit für Schädlinge wohl von solchen Faktoren beeinflußt wird wie der Art des Bodens, wie gut die Pflanze wächst und was für Pflanzen sich sonst noch dort befinden. Selbst wenn unsere Daten keine Aussage enthalten, die einen Faktor identifiziert, welcher die Schädlingsfreiheit unseres Lauchs erklärt, so mag man durchaus glauben, daß es eine solche Aussage *gibt*. Wenn das so ist, dann sollte man nicht allzusehr der Hypothese vertrauen, daß Lauch gegen Schädlinge immun ist – einschließlich dem, der unter ganz anderen Umständen wächst.

Soll er in diesen Fällen die gewünschten Resultate liefern, dann muß der Vorbehalt in G 3 so verstanden werden:

---

14 **Frage:** Wie kann man die Rabenparadoxie »beweisen«, indem man G 3 anstelle von G 1 verwendet?

(a) Die Daten dürfen auch nicht die Aussage enthalten, daß es eine Aussage des Inhalts *gibt*, die *F*s seien nur kraft der Tatsache *G*, daß sie *H* sind; und

(b) dies im besonderen und die Hintergrundinformation allgemein müssen nicht *gewußt werden* oder *sicher sein*.

Wenn keine weiteren Aspekte in Betracht kommen, ist die Tatsache, daß wir die Existenz von Bedingungen, unter denen Lauch von Schädlingen angefallen wird, für recht *wahrscheinlich* halten, ausreichend, um die bestätigende Wirkung unseres schädlingsfreien Lauches abzuschwächen oder vielleicht sogar aufzuheben. Ich werde annehmen, daß diese Modifikationen an G 3 vorgenommen worden sind.

Aus G 3 folgt, daß die Hypothese, alle Smaragde seien grue, von den Daten bestätigt *wird*, die nur aus Aussagen der Form »Dies ist ein grüner Smaragd«, »Dies ist untersucht worden« usw. besteht; aber es folgt daraus nicht, daß die Hypothese vom Korpus der Daten einschließlich der Hintergrundinformation, die wir tatsächlich besitzen, bestätigt wird. In diesem Korpus von Daten findet sich die Aussage, daß die untersuchten Smaragde nicht grue gewesen wären, wenn sie nicht untersucht worden wären, d. h., er enthält eine Aussage von der Form »Es gibt eine Eigenschaft *H* (*untersucht worden zu sein*), von der gilt, daß die Smaragde nicht grue wären, hätten sie nicht *H*«.

Schließt G 3 genug aus? Insbesondere könnte man daran zweifeln, ob es zulassen sollte, daß die Grue-Hypothese von einem engeren Korpus von Daten bestätigt wird. Diese Zweifel mögen ein wenig durch den Gedanken gemildert werden, daß ein Korpus von Daten eine Hypothese bestätigen kann, ohne es vernünftig zu machen, von ihr überzeugt zu sein. Wir könnten darauf bestehen, daß Instanzen bestätigen, in dem Sinne, daß sie einen positiven Beitrag zu guten Gründen für eine Überzeugung leisten, während sie alleine keine solchen Gründe darstellen.

Das folgende Beispiel ist darauf angelegt, diese Ansicht einer Prüfung zu unterziehen. Wir müssen versuchen, uns einen Fall vorzustellen, in dem wir nur die Instanzen der Verallgemeinerung haben und absolut keine relevante Hintergrundinformation. Angenommen, Sie finden einen sehr großen Sack voller Murmeln. Sie können nicht in den Sack hineinsehen, aber es gelingt Ihnen, Murmeln, eine nach der anderen, herauszunehmen. Sie tun dies eine Weile und alle, die sie hervorbringen, sind grün. G 3 zufolge ist die Hypothese bestätigt, alle Murmeln seien grün, einschließlich der nicht gesehenen, die nach wie vor im Sack sind. Ich behaupte jedoch, Sie haben nach wie vor keinen guten Grund, zu glauben, daß alle Murmeln in dem Sack grün sind. Erinnern Sie sich daran, daß es Ihnen nicht gestattet ist, irgendwelche Hintergrundinformationen in der Form von Vermutungen ins Spiel zu bringen, wie die Murmeln in den Sack gelangten. Die Hypothese, daß ein Murmelsammler sie hineingelegt hat, soll für Sie nicht wahrscheinlicher sein als die, ein Philosoph hätte sie dort plaziert, der einem Punkt über die Theorie der Bestätigung Ausdruck verleihen wollte. Des weiteren können Sie nicht vernünftig davon überzeugt sein, daß Sie die Murmeln »nach Zufall« auswählen. Vielleicht besteht der einzige Weg, eine Murmel herauszubekommen, darin, einen Hebel an der Seite des Sackes zu betätigen. Sie haben keine Ahnung, ob sie von oben oder nach einer anderen Ordnung genommen werden, oder ob sie der Mechanismus in einer wirklich indeterministischen Weise auswählt. Unter diesen Umständen scheint es mir recht zweifelhaft, ob unsere Reihe von grünen Murmeln uns gute Gründe gibt, zu glauben, alle Murmeln in dem Sack seien grün. Insbesondere scheint es keinen besonderen Unterschied zwischen der Rechtfertigung der Ansicht zu geben, sie seien alle grün, und der Rechtfertigung jener Ansicht, sie seien alle grue. Es muß betont werden, daß solche Situationen rar sein werden. Vielleicht müssen wir uns vorstellen, auf einem fremden Planeten zu sein, von unbekannten physikalischen Gesetzen regiert, um sicherzustellen, daß wir wirklich keine Hintergrundinformationen ins Spiel bringen, wie wir es normalerweise tun würden.

Wir neigen vielleicht zu dem Gedanken, wenn *alles*, was wir über Smaragde wissen, in einer großen Anzahl von grünen Proben bestünde, dann hieße das nicht nur, daß die Hypothese, alle Smaragde sind grün, von unseren Daten bestätigt würde: Außerdem wäre es gerechtfertigt, von ihr überzeugt zu sein. Dies ist, wie ich meine, eine Illusion. Bei der Formulierung dieser Ansicht bringen wir unbewußt Hintergrundinformationen ins Spiel, welche die Farbkonstanz der meisten Edelsteine betreffen, gemeinsam mit der Voraussetzung, daß Smaragde unter diese allgemeine Kategorie fallen. Lassen wir diese Voraussetzung beiseite, dann kann es keinen Übergang von Bestätigung zu gerechtfertigter Überzeugung geben. Man kann das einsehen, indem man den Fall vergleicht, bei dem alle Tomaten, denen ich je begegnet bin, grün sind. Das würde mir nur dann guten Grund geben, zu glauben, daß Tomaten grün sind, wenn ich guten Grund hätte, zu glauben, daß die Tomaten meiner Probe irgendwie typisch waren – aber natürlich kann ich keinen solchen Grund haben.

Ich behaupte, daß G 3 alles Merkwürdige an der Grue-Paradoxie beseitigen wird. Es erklärt, warum (so wie die Dinge liegen) unsere Daten nicht bestätigen, daß alle Smaragde grue sind. Und auch wenn es zugesteht, daß ein anderer, engerer Korpus von Daten diese Verallgemeinerung bestätigen mag, so wäre es doch vernünftig, die weitergehende Behauptung aufzustellen, daß Bestätigung in diesem Fall keine guten Gründe für Überzeugung liefert. Dies läßt jedoch, wie aus dem Rest der Diskussion deutlich hervorgehen sollte, noch viel zu sagen übrig, über die Natur von Bestätigung und ihre schließliche Verbindung mit dem Begriff der vernünftigen Überzeugung.

Man hat gesagt, die Grue-Paradoxie habe noch entferntere Verästelungen. Um auf diese hinzudeuten, betrachten wir eine Folge, die Goodman betont:

Regelmäßigkeiten sind da, wo man sie findet, und man findet sie überall.

Die alte Vorstellung – wie sie etwa bei Hume auftritt – war, das Schließen aus der Erfahrung, was wir für gerechtfertigt halten, ist jenes, bei dem wir Regelmäßigkeiten, die innerhalb unserer Erfahrung gelten, zu den Teilen der Welt extrapolieren, die außerhalb unserer Erfahrung liegen. Eine Sache, die Goodmans »grue« zeigt, ist, daß dies bestenfalls eine unvollständige Theorie darstellt. Die Frage lautet: Was soll als Regelmäßigkeit zählen? Die regelmäßige Verbindung von Smaragden und grün? *Und* die regelmäßige Verbindung von Smaragden und grue? Unser ursprüngliches Problem taucht in der folgenden Form wieder auf: Entweder können wir keine Erklärung bieten, was Regelmäßigkeit ist, in welchem Falle die Theorie, welche von diesem Begriff Gebrauch macht, nutzlos ist; oder aber wir bieten eine Erklärung der Regelmäßigkeit, welche die unerwünschte Smaragd-grue-Regelmäßigkeit ebenso einschließt wie die erwünschte Smaragd-grün-Regelmäßigkeit.

Dieser recht spezielle Punkt über Bestätigung deutet auf einen tieferen metaphysischen: Ob eine Reihe von Ereignissen als Regelmäßigkeit gilt, hängt davon ab, wie wir sie zu beschreiben beschließen. Dies hat einigen Leuten einen recht durchgehenden Konventionalismus nahegelegt, demzufolge es keine Trennung der Welt an sich von den Konventionen gibt, die wir ins Spiel bringen, wenn wir sie beschreiben und klassifizieren. Auf andere hat es die Wirkung, ihren Skeptizismus über die Legitimität des induktiven Schließens zu verstärken. Wenn es unendlich viele Regelmäßigkeiten gibt, die wir extrapoliert haben könnten, was macht es dann vernünftig, eben jene herauszupicken, die wir tatsächlich wählen? Es ist schlimm genug, das Extrapolieren einer Regelmäßigkeit rechtfertigen zu müssen, aber es ist schlimmer, wenn man zusätzlich rechtfertigen muß, eine eher als irgendeine andere der ungezählten Regelmäßigkeiten aus den Daten zur

Extrapolation gewählt zu haben. Wieder anderen hat die Grue-Paradoxie nahegelegt, daß unsere Begriffe etwas recht Unbestimmtes haben, zumindest auf dem Niveau des Individuums. Wittgenstein bittet uns, jemanden ins Auge zu fassen, der, nachdem er +2 zu Zahlen bis 1000 addiert hat, so fortfährt: 1004, 1008 ... – und dennoch behauptet, er sei »auf die gleiche Weise fortgefahren«.[15] Wir könnten einen grue-ähnlichen Operator »+*« wie folgt definieren: $x +^* 2 = x + 2$, wenn $x < 1000$; anderenfalls $x +^* 2 = x + 4$. Man hat vorgeschlagen, daß es keine Tatsachen gibt, zumindest keine individuellen Tatsachen, die zeigen, daß wir Begriffe wie *grün* und + verwenden und nicht Begriffe wie *grue* und +*.

Der Einfluß von grue reicht wesentlich weiter als bis zu den Problemen, eine nicht-paradoxe Lehre unseres Begriffs der Bestätigung zu finden.

4.2   Die Unerwartete Prüfung

Die Lehrerin teilt der Klasse mit, daß sie irgendwann nächste Woche eine Prüfung abhalten will. Sie will nicht bekanntgeben, an welchem Tag, denn es soll eine Überraschung sein, wie sie sagt. Auf den ersten Blick scheint es keinen Grund zu geben, warum die Lehrerin trotz dieser Ankündigung nicht genau das tun können sollte, was sie angekündigt hat: die Klasse unerwartet zu prüfen. Es wird nicht völlig unerwartet sein, da die Klasse weiß – oder doch guten Grund zu der Annahme hat –, daß die Prüfung irgendwann nächste Woche stattfinden wird. Sie könnte jedoch sicherlich in dem Sinne unerwartet oder eine Überraschung sein, daß die Klasse am Morgen, an dem sie stattfinden wird, keinen guten Grund hat, zu glauben, sie werde an *diesem* Tag stattfinden – auch wenn die Klasse vom Inhalt der Ankündigung der Lehrerin wußte oder zumindest guten Grund hatte, ihr Glauben zu

---

15 Wittgenstein (1953), Teil I, §§ 185 ff.

schenken. Kann die Lehrerin ihr Ziel erreichen, indem sie die Klasse etwa am Mittwoch prüft?

Die Klasse überlegt folgendermaßen: Nehmen wir an, die Lehrerin wird ihre Drohung in beiden Teilen wahr machen, d. h., sie wird eine Prüfung abhalten, und diese wird unerwartet sein. Dann kann die Lehrerin uns nicht am Freitag prüfen (vorausgesetzt, das ist der letzte mögliche Tag der Woche), denn, wenn der Freitagmorgen kommt und wir wissen, daß alle vorhergehenden Tage prüfungsfrei waren, dann hätten wir allen Grund zu erwarten, daß die Prüfung am Freitag stattfinden wird. Die Prüfung für Freitag aufzuheben, ist also damit unvereinbar, eine *unerwartete* Prüfung abzuhalten. Aus ähnlichen Gründen kann die Prüfung nicht am Donnerstag stattfinden. Unsere obige Schlußfolgerung vorausgesetzt, daß sie nicht bis Freitag hinausgezögert werden kann, wüßten wir, wenn der Donnerstagmorgen kommt und die vorhergehenden Tage prüfungsfrei waren, daß sie am Donnerstag abgehalten werden muß. Wenn sie also am Donnerstag stattfinden würde, wäre sie nicht unerwartet. Also kann sie nicht am Donnerstag stattfinden. Ähnliches Schlußfolgern zeigt angeblich, daß es keinen Tag der Woche gibt, an dem sie abgehalten werden kann, und zeigt also angeblich, daß die Annahme verworfen werden muß, die Lehrerin könne ihre Drohung wahr machen. Das ist paradox, denn es scheint auf der Hand zu liegen, daß die Lehrerin ihre Drohung wahr machen *kann*.

Irgend etwas muß daran falsch sein, wie die Klasse nachgedacht hat, aber was?

Der Gedankengang zerfällt in zwei Teile: Der eine bezieht sich darauf, ob es eine unerwartete Prüfung am letzten Tag, am Freitag, geben kann; der andere führt die negative Schlußfolgerung zu dieser Frage weiter und gibt vor, sie auf die anderen Tage auszuweiten.

Beginnen wir damit, den ersten Teil genauer zu betrachten. Am Freitagmorgen können die Möglichkeiten wie folgt eingeteilt werden:

(a) Die Prüfung wird am Freitag stattfinden, und die Klasse wird das erwarten.

(b) Die Prüfung wird am Freitag stattfinden, und die Klasse wird das nicht erwarten.

(c) Die Prüfung wird nicht am Freitag stattfinden, und die Klasse wird das erwarten.

(d) Die Prüfung wird nicht am Freitag stattfinden, und die Klasse wird das nicht erwarten.

Wenn wir von den Erwartungen der Klasse sprechen, dann meinen wir ihre vernünftigen oder wohlbegründeten Erwartungen. Es tut nichts zur Sache, daß sie Erwartungen haben könnten, zu denen sie nicht berechtigt sind, oder Erwartungen nicht haben, zu denen sie berechtigt sind. Es ist zum Beispiel irrelevant, daß die Klasse unvernünftigerweise (ohne Berechtigung oder Begründung) glauben könnte, daß die Prüfung am Mittwoch stattfinden wird. Selbst wenn sie am Mittwoch stattfindet, so würde das nicht zeigen, daß die Ankündigung der Lehrerin falsch war, denn was sie gesagt hatte, war (so wie wir es interpretiert haben), daß die Klasse *keinen guten Grund* haben würde, zu glauben, die Prüfung würde dann stattfinden, wenn sie tatsächlich stattfindet.

Die Grundstruktur des Gedankenganges der Klasse soll die *reductio ad absurdum* sein: Sie beginnen mit der Annahme, daß die Ankündigung der Lehrerin wahr ist und versuchen dann zu zeigen, daß diese zu einem Widerspruch führt und also verworfen werden muß. In diesem ersten Teil des Gedankenganges wird die Annahme dazu verwendet, zu zeigen, daß die Prüfung nicht am Freitag stattfinden kann. Dies wird im zweiten Teil des Arguments auf jeden Tag der Woche ausgeweitet, so daß die Annahme am Ende verworfen wird. So ist die Ankündigung der Lehrerin widerlegt.

Vorausgesetzt, die Prüfung hat nicht an einem der vorhergehenden Tage stattgefunden, dann ist höchstens (b) damit verträglich, daß die Ankündigung der Lehrerin wahr ist. Das

Argument der Klasse will zeigen, daß (b) keine echte Möglichkeit ist.

Die Idee ist, wenn die Klasse schließen kann, daß die Prüfung am Freitag stattfindet, dann war die Ankündigung falsch – entgegen der Annahme. Der Schluß basiert auf der Erwägung, die Klasse werde wissen, daß Freitag der letzte mögliche Tag für die Prüfung ist. Unter der Annahme also, daß die Ankündigung der Lehrerin wahr ist, würden sie die Prüfung erwarten, wenn sie am Freitag stattfände; was aber mit der Wahrheit der Ankündigung unvereinbar ist. Halten wir an der Annahme fest, dann kann die Prüfung nicht am Freitag stattfinden.

Daß dieses Argument nicht so einfach ist, kann folgendermaßen herausgearbeitet werden. Stellen Sie sich vor, Sie sitzen in der Klasse und es ist Freitagmorgen. Es gibt sicherlich eine echte Frage, bei der Sie durchaus das Gefühl haben könnten, nicht zu wissen, wie sie zu beantworten ist: Hat die Lehrerin die Sache vergessen oder ihre Pläne geändert, oder werden wir tatsächlich heute geprüft? Es sieht so aus, daß dieser Zweifel ausreicht, um sicherzustellen, daß die Prüfung unerwartet wäre, wenn sie an diesem Tag stattfinden würde: Die Klasse war nicht berechtigt, das zu erwarten.

Das Argument der Klasse soll diese Schwierigkeit dadurch umgehen, daß es die Wahrheit der Ankündigung annimmt – eine Annahme, die schließlich verworfen wird. Unter dieser Annahme kann die Klasse am Freitagmorgen ausschließen, daß die Prüfung nicht stattfinden wird. Andererseits kann sie auch ausschließen, daß sie stattfinden wird – und das soll zeigen, daß die Prüfung nicht am Freitag abgehalten werden kann, wenn die Annahme wahr ist.

Es ist jedoch ein Fehler, anzunehmen, daß die Annahme der bloßen *Wahrheit* der Ankündigung schon die ganze Arbeit erledigen würde. Um dies einzusehen, stellen Sie sich noch einmal vor, am Freitagmorgen in der Klasse zu sitzen. Angenommen, die Ankündigung der Lehrerin ist wahr, aber wir wissen das nicht oder glauben noch nicht einmal daran. Dann mögen wir nicht überzeugt sein, daß die Prüfung stattfinden wird. Das reicht aus, um die Wahrheit der Ankündigung möglich zu machen: Wenn die Prüfung stattfindet, werden wir sie nicht erwartet haben. Das zeigt einen Fehlschluß in dem soweit vorgestellten Gedankengang. Die bloße Annahme für die *reductio*, daß die Ankündigung der Lehrerin wahr ist, reicht nicht aus, um zu zeigen, daß die Prüfung nicht am Freitag abgehalten werden kann. An dieser Stelle im Argument benötigen wir die Annahme, daß wir *wissen*, daß die Ankündigung der Lehrerin wahr ist.[16]

Wenn wir ein paradoxes Argument haben wollen, das eine Diskussion wert ist, dann müssen wir einige Änderungen vornehmen. Es gibt diverse Wege, dies zu tun. Ich werde zwei von ihnen in Erwägung ziehen. Die Details sind recht kompliziert, und um die Diskussion handhabbar zu gestalten, werden wir bald einige Abkürzungen brauchen.

Eine Modifikation, die wir vornehmen könnten, wäre, die Ankündigung unangetastet zu lassen, aber die Struktur des Arguments zu ändern. Anstatt die Ankündigung selbst als unsere Annahme zu verwenden, werden wir annehmen, die Klasse *weiß* von der Wahrheit der Ankündigung. Diese Annahme kann mittels der umrissenen Überlegungen am Freitag widerlegt werden. Wüßten wir am Freitag, daß die Ankündigung wahr ist, dann wüßten wir, daß die Prüfung am Freitag stattfinden wird. Wissen wir, daß die Prüfung am Freitag abgehalten werden wird, dann ist die Ankündigung nicht wahr. Wenn die Ankündigung nicht wahr ist, dann wissen wir nicht, daß sie wahr ist. Die Annahme, wir wüßten, daß sie wahr ist, impliziert ihre eigene Falschheit und kann also verworfen werden. Die Anwendung ähnlicher Überlegungen auf die anderen Tage der Woche ergibt, die Klasse kann zeigen, daß sie nicht *wissen* kann, daß die Ankündigung wahr ist. Das mag paradox erscheinen: Intuitiv wollen wir sagen, wir wüßten aus der Ankündigung, daß es irgend-

---

16 Dieser Punkt stammt von Quine (1953).

wann eine Prüfung geben wird, auch wenn wir nicht wissen, wann – und also sie ist unerwartet.

Eine andere Modifikation besteht darin, die Ankündigung derart zu verändern, daß sie die Tatsache enthält, die Klasse wisse auf der Grundlage der Ankündigung nicht, daß die Prüfung an jenem Tage stattfinden wird, an dem sie tatsächlich stattfindet. Auf eine Weise, die nur mit Hilfe einiger Abkürzungen klargemacht werden kann, stellt uns dies ein gültiges Argument für die Schlußfolgerung zur Verfügung, daß die Ankündigung falsch ist. Wenn das paradox ist, dann deshalb, weil es intuitiv klar zu sein scheint, daß eine solche Ankündigung wahr sein könnte.

Nennen wir die Originalversion des Arguments OV, die erste vorgeschlagene modifizierte Version MV 1 und die zweite vorgeschlagene modifizierte Version MV 2. Da die Anzahl der Wochentage unwichtig ist, vereinfachen wir und nehmen an, daß es nur zwei mögliche Prüfungstage gibt: Montag oder Dienstag. Für OV 1 und MV 1 kürze ich die Ankündigung so ab:

A 1. Ich werde euch am Montag oder am Dienstag prüfen und ihr werdet am Morgen der Prüfung nicht wissen – oder guten Grund zu der Überzeugung haben –, daß die Prüfung an jenem Tage stattfinden wird.

Die anderen Abkürzungen sind wie folgt:

M   für »die Prüfung findet am Montag statt«;

D   für »die Prüfung findet am Dienstag statt«;

W_M (...) für »die Klasse weiß am Montagmorgen, daß ...«; und

W_D (...) für »die Klasse weiß am Dienstagmorgen, daß ...«[17]

---

17 Ich lege mich nicht auf eine Ansicht fest, ob glauben oder wissen genaugenommen durch einen Operator oder ein Prädikat dargestellt werden sollten. Jene, welche die Behandlung als Operator vorziehen, müssen »A 1« als »A 1 ist wahr« lesen, da es im forma-

Wir können A 1 formal so ausdrücken:

([M und nicht-W_M (M)] oder [D und nicht-W_D (D)]) und nicht sowohl M als auch D.

(Das heißt, entweder wird es am Montag eine Prüfung geben und die Klasse weiß das am Montagmorgen nicht oder es wird am Dienstag eine Prüfung geben und die Klasse weiß das am Dienstagmorgen nicht; und es findet höchstens an einem Morgen eine Prüfung statt.)[18]

OV kann folgendermaßen dargestellt werden:

1. Angenommen, A 1.
  2. Angenommen, nicht-M
    3. W_D (nicht-M)   [nach 2 + Erinnerung]
    4. Wenn nicht-M, D   [aus der Definition von A 1]
    5. W_D (D)   [nach 3 + 4]
    6. Wenn W_D (D)
      und nicht-M,
      dann nicht A 1   [aus der Definition von A 1]
    7. nicht-A 1   [nach 2, 5 + 6]

---

len Argument als Abkürzung für »A 1 ist wahr« auftritt. Jene, welche die Behandlung als Prädikat vorziehen, müssen diverse Ausdrücke innerhalb des Bereiches von W als Namen von (gleichförmigen) Ausdrücken lesen und nicht als Ausdrücke im Gebrauch. Es mag nützlich sein, mit diesen Dingen vertraute Leute daran zu erinnern, daß Montague / Kaplan (1960) die Paradoxie mit Hilfe der Behandlung als Prädikat darstellen, um den Verdacht zu umgehen, daß die Operatoren schuld sind (siehe dort S. 272). Asher / Kamp (1986) fassen die Wissensparadoxie (welche weiter unten in diesem Abschnitt besprochen wird) so auf, daß sie im wesentlichen die Frage betrifft, was die angemessene Beschreibung von Konstruktionen der »propositionalen Haltungen« (*propositional attitudes*) sind.

18 **Frage:** Wäre es besser, wenn A 1 das Folgende abkürzen würde?
(M oder D) und nicht-W_M (M) und nicht-W_D (D).

8. Also, nach wie vor A 1
   annehmend, müssen
   wir schließen, daß
   M (und also nicht-D)

9. W_M (M)   [nach 8 + A 1]

10. Wenn W_M (M)
    und nicht-D,
    dann nicht-A 1   [Definition von A 1]

11. nicht-A 1   [nach 8, 9 + 10]

12. nicht-A 1   [nach 1 + 11]

Die Gesamtstruktur des Arguments ist die *reductio ad absurdum*: Man macht eine Annahme, um zu zeigen, daß sie zu einem Widerspruch führt und also verworfen werden muß. Im vorliegenden Fall soll die Annahme von A 1 am Ende zu dem Schluß führen, daß A 1 falsch ist. (Einzüge werden verwendet, um zu zeigen, daß – und wie – einige Schritte in dem Argument innerhalb des Bereiches einer Annahme erfolgen.)[19] Es scheint, wir sind intuitiv überzeugt, daß A 1

---

19 Ich hoffe, die beabsichtigte Struktur des Arguments erklärt sich
   selbst. Einige Beobachtungen mögen jedoch für jene nützlich sein,
   die es nicht gewöhnt sind, Argumente so dargestellt zu sehen.
   Was ist der Unterschied zwischen den Zeilen (7), (11) und (12)?
   Alle haben den gleichen Schluß, aber er wurde von verschiedenen
   Annahmen aus erreicht, wie die unterschiedlich großen Einzüge
   deutlich machen. Das Argument bei (7) behauptet, wir hätten
   nicht-A 1 auf der Grundlage der Annahmen »A 1 ist wahr« und
   »nicht-M ist wahr« gewonnen. Das würde bedeuten, wir hätten
   einen Widerspruch erreicht: Da alles aus sich selbst folgt, führt die
   Annahme von sowohl A 1 als auch nicht-M zu dem Widerspruch,
   daß A 1 und nicht-A 1. Wir müssen also wenigstens eins von
   ihnen verwerfen. Zeile (8) behauptet, wenn wir an A 1 festhalten,
   dann müssen wir nicht-M (gleichbedeutend mit D) verwerfen. In
   Zeile (11) hängt nicht-A 1 nur von der Annahme von A 1 selbst ab.
   In anderen Worten, an diesem Punkt haben wir gezeigt, daß A 1
   seine eigene Negation beinhaltet. Das reicht, um zu zeigen, daß
   wir, auf der Grundlage von überhaupt keiner Annahme, die

wahr sein kann, und dieser Zusammenstoß macht die Paradoxie aus.

OV leidet an dem Fehler, daß keine angemessene Rechtfertigung für Schritt (5) bereitgestellt wird. Die Vorstellung soll folgende sein: Wenn A 1 wahr ist, dann muß die Prüfung am Dienstag stattfinden, wenn sie nicht am Montag stattfindet. Wüßten wir also, daß die Prüfung am Montag nicht stattfindet, dann wüßten wir, sie findet am Dienstag statt. Dies aber ist kein gültiger Schluß: Wir müßten auch noch *wissen*, daß die Prüfung am Dienstag stattfinden muß, wenn sie nicht am Montag stattfindet.[20]

MV 1 kann folgendermaßen dargestellt werden:

1. Angenommen, W (A 1).
    2. Angenommen, nicht-M
        3. W_D (nicht-M)   [nach 2 + Erinnerung]
        4. Wenn nicht-M, D   [aus der Definition von A 1]
        5. W_D
            (Wenn nicht-M, D)   [aus Annahme 1]
        6. W_D(D)   [nach 3 + 5]
        7. Wenn W_D (D),
            dann nicht-A 1   [Definition von A 1]
        8. Wenn nicht-A 1,   [nur die Wahrheit kann
            dann nicht-W (A 1)   gewußt werden]
        9. Wenn W_D (D),
            dann nicht-W (A 1)   [nach 7 + 8]
    10. Also, gegeben,
        W (A 1), müssen wir
        schließen, daß M
        (und also nicht-D)

Falschheit von A 1 folgern können, da alles, was seine eigene Negation enthält, falsch ist – und das ist es, was (12) ausdrückt, indem es keinen Einzug hat.

20 **Frage:** Gilt diese Kritik auch für (9)?

11. W_M (M)   [nach 10][21]

12. Wenn W_M (M) und
    M, dann nicht-A 1   [Definition von A 1]

13. nicht-A 1   [nach 10, 11 + 12]

14. Wenn nicht-A 1,   [nur die Wahrheit kann
    dann nicht-W (A 1)   gewußt werden]

15. nicht-W (A 1)   [nach 13 + 14]

16. nicht-W (A 1)   [aus 1 + 15]

Selbst wenn MV 1 gültig ist (und Fußnote 21 nennt einen
Grund für Zweifel an diesem Punkt), dann ist es fraglich, ob
irgend etwas an der Schlußfolgerung paradox ist. Um eine
Paradoxie zu haben, bräuchten wir auch ein Argument für
den Schluß, daß W (A 1). Vielleicht ist es ganz einfach intuitiv
offensichtlich, daß W (A 1) – wenn Sie so wollen, bei dem
Wissen der Klasse vom tadellosen Ruf der Lehrerin bezüglich Wahrheitsliebe und Zielstrebigkeit. Wie aber, wenn
jemand diese Intuition nicht teilt?
Wenn nicht-W (A 1), dann ist es sehr einfach für A 1, wahr zu
sein: Die Klasse wird auf der Grundlage von A 1 keine

---

21 An diesem Punkt ist der Gedankengang suspekt. Wir haben
angeblich M auf der Grundlage von W (A 1) bewiesen [bei 10]. Es
ist recht plausibel, zu behaupten, das bedeutet, wir könnten das
folgende Konditional wissen:

   Wenn W (A 1), dann M.

Um jedoch W_M (M) aus W [Wenn W (A 1), dann M] zu gewinnen,
scheint man nicht nur W (A 1) als Prämisse zu benötigen, sondern
auch W [W (A 1)]. Wir sollten es vermeiden, letzteres mittels des
fragwürdigen Schemas

   Wenn W (ϕ), dann W [W (ϕ)]

zu erreichen. Man könnte jedoch im vorgestellten Fall argumentieren, daß W (A 1) doch W [W (A 1)]: Nichts, was dafür relevant
ist, ob die Klasse A 1 weiß, wäre ihr unbekannt.

Frage: Warum ist jenes obige Prinzip – Wenn W (ϕ), dann
W [W (ϕ)] – fragwürdig?

Erwartungen haben, da die Schüler zeigen können, daß sie
A 1 nicht wissen können. Das gibt der Lehrerin reichlich
Spielraum, um sie zu überraschen.

Die Klasse kann aber auch dem Gedankengang des vorhergehenden Absatzes folgen: »Unser Beweis, daß A 1 nicht
gewußt werden kann, zeigt uns, wie leicht A 1 wahr sein
kann. Wenn es wahr sein *kann*, dann haben wir bei der
bewiesenen Wahrheitsliebe und Zielstrebigkeit der Lehrerin
allen Grund, zu glauben, daß es wahr *ist*.« Ist die Klasse auf-
grund dieser Erwägung von der Ankündigung überzeugt,
dann gibt es Grund, zu denken, daß ihre Überzeugung an
Wissen heranreicht. *Wenn* das Argument also gültig ist, dann
haben wir offenbar eine Paradoxie.[22]

MV 2 benötigt eine andere Ankündigung:

A 2. Entweder [M und nicht-W_M (Wenn A 2, dann M)]
oder [D und nicht-W_D (Wenn A 2, dann D)].

(Das heißt, die Prüfung wird am Montag oder am Dienstag
stattfinden, aber ihr werdet auf der Grundlage dieser

---

22 Sobald man beginnt, über Wissen nachzudenken, kann man sich
recht leicht überzeugen, daß es weniger davon gibt, als man
gedacht hätte. Ich wäre also nicht überrascht, wenn jemand sagen
würde: »Wir konnten nicht *wissen*, daß die Lehrerin ihre Drohung wahrmachen würde, wie verläßlich auch immer sie in der
Vergangenheit gewesen sein mag. Das höchste, was wir beanspru-
chen könnten, wäre die berechtigte Überzeugung, daß sie es tun
würde.«
Frage: Schreiben Sie MV 1 so um, daß es von berechtigter Überzeugung anstelle von Wissen handelt. (Sie werden wahrscheinlich
finden, daß Sie einen Schluß von »Es war für die Klasse vernünftig, die Ankündigung zu glauben, als sie gemacht wurde« auf »Es
wäre für die Klasse vernünftig, die Ankündigung der Lehrerin am
Morgen des letzten Tages zu glauben, wenn die Prüfung noch
nicht abgehalten worden ist« machen müssen. Ist dieser Schluß
gültig? Ist der parallele Schluß im Fall des Wissens gültig? An welchen Punkten wurde er in den oben dargestellten Argumenten
angenommen?)

Ankündigung nicht wissen, welcher Tag es sein wird.) Man beachte, daß sich A 2 von A 1 in bemerkenswerter Weise unterscheidet: Der Ausdruck von A 2 bezieht sich auf A 2 selbst; mit anderen Worten, A 2 ist eine *selbstbezügliche* Ankündigung.

MV 2 kann wie folgt dargestellt werden:

1. Angenommen, A 2	
2. Angenommen, nicht-M	
3. W_D (nicht-M)	[nach 2 + Erinnerung]
4. W_D (Wenn nicht-M, dann D, falls A 2)	[die Klasse versteht A 2]
5. W_D (Wenn A 2, dann D)	[nach 3 + 4]
6. nicht-A 2	[nach 2 + 5]
7. M	[nach 1, 2 + 6]
8. Wenn A 2, dann M	[1–7 zusammenfassend]
9. W_M (Wenn A 2, dann M)	[das Bewiesene wird gewußt]
10. Wenn W_D (Wenn A 2, dann M), dann nicht-M, falls A 2	[nach der Definition von A 2]
11. Wenn A 2, dann nicht-M	[nach 9 + 10]
12. nicht-A 2	[nach 8 + 11]

MV 2 gibt zu zeigen vor, A 2 sei nicht wahr. Das ist nur dann paradox, wenn wir guten Grund haben, zu glauben, es sei wahr oder könnte es sein. Wir scheinen so einen Grund zu haben: Sind wir nicht alle schon solchen Drohungen unerwarteter Prüfungen ausgesetzt gewesen? Die Form von A 2 hat zugegebenermaßen das bereits erwähnte Merkmal der Selbstbezüglichkeit, aber es ist nicht klar, daß das irgendeinen Unterschied machen soll. Wenn die Lehrerin sagt, daß die Prüfung unerwartet sein soll, dann ist eindeutig gemeint, sie solle auf jeder Grundlage unerwartet sein, einschließlich der Grundlage dieser gegenwärtigen Ankündigung. Die Intuitionen, die uns sagen, A 1 könnte wahr sein, sollten uns auch sagen, daß A 2 wahr ist. Die Intuition mag sich jedoch gegenüber der Gültigkeit von MV 2 nicht vollkommen sicher sein.

Unter Verwendung eines selbstbezüglichen Typus von Ankündigung kann man eine weitere Ankündigung konstruieren, die sicher paradox ist. Sie wurde *Wissensparadoxie* genannt:[23]

A 3. W (nicht-A 3)

(Das heißt, A 3 lautet wie folgt: »Die Klasse weiß, daß diese Ankündigung falsch ist.«)

Wir können das Argument, was sowohl A 3 als auch nicht-A 3 zeigt, folgendermaßen darstellen – nennen wir es **MV 3:**

1. Angenommen, A 3
   2. W (nicht-A 3)   [Definition von A 3]
   3. nicht-A 3   [was gewußt wird, ist wahr]
4. Wenn A 3, dann nicht-A 3   [1–3 zusammenfassend]
5. nicht-A 3   [nach 4]
6. nicht-W (nicht-A 3)   [nach 5 + Definition von A 3]
7. W (nicht-A 3)   [5 + was bewiesen ist, wird gewußt]

Zeilen (6) und (7) widersprechen sich.

In Anbetracht dieses Ergebnisses müssen wir (a) die Natur der Ankündigung und (b) die epistemischen Grundsätze (Grundsätze, welche die Natur des Wissens betreffen) sorgfältig untersuchen, welche dazu verwendet wurden, den paradoxen Schluß zu erreichen. Wenn an diesen Grundsätzen etwas falsch ist, dann müßten wir eventuell auch unsere

---

23 Siehe Montague / Kaplan (1969). Eine ähnliche Paradoxie findet sich in Buridanus' 13. Sophismus. Siehe Hughes (1982).

Ansichten über die früheren Argumente revidieren, denn auch diese beruhen auf jenen Grundsätzen.

(a) Es ist wichtig, einzusehen, daß wir uns nicht einfach damit zufriedengeben können, daß A 3 widersprüchlich ist. Ein Widerspruch ist falsch, während A 3 beweisbar wahr ist, falls der Gedankengang MV 3 korrekt ist [siehe Zeile (7)]. Es hätte bessere Aussichten, zu sagen, A 3 sei *unverständlich*, vielleicht teilweise wegen seiner Selbstbezüglichkeit. Man könnte fragen: Was *sagt* es? Was ist das, von dem es behauptet, daß man es nicht wissen kann? Sagen wir, es behaupte von sich selbst, es könne nicht gewußt werden, dann scheinen wir uns in der dünnen Luft festzuhalten, anstatt wirklich die Frage zu beantworten.

Ein wenig dieses Zweifels könnte beseitigt werden, indem wir das Beispiel ändern. Nehmen wir nun an, wir haben zwei Lehrer, X und Y. X sagt: »Was Y als nächstes sagen wird, ist etwas, von dem ihr wissen könnt, daß es falsch ist.« Y sagt dann: »Was X soeben gesagt hat, ist wahr.« Es sieht so aus, als wenn wir beide Äußerungen als verständlich werten müssen, da sie sicherlich in anderen Kontexten verständlich gewesen wären, und selbst in diesem Kontext können wir die Äußerung von X verstehen, ohne zu wissen, was Y sagen wird, und wir können die von Y verstehen, ohne zu wissen, was X gesagt hat. In dem Kontext jedoch scheint die Ankündigung von Y gleichbedeutend mit A 3 zu sein. Wir könnten für den Widerspruch folgendermaßen in nicht-formaler Weise argumentieren: Angenommen, Y ist wahr (lassen wir X und Y nun auch als Abkürzungen für die jeweiligen Bemerkungen der Lehrer gelten), dann ist X wahr. Also kann man wissen, daß Y falsch ist, daher ist es falsch. Also führt die Annahme, daß Y wahr ist, zu dem Schluß, daß es falsch ist. Daher können wir schließen, daß es falsch ist [vgl. MV 3 (5)]. Wir können also schließen: *Wir können wissen, daß Y falsch ist.* Wenn jedoch Y falsch ist, dann ist X falsch, d. h., *wir können nicht wissen, daß Y falsch ist.* Es scheint also, daß wir ein Argument haben, was die wesentlichen Züge von A 3 trägt, aber nicht der Beschuldigung ausgesetzt ist, die Ankündigung sei unverständlich.[24]

(b) Arbeiten wir die das Wissen betreffenden epistemischen Grundsätze heraus, auf die sich MV 3 beruft. Es sind deren drei: Der erste – nennen wir ihn EW 1 – ist jener, welcher den Schritt von (2) zu (3) in MV 3 rechtfertigt. In seiner allgemeinsten Form sagt er, daß das, was gewußt wird, wahr ist. Wir könnten ihn so schreiben:

EW 1. Wenn $W(\phi)$, dann ϕ.

Der andere Punkt, bei dem man sich auf epistemische Grundsätze beruft, ist der Übergang von (5) zu (7). Es kann nicht wahr sein, daß alles, was auf der Grundlage welcher Annahmen auch immer beweisbar ist, auch gewußt werden kann. Unter der Annahme $5 > 7$ könnte ich vielleicht beweisen, daß $5 > 6$, aber offensichtlich kann ich das nicht *wissen*. Der Grundsatz, den wir hier also brauchen, ist, daß wir alles das wissen können, was wir aus dem beweisen können, was wir wissen.[25] Wir könnten schreiben:

EW 2. Wenn K aus $(P_1, \ldots, P_n)$ beweisbar ist und $W(P_1, \ldots, P_n)$, dann $W(K)$.

Welche Annahmen (die P_1 etc. entsprechen) sind bei dem Schritt von (5) zu (7) im Spiel? Nur eine: EW 1. Um also EW 2 anzuwenden, müssen wir hinzufügen:

EW 3. $W(EW 1)$.

Sind diese drei Grundsätze plausibel? Nicht-formal ausgedrückt sind es die folgenden:

---

24 Man vergleiche eine ähnliche Argumentation in Abschnitt 5.2 und in Burge (1978), S. 30.

25 Man vergleiche das mit dem Grundsatz, der manchmal »epistemische Geschlossenheit« genannt wird:

Wenn W (wenn ϕ, dann ψ) und $W(\phi)$, dann $W(\psi)$.

Frage: Folgt WK 2 aus dem Geschlossenheitsprinzip? Gilt der umgekehrte Schluß?

EW 1. Was man weiß ist wahr.
EW 2. Was aus gewußten Dingen beweisbar ist, weiß man.
EW 3. Man weiß, daß das, was man weiß, wahr ist.

Der erste Grundsatz ist manchmal mit der Begründung bezweifelt worden, daß beispielsweise die Leute früher wußten, daß Wale Fische sind. Aber dieser Zweifel wird durch die Reflexion zerstreut, daß die richtige Sichtweise der Dinge ist, die Leute *glaubten*, sie wüßten das, wiewohl sie es in Wirklichkeit nicht wußten. Wie könnten sie etwas gewußt haben, was noch nicht einmal wahr ist?

EW 2 gilt nicht generell: Wir wissen nicht alle die unendlich vielen Dinge, die aus dem bewiesen werden könnten, was wir wissen. Wir glauben noch nicht einmal alle diese Dinge, und wenn es nur deshalb ist, weil es über unsere Kräfte ginge, sie uns alle vor Augen zu führen. Dieser unplausible Aspekt von EW 2 jedoch wird für die Paradoxie nicht benötigt, welche nur die folgende viel schwächere Forderung braucht: Mindestens einer derjenigen, die einen korrekten Beweis für nicht-A 3 aus einer bekannten Prämisse konstruiert haben, weiß, daß nicht-A 3.

Der dritte Grundsatz kann nicht ernsthaft bezweifelt werden, sobald man den ersten akzeptiert hat. Der einzige Zweifel an den Grundsätzen gilt also EW 2. Wir könnten das umgehen, indem wir einen noch schwächeren und noch schwerer zu bestreitenden Grundsatz verwenden: Was aus etwas Gewußtem beweisbar ist, *kann* von einem vollkommen rationalen Subjekt gewußt werden. Mit angemessenen Modifikationen an A 3 sollten wir in der Lage sein, einen Widerspruch aus Prinzipien abzuleiten, die unbezweifelbar erscheinen – indem wir gleichzeitig zulassen, daß die Ankündigung der Lehrerin verständlich ist.[26]

---

26 **Frage:** Stellen Sie das modifizierte A 3 (nennen Sie es A 4) und das angemessene Argument auf, während Sie die epistemischen Grundsätze im Detail darlegen.

Es ist sehr schwer, zu wissen, was man von dieser Paradoxie halten soll. Eine vielversprechende Anregung sieht eine Ähnlichkeit zwischen ihm und der Lügnerparadoxie (siehe Abschnitt 5.2). Wissen enthält recht deutlich den Begriff der Wahrheit, und die Lügnerparadoxie zeigt, daß dieser Begriff zu Paradoxien führen kann. Was also vielleicht an dem Begriff des Wissens falsch ist, ist der in ihm enthaltene Begriff von Wahrheit, wie er in WE 1 zutage tritt. Und vielleicht besteht das Gegenmittel darin, auf das Wissen jene nicht-paradoxe Ausarbeitung des Wahrheitsbegriffes anzuwenden, die wir aus der Betrachtung der Lügnerparadoxie gewinnen können.

Die Anregung kann aus folgendem Grund nicht ganz richtig sein: Anders als Wissen beinhaltet Glauben nicht Wahrheit, und dennoch kann eine Paradoxie ganz wie die Wissensparadoxie nur in Begriffen von Glauben konstruiert werden – wir könnten sie die Glaubensparadoxie nennen. Man betrachte das Folgende:

G_1. α glaubt nicht, was G_1 sagt.[27]

Frage: Glaubt α G_1 oder nicht? Wenn α an G_1 glaubt, dann kann er verstehen, daß er etwas Falsches glaubt. Es gibt keine Lücke dazwischen, zu verstehen, daß etwas falsch ist, und es nicht zu glauben. Wenn α also G_1 glaubt, dann glaubt er es nicht. Genauso jedoch, wenn α nicht an G_1 glaubt, dann kann er verstehen, daß G_1 wahr ist. Es gibt keine Lücke dazwischen, zu verstehen, daß etwas wahr ist, und es zu glauben. Wenn α also G_1 nicht glaubt, dann glaubt er es.

Die Paradoxie beruht auf mindestens zwei Annahmen:

---

27 Eine Version der Glaubensparadoxie in Analogie zu der Version der Lügnerparadoxie »Was ich jetzt sage ist falsch« wäre wie folgt:

Wer jetzt diesen Satz liest, glaubt nicht, was dieser sagt.

1. daß α verstehen *kann*, daß G_1 falsch ist, wenn er an es glaubt, und wahr, wenn er nicht an es glaubt;
2. daß α verstehen *wird*, was er verstehen kann.

Keine der beiden Annahmen könnte verallgemeinert werden. Damit (1) von α gelten kann, muß unter anderem gewährleistet sein, daß er versteht, daß er α ist. Man könnte sich durchaus vorstellen, daß das nicht wahr ist, wenn α ein ungewöhnlich niedriges Niveau von Selbst-Bewußtheit aufweist. Damit (2) von α gelten kann, muß α ein positives Niveau an intellektueller Energie aufweisen: Man ergreift nicht immer seine epistemischen Möglichkeiten. Wir erreichen jedoch eine Paradoxie, wenn wir die folgende, höchst plausible Annahme machen können: Es gibt zumindest eine Person mit der notwendigen Selbst-Bewußtheit und Energie, so daß (1) und (2) auf sie zutreffen.

Wir können das Argument zum Widerspruch und die Annahmen von denen es abhängt, auf eine zu der Darstellung der Wissensparadoxie analoge Weise wiedergeben.[28] Wir kürzen »α glaubt, daß ( )« als »G ( )« ab; es gilt dann $G_1 = \text{nicht-}G(G_1)$.

1. Angenommen, $G(G_1)$
2. Wenn $G(G_1)$,
   dann $G[G(G_1)]$ [Selbst-Bewußtheit]
3. $G[G(G_1)]$ [nach 1 + 2]
4. $G[\text{Wenn } G_1,$
   dann nicht-$G(G_1)]$ [α versteht G_1]
5. Wenn $G[G(G_1)]$, dann
   nicht-$G[\text{nicht-}G(G_1)]$ [Vernünftigkeit]
6. nicht-$G[\text{nicht-}G(G_1)]$ [nach 3 + 5]
7. nicht-$G(G_1)$ [4, 6 + Geschlossenheit]

---

28 Eine andere Version des Arguments bietet Burge (1978), siehe besonders S. 29.

8. Wenn G (G$_1$),
dann nicht-G (G$_1$)   [1–7 zusammenfassend]
9. nicht-G (G$_1$)   [nach 8]
10. G [nicht-G (G$_1$)]   [nach 9 + Selbst-Bewußtheit]
11. G (G$_1$)   [nach 10 + Definition von G$_1$]

Die uneingeschränkt abgeleiteten Zeilen (9) und (11) widersprechen sich.

Untersuchen wir die Annahmen, von denen das Argument abhängt. Der erste Grundsatz, der verwendet wurde, ist das, was ich »Selbst-Bewußtheit« genannt habe. In seiner allgemeinsten Form könnte es folgendermaßen dargestellt werden:

EG 1. Wenn G (ϕ), dann G [G (ϕ)].

Das ist nicht allzu plausibel. Wenn es wahr wäre, dann würde einen Glauben haben, etwa ϕ, beinhalten, unendlich viele zu haben: zu glauben, daß ϕ; zu glauben, daß man glaubt, daß ϕ, und so weiter. Alles aber, was für die Paradoxie benötigt wird, sind zwei Instanzen von EG 1: Wenn α unter Umständen, die so günstig für Selbst-Bewußtheit sein können, wie sie nur wollen, G$_1$ glaubt, dann wird er glauben, daß er das tut. Und wenn α G$_1$ nicht glaubt, dann glaubt er, daß er es nicht tut. Es scheint unmöglich, zu verneinen, daß es eine Person geben könnte, auf die das zutrifft.

Die zweite Annahme ist, daß α G 1 versteht und ihm daher nach der Definition von G 1 klar wird (und er also glaubt), daß wenn G 1, dann nicht-G (G 1). Wieder scheint es unmöglich, zu verneinen, daß es eine Person geben könnte, die diesen Glauben hat.

Als nächstes kommt der Vernünftigkeit genannte Grundsatz. Eine Verallgemeinerung wäre folgendes:

EG 2. Wenn G (ϕ), dann nicht-G (nicht-ϕ).

So allgemein gesagt, ist das nicht plausibel, da Menschen tatsächlich widersprüchliche Überzeugungen haben, ohne sich dessen gewahr zu werden. Wir müssen aber α nur einen recht bescheidenen Grad von Vernünftigkeit zusprechen, damit die in Zeile (5) benötigte Prämisse gilt.

Eine Verallgemeinerung des Geschlossenheitsprinzips ist diese:

> **EG 3.** Wenn G (wenn ϕ, dann ψ) und G (nicht-ψ), dann G (nicht-ϕ).

Für normale Leute ist das kein plausibler Grundsatz: Wir glauben nicht alle Konsequenzen dessen, was wir glauben. Es scheint jedoch wiederum einfach, sich vorzustellen, daß α den speziellen Fall des Grundsatzes erfüllt, der im obigen Argument gebraucht wird.

Treten wir zurück. Ein Vorschlag war, daß die Wissensparadoxie wie die Lügnerparadoxie behandelt werden sollte; aus dem Grunde, daß Wissen Wahrheit beinhaltet und die Lügnerparadoxie zeigt, daß Wahrheit besonderer Behandlung bedarf. Die Pointe der Einführung der Glaubensparadoxie war, diesen Vorschlag anzugreifen. Glauben beinhaltet nicht Wahrheit, und dennoch gibt Glauben zu einer Paradoxie Anlaß, die der Wissensparadoxie recht ähnlich ist.

Der Schluß ist, daß der gegebene Grund dafür, die Wissensparadoxie und den Lügner auf ähnliche Weise zu behandeln, mangelhaft war. Ich werde jedoch vorschlagen (in Abschnitt 5.3), daß es einen anderen Grund dafür gibt, zu denken, daß die Glaubensparadoxie, die Wissensparadoxie und der Lügner alle nach einer Erwiderung von derselben grundsätzlichen Art verlangen.

Literaturhinweise

Für Abschnitt 4.1.1

David Hume nahm an, das Problem der Charakterisierung sei leicht auf die Weise zu beantworten, welche in diesem Abschnitt vorgestellt wurde: Die Argumente, welche wir für legitim halten, sind jene, in denen angenommen wird, daß die Zukunft der Vergangenheit ähneln wird. Dieser Vorschlag wird eindeutig von der Grue-Paradoxie widerlegt. Hume (1738), Buch I, Teil 3, bleibt unentbehrliche Lektüre für das Problem der Rechtfertigung der Induktion und zu diversen damit verbundenen Dingen, insbesondere der Kausalität.

Für Abschnitt 4.1.2

Hempel (1945) ist eine klassische Darstellung der Rabenparadoxie und bewirkte eine rege Auseinandersetzung darüber. Als knappe Einführung in die Theorie der Bestätigung vgl. Schlesinger (1974a). Eine nützliche Sammlung von früheren Aufsätzen findet sich in Foster / Martin (1966).

Für Abschnitt 4.1.3

Die klassische Quelle der Grue-Paradoxie ist Goodman (1955). Ebenso wie die Rabenparadoxie hatte die Grue-Paradoxie eine Flut von Literatur zur Folge. Meine vorgeschlagene Modifikation von G 1 ist von Jackson (1975) abgeleitet, aber die Position ist weit davon entfernt, allgemein akzeptiert zu sein.

Die Ansicht, daß Instanzen alleine es nicht vernünftig machen können, an eine Verallgemeinerung zu glauben, wurde von Foster (1983) vertreten.

Das Beispiel »+*« stammt aus Kripke (1982). Goodmans eigene philosophische Entwicklung wurde von dem beeinflußt, was er als Verästelungen der Grue-Paradoxie betrachten würde – siehe Goodman (1978), S. 11.

Für Abschnitt 4.2

Eine gute frühe Diskussion bietet Quine (1953). Am meisten verpflichtet bin ich Montague / Kaplan (1960) und, für die Glaubensparadoxie, Burge (1978). Siehe »Das Gitter« und »Der bezeichnete

Student« in Anhang I dieses Buches und vergleiche Sorensen (1982).

G. E. Moore meinte, es sei für mich paradox zu behaupten, »*p*, aber ich glaube nicht, daß *p*«, trotz der Tatsache, daß der erwähnte Satz widerspruchsfrei ist und die von ihm ausgedrückte Tatsache tatsächlich auf mich zutreffen kann. (Beispielsweise könnten Sie wahrerweise von mir sagen: »*p*, aber er glaubt es nicht.«) Dies könnte mit der Unerwarteten Prüfung zusammenhängen; siehe Wright / Sudbury (1977).

Burge (1984) bietet einen sehr ausführlichen Vergleich zwischen der Wissensparadoxie und dem Lügner.

5 Klassen und Wahrheit

Die in diesem Kapitel zu behandelnden Paradoxien sind wahrscheinlich die schwierigsten von allen, aber auch die fruchtbarsten. Russells Paradoxie über Klassen, die er 1901 entdeckte, hat eine gewaltige Anzahl von Arbeiten über die Grundlagen der Mathematik hervorgerufen.[1] Russell meinte, seine Paradoxie sei von derselben Art wie die Lügnerparadoxie, welche in ihrer einfachsten Form in der Behauptung besteht »Ich lüge jetzt (hiermit!)«. Die Lügnerparadoxie ist für Theorien der Wahrheit von größter Wichtigkeit gewesen. Alles, was mit diesen Paradoxien zu tun hat, ist höchst umstritten, einschließlich der Frage, ob Russell damit recht hatte zu meinen, daß seine Paradoxie über Klassen und die Lügnerparadoxie derselben Quelle entspringen (siehe Abschnitt 5.3).

5.1 Russells Paradoxie

Wenn Sokrates ein Mensch ist, dann ist er ein Element der Klasse der Menschen. Wenn er Element der Klasse der Menschen ist, dann ist er ein Mensch. Können *Klassen* Elemente von Klassen sein? Die Antwort scheint Ja zu sein. Die Klasse der Menschen hat mehr als 100 Elemente, also ist die Klasse der Menschen Element der Klasse der Klassen mit mehr als 100 Elementen. Im Gegensatz dazu gehört die Klasse der Musen nicht zu der Klasse der Klassen mit mehr als 100 Elementen, da die Klasse der Musen unserer Tradition zufolge nur neun Elemente hat.

Die meisten Klassen sind nicht Elemente ihrer selbst. Die Klasse der Menschen ist eine Klasse und kein Mensch, also

---

1 Die erste öffentliche Darstellung dieser Paradoxie erschien in Russell (1903). Einen Überblick bietet van Heijenoort (1967).

ist sie kein Element der Klasse der Menschen, d. h. kein Element ihrer selbst. Einige Klassen jedoch sind Elemente ihrer selbst: Die Klasse aller Klassen ist es wohl und ebenso ist es die Klasse aller Klassen mit mehr als 100 Elementen. Und desgleichen ist es die Klasse aller Nicht-Menschen, die Klasse aller und nur der Dinge, die keine Menschen sind. Da keine Klasse ein Mensch ist, ist die Klasse der Nicht-Menschen kein Mensch und erfüllt daher selbst die Bedingung dafür, ein Element der Klasse der Nicht-Menschen zu sein.

Betrachten wir die Klasse aller Klassen, die nicht Elemente ihrer selbst sind. Nennen wir diese Klasse R. Die notwendige und hinreichende Bedingung für etwas; zu R zu gehören, ist, eine Klasse und nicht Element ihrer selbst zu sein. Frage: Ist R ein Element ihrer selbst?

Angenommen sie ist es. Dann muß R die (notwendige) Bedingung dafür erfüllen, zu R zu gehören: nicht ein Element ihrer selbst zu sein. Wenn es also Element ihrer selbst ist, dann ist sie nicht Element ihrer selbst.

Zusammenfassend: R ist genau dann Element ihrer selbst, wenn sie kein Element ihrer selbst ist. Das ist ein Widerspruch.[2]

Ein Widerspruch bedeutet nicht notwendigerweise eine Paradoxie. Man erinnere sich an die Paradoxie des Barbiers aus der Einleitung. Wer rasiert den Barbier? Durch einen Gedankengang, der dem in der Ableitung von Russells Para-

---

2 Wie Russell gesehen hat, ist die Klassenparadoxie einer Paradoxie sehr ähnlich, die Eigenschaften betrifft. Die meisten Eigenschaften können nicht auf sich selbst angewandt werden. Die Eigenschaft, ein Mensch zu sein, ist eine Eigenschaft und kein Mensch, also trifft sie nicht auf die Eigenschaft zu, ein Mensch zu sein; d. h., sie ist nicht auf sich selbst anwendbar. Einige Eigenschaften jedoch sind auf sich selbst anwendbar: So die Eigenschaft, eine Eigenschaft zu sein, und ebenso die Eigenschaft, eine Eigenschaft zu sein, die auf mehr als 100 Dinge zutrifft, etc.

Frage: Wie würden Sie den Widerspruch ausformulieren?

doxie ähnlich ist, finden wir, daß der Barbier sich genau dann selbst rasiert, wenn er es nicht tut – ein Widerspruch.

Wir antworten auf die Paradoxie des Barbiers, indem wir einfach sagen, daß es keinen solchen Barbier gibt. Warum sollten wir auf Russells Paradoxie nicht einfach antworten, es gibt keine solche Klasse? Der Unterschied ist folgender: Nichts spricht für die Annahme, es gäbe einen solchen Barbier, aber unser Verständnis von Klassen macht es sehr naheliegend, anzunehmen, daß es eine Klasse wie *R* gibt. Natürlich zwingt uns die Paradoxie zu akzeptieren, daß es keine solche Klasse geben kann. Das ist paradox, weil es zeigt, daß einige sehr zwingende Ansichten darüber, was Existenz für eine Klasse bedeutet, aufgegeben werden müssen.

Der erste Absatz dieses Abschnittes sollte die natürliche oder intuitive Auffassung von Klassen einführen, welche ich jetzt weiter explizit machen muß. Ich hatte gesagt, wenn Sokrates *ein Mensch ist*, dann ist er ein Element der Klasse der Menschen. Verwenden wir das Wort »Bedingung« für das, was zum Beispiel von dem soeben verwendeten kursiven Ausdruck gesagt wird. Also ist ein Mensch zu sein die Bedingung, und eine, die Sokrates erfüllt, während sie der Mont Blanc nicht erfüllt. Die natürliche Auffassung von Klassen beinhaltet folgendes Prinzip der Existenz einer Klasse:

KE. Zu jeder verständlichen Bedingung gibt es eine Klasse. Alle und nur die Dinge, welche die Bedingung erfüllen (falls es welche gibt), sind ihre Elemente.

Der Bedingung entsprechend, ein Mensch zu sein, gibt es die Klasse der Menschen. Selbst wenn eine Bedingung widersprüchlich ist – etwa die Bedingung, sowohl quadratisch als auch nicht quadratisch zu sein –, so entspricht ihr doch eine Klasse; auch wenn es eine Klasse ohne Elemente ist (die »Nullklasse«), da nichts die Bedingung erfüllt.

KE scheint zu Russells Paradoxie zu führen. Es beinhaltet die Existenz einer Klasse wie *R*, wenn es die verständliche

Bedingung gibt: eine Klasse zu sein, die nicht Element ihrer
selbst ist. Wir haben jedoch schon gesehen, daß es so eine
Klasse wie *R* nicht geben kann.

Wir könnten diesen Punkt wie folgt auf formalere und kla-
rere Weise ausdrücken. Verwenden wir »∈« als Abkürzung
für »ist Element von« (und »gehört zu«).

> **KE.** Für jede verständliche Bedingung *F* gibt es eine
> Klasse *x*, so daß gilt: Für jeden Gegenstand *y*, $y \in x$,
> genau dann, wenn *y F* erfüllt.

Für »*x* erfüllt *F*« können wir einfach schreiben »*x* ist *F*«, und
für »genau dann, wenn« können wir »gdw« schreiben.
Indem wir »*R*« für Russells Klasse setzen, »¬« für »nicht«
und »¬ ein Element seiner selbst« für »*F*«, erzeugt KE:

> Für jeden Gegenstand *y*, $y \in R$ gdw $\neg$ (*y* ist ein Element
> seiner selbst).

Was für alles gilt, muß auch für *R* gelten, also erhalten wir:

> $R \in R$ gdw $\neg$ (*R* ist Element seiner selbst).

Da für *R* ein Element seiner selbst zu sein bedeutet, ein Element von *R* zu sein, erzeugt dies das explizit widersprüchliche:

> **RP.** $R \in R$ gdw $\neg$ ($R \in R$).

An diesem Punkt ist es ein naheliegender Gedanke, daß die
Bedingung nicht wirklich verständlich ist – und das ist es,
was die meisten Erwiderungen auf Russells Paradoxie im
Endeffekt empfehlen. Folgen wir diesem Vorschlag, dann
kann KE erhalten werden, solange wir unsere Auffassung
darüber, was eine Bedingung ausmacht, eng genug gestalten.
Es muß jedoch betont werden, daß es alles andere als offensichtlich ist, was diese engere Auffassung sein soll, *falls* wir
auch einige wohlbekannte Resultate aus der Mathematik
erhalten wollen. Insbesondere kommen Gedankengänge
und Annahmen, die denen in der Ableitung von Russells
Paradoxie sehr ähnlich sind, auch in einem berühmten

Beweis von Cantor vor, den ich nun darlegen werde. Das Studium von Cantors Beweis war es, was Russell zur Entdeckung der Paradoxie führte. Es ist sehr schwer zu sehen, wie man die Paradoxie blockieren könnte, während man den Beweis gestattet.

Zu beweisen ist, daß die Potenzmenge jeder Klasse mehr Elemente hat als die Klasse selbst.[3] Cantors Beweis könnte nicht-formal wie folgt skizziert werden:

1. Eine Klasse muß *mindestens* so viele Teilklassen wie Elemente haben, da bei jedem Element die Klasse, zu der es alleine gehört, eine Teilklasse ist.

---

3 Ich gebrauche »Menge« und »Klasse« austauschbar. Der gegenwärtige Gebrauch beschränkt »Menge« allerdings nur auf einige und nicht alle Klassen – intuitiv: Eine Menge ist eine sich ordentlich verhaltende Klasse.

Die *Potenzmenge* einer Klasse ist die Klasse, welche aus jeder Teilklasse dieser Klasse besteht. Man betrachte etwa die Klasse, welche nur aus den drei Elementen a, b und c besteht und die wir {a, b, c} schreiben können. Eine Klasse α ist Teilklasse einer Klasse β genau dann, wenn jedes Element von α ein Element von β ist. Die Klasse {a, b, c} hat die folgenden Teilklassen: (1) Ø (die Nullklasse) – da Ø keine Elemente hat, ist jedes Element von Ø ein Element von {a, b, c}; (2) {a}; (3) {b}; (4) {c}; (5) {a, b}; (6) {a, c}; (7) {b, c}; (8) {a, b, c} – da jedes Element dieser Klasse ein Element von {a, b, c} ist.

Es gibt also acht Teilklassen von einer Klasse mit drei Elementen. Die Elemente der Klasse aller Teilklassen sind also zahlreicher (um fünf Elemente) als {a, b, c} selbst. Cantors Theorem gilt offensichtlich für Klassen mit endlich vielen Elementen. Das Interessante an dem Theorem liegt darin, daß es für Klassen jeder Kardinalzahl gilt.

Eine eins-zu-eins Funktion zwischen zwei Klassen α und β ordnet jedem Element von α genau ein Element von β zu und jedem Element von β genau ein Element von α. Cantor legt die Konvention fest, daß zwei Klassen genau dann dieselbe Anzahl von Elementen (dieselbe Kardinalzahl) haben, wenn es eine eins-zu-eins Funktion zwischen ihnen gibt.

2. Es gibt also entweder so viele Teilklassen wie Elemente oder mehr.

3. Angenommen, es sind gleich viele. Das bedeutet, es gibt eine eins-zu-eins Funktion f, die Elemente der Klasse den Teilklassen der Klasse zuordnet.

4. Nun bilden wir die folgende Teilklasse T: $x \in T$ gdw $\neg [x \in f(x)]$. Der Annahme in (3) zufolge gilt für ein α: $T = f(\alpha)$. Indem wir die Definition von T anwenden, erhalten wir:

$$\alpha \in T \text{ gdw } \neg [\alpha \in f(\alpha)].$$

Also, da $T = f(\alpha)$:

$$*\alpha \in T \text{ gdw } \neg (\alpha \in T).$$

5. Dieser Widerspruch zeigt, daß wir die Annahme in (3) verwerfen müssen. Also müssen wir die einzige in (2) zur Verfügung stehende Alternative annehmen: Eine Klasse hat mehr Teilklassen als Elemente.

In (4) haben wir einen Widerspruch ganz wie den in Russells Paradoxie (man vergleiche RP und die Zeile mit dem Sternchen), hier jedoch zu ernsthaften und informativen Zwecken im Beweis verwendet. Man beachte, daß der Beweis von der Annahme ausgeht, *wenn* es eine Funktion f gibt, dann gibt es eine Teilklasse T. Wenn wir gleichzeitig Cantors Beweis erhalten und den gegenwärtigen Vorschlag verwenden wollen, daß eine allzu liberale Auffassung von KE an der Paradoxie schuld ist, dann müssen wir eine Einschränkung des Begriffes der »Bedingung« finden, welche mittels KE die hypothetische Existenz von T gestattet, die Existenz von R jedoch verbietet. Damit die Angelegenheit außerdem noch philosophisch befriedigend ist, muß es eine philosophische Rechtfertigung für die Einschränkung geben, welche es uns ermöglicht, den Ursprung der Paradoxie zu verstehen und zu meinen, wir hätten etwas Besseres als ein *ad hoc* Blockademanöver. Es ist Russell zugute zu halten, daß er versucht hat, genau dies mit seinem Prinzip Teufelskreis (PT) zur Verfügung zu stellen. Seine Idee ist, daß die Bedingung in der Spezifikation von R zirkulär und deshalb nicht verständlich ist. Er meinte auch, eine Erklärung mittels des PT würde eine Reihe von anderen Paradoxien beseitigen, einschließlich (und vor allem) der Lügnerparadoxie. Ich werde daher das PT (in Abschnitt 5.3) nach der Beschreibung der Lügnerparadoxie (in Abschnitt 5.2) behandeln.

Jene Art von philosophischer Erklärung, von der ich gesagt habe, daß wir sie brauchen, ist nicht die einzige Herangehensweise an Russells Paradoxie. Für gewisse Zwecke können wir *ad hoc* Einschränkungen vornehmen, die uns genügend von der Klassentheorie für diese Zwecke übriglassen, aber keine philosophische Erläuterung der Einschränkungen versuchen. Eine beliebte Herangehensweise in dieser Richtung besteht darin, Klassen als in einer Hierarchie geordnet anzusehen; eine, die sicherstellt, daß jede Klasse auf einem höheren Niveau liegt als alle ihre Elemente. Eine solche Theorie könnte sicherstellen, daß keine Klasse zu sich selbst gehört: Kein Ausdruck der Form $x \in x$ würde als wahr gelten. Alternativ dazu könnte die Sprache, in welche die Theorie eingebettet ist, keine Vorkehrung dafür enthalten, auch nur den Gedanken auszudrücken, eine Klasse sei Element ihrer selbst oder nicht Element ihrer selbst. Ausdrücke der Form $x \in x$ könnten davon ausgeschlossen sein, als Sätze der Sprache zu zählen. Von einem philosophischen Standpunkt jedoch benötigen wir weniger eine brauchbare und anscheinend widerspruchsfreie formale Theorie als vielmehr ein informelles Verständnis der Quelle jener Paradoxien und eine Rechtfertigung für alle Einschränkungen, denen intuitiv annehmbare Prinzipien wie KE unterworfen werden sollten.

5.2   Der Lügner

Der Stoff in diesem Abschnitt ist gefährlich. (Erinnern Sie sich an das in der Einleitung erwähnte Schicksal von Philetas.)

Eine relativ späte Version der Lügnerparadoxie erscheint im Brief des Apostel Paulus an Titus (Tit. 1,12 f.).[4] Jene Version beinhaltet den Begriff der Lüge, und Lügen beinhaltet eine Absicht zu täuschen. Dieser Zug ist für die Paradoxie irrelevant. Wenn wir solche irrelevanten Dinge beseitigen, erhalten wir so etwas wie:

Was ich jetzt sage ist falsch.

Die einfachste Version von allen, welche den Ausgangspunkt unserer Diskussion bilden wird, ist:

L_1. L_1 ist falsch.

Hier haben wir einen L_1 genannten Satz, der von sich selbst sagt, daß er falsch ist. Angenommen, er ist wahr, dann ist er so wie er sagt, daß er ist: falsch. Also ist er falsch. Nehmen wir jedoch an, er sei falsch. Nun, *falsch* ist genau das, was er sagt, daß er ist, und ein Satz, der sagt, wie es ist, ist wahr. Also ist er wahr. Zusammengefaßt: Wenn L_1 wahr ist, ist er falsch, und wenn er falsch ist, ist er wahr.

---

4 Es ist nicht klar, daß der Apostel zusätzlich zu den moralischen Problemen noch irgendwelche logischen sieht. Der betreffende Text lautet wie folgt:

  12. Es hat einer von ihnen gesagt, ihr eigener Prophet: Die Kreter sind immer Lügner, böse Tiere und faule Bäuche.

  13. Dieses Zeugnis ist wahr. Aus diesem Grund weise sie scharf zurecht, damit sie gesund werden im Glauben.

  Frage: Die Version des Paulus hängt von der Annahme ab, daß alle anderen Kreter Lügner sind. Konstruieren Sie ein explizites Argument für den Widerspruch (eventuell dem nachgebildet, was unten für L_1 gegeben ist), welches diese Abhängigkeit klarmacht.

Ist das paradox? Vielleicht hört es sich so an, aber untersuchen wir es genauer. Wir haben zwei konditionale Aussagen:

(a) Wenn L_1 wahr ist, dann ist er falsch.
(b) Wenn L_1 falsch ist, dann ist er wahr.

Wir setzen voraus, daß alles, was falsch ist, nicht wahr ist und alles, was wahr ist, nicht falsch; also erzeugen (a) und (b):

(a′) Wenn L_1 wahr ist, dann ist er nicht wahr.
(b′) Wenn L_1 falsch ist, dann ist er nicht falsch.

Es gibt ein Folgerungsprinzip, das die Alten *consequentia mirabilis* nannten.[5] Das Prinzip ist, wenn etwas seine eigene Negation impliziert, dann können wir auf diese Negation schließen. Sowohl (a′) als auch (b′) bieten Zugang zu dem Prinzip. Ersteres versichert, »L_1 ist wahr« impliziere seine eigene Negation, also sagt uns das Prinzip, wir können schließen, daß L_1 nicht wahr ist. Das zweite ermöglicht uns, in genau paralleler Weise zu schließen, daß L_1 nicht falsch ist. Fassen wir das wie folgt zusammen:

G 1. L_1 ist weder wahr noch falsch.

Ist *das* paradox? Nicht solange nicht ein *Prinzip der Zweiwertigkeit* oder Bivalenz wahr ist; ein Prinzip, was grob gesprochen sagt, jeder Satz sei entweder wahr oder falsch. Anderenfalls können wir G 1 einfach *akzeptieren*: Wir sagen einfach, daß L_1 in eine *Lücke* zwischen Wahrheit und Falschheit fällt. Das ist ein Beispiel für eine »Lücken-Auffassung« der Lügnerparadoxie.

Ist irgendein Prinzip der Zweiwertigkeit wahr? Jene Version im obigen Absatz ist zweifellos nicht wahr. Fragen werden in Sätzen ausgedrückt, aber keine Frage ist entweder wahr oder

---

5 In einer vertrauten Notation drückt das Prinzip die wahrheitsfunktionale Gültigkeit der folgenden Sequenz aus:

$$A \rightarrow \neg A \vdash \neg A.$$

falsch. Nun, angenommen, wir schränken das Prinzip auf Aussagesätze im Indikativ ein. Dennoch gibt es Gegenbeispiele. Man betrachte dieses:

Sie haben aufgehört, Ihre Frau zu schlagen.

Wenn Sie Ihre Frau nie geschlagen haben, dann ist der Satz sicherlich nicht wahr; aber zu sagen, er sei falsch, gibt zu verstehen, daß Sie sie nach wie vor schlagen. Man betrachte ferner den Fall, in dem jemand sagt:

Der Elefant greift gleich an

während kein Elefant in der Nähe ist. Wir können den Satz sicherlich nicht als wahr betrachten; aber können wir ihn als falsch ansehen? Wenn wir das täten, sollte der folgende Satz dann wahr sein?

Der Elefant greift *nicht* gleich an.

Wenn es jedoch keinen Elefanten gibt, dann ist das ein ebenso schwacher Kandidat für Wahrheit wie der vorige.[6]

---

6 Die Theorie der Wahrheitsgrade (siehe Abschnitt 2.3) ist natürlich eine Abweichung von der Zweiwertigkeit, wenn auch keine, die irgendeine Bedeutung für die gegenwärtige Diskussion hat. Eine Lücke zwischen den Werten ist nicht dasselbe wie ein dazwischenliegender Wert.

Die hier vorgestellten Argumente über Zweiwertigkeit sind extrem skizzenhaft und werden der Komplexität der Angelegenheit nicht gerecht. In vielen neueren Arbeiten soll der Begriff der Proposition (oder des Gedankens) drei verschiedene Rollen spielen: (a) das, dem Wahrheit und Falschheit angemessenerweise zugesprochen werden; (b) die Bedeutung von Sätzen; (c) der Inhalt von »propositionalen Haltungen« wie Glauben und Wissen. Die erste Rolle mag einen in Richtung Zweiwertigkeit für Propositionen drängen, die zweite mag in die entgegengesetzte Richtung ziehen. Es ist fraglich, ob eine einzelne Entität alle drei Rollen spielen kann. Die Angelegenheit ist zu komplex, um sie hier zu diskutieren, auch wenn sie für die Paradoxien von Relevanz ist; siehe Burge (1984), besonders S. 10 ff.

Das Zweiwertigkeitsprinzip will dem intuitiven Glauben Ausdruck verleihen, daß jede nicht-mangelhafte Darstellung dessen, wie sich die Dinge in der Welt verhalten, entweder richtig oder unrichtig sein muß – wahr oder falsch. Es gibt jedoch diverse Möglichkeiten, wie es sein kann, daß etwas, das vorgibt, eine Darstellung zu sein, nicht darstellen mag – wofür der Fall des fehlenden Elefanten ein Beispiel liefert. Unter diese Kategorie läßt der Vertreter der Lücken-Auffassung L_1 fallen. Was aber gebraucht wird, ist ein detaillierteres Verständnis der Bedingungen, unter denen eine vorgebliche Darstellung mangelhaft ist.

Folgendes könnte den Beginn zu einem Teil einer solchen Auffassung bilden: Man stelle sich jemanden vor, der gut Deutsch versteht, aber nicht das Wort »wahr«. Man könnte versuchen, ihm den Begriff der Wahrheit zu erklären, indem man die folgende Anweisung verwendet:

Sie sollten einen Satz wahr nennen, gdw Sie gewillt wären, ihn auszusagen.

(»gdw« ist die Abkürzung für »genau dann, wenn«.) Der Lernende könnte diese Erklärung dazu gebrauchen, um zum Beispiel auf »Schnee ist weiß« zu erwidern »Wahr!« und auf »Gras ist rot« »Nicht wahr!«. Er könnte jedoch die Erläuterung zunächst nicht dazu verwenden, herauszufinden, wie er auf einen Satz wie diesen antworten soll:

1. »Schnee ist weiß« ist wahr.

Solange er »wahr« nicht verstanden hat, kann er nicht wissen, was es bedeuten würde, gewillt zu sein, diesen Satz für eine Aussage zu verwenden. In einem späteren Stadium, wenn ihm bewußt wird, daß er auf »Schnee ist weiß« mit »Wahr« antworten soll, wird er verstehen, daß er (1) zustimmen sollte und also verstehen, daß (1) selbst etwas ist, worauf das Wort »wahr« zutrifft. Man stelle sich jemanden vor, der eine Leiter hochsteigt: An der Basis sind Sätze, die nicht das Wort »wahr« enthalten. Er kann lernen, das Wort auf sie anzuwenden. Während er das tut, kann er verstehen lernen, wie man das Wort auf Sätze wie (1) von der nächsten Sprosse darüber anwendet, auf Sätze, die »wahr« von Sätzen der Basis aussagen. Er kann sich die Leiter unendlich weit hinaufarbeiten. Wenn *S* ein Satz ist, der »wahr« nicht enthält, dann kann er diesen Prozeß anwenden, um jeden Satz der Form

... »*S* ist wahr« ... ist wahr

zu verstehen, wo die zweite Auslassung für jede Anzahl weiterer Vorkommnisse von »ist wahr« steht.[7]

Zu lernen, wie man den Begriff der Wahrheit anwendet, erfordert, daß es Sätze gibt, die nicht selbst diesen Begriff enthalten: die *Basis*sätze. Diese Lernsituation spiegelt die mutmaßliche metaphysische Tatsache wider, daß *Wahrheit von etwas außerhalb von sich selbst abhängt*. Der Vertreter der Lücken-Auffassung könnte sagen, daß Sätze, die Wahrheit zuschreiben, selbst nur dann wahr oder falsch, d. h. nicht-mangelhafte Darstellungen sein werden, wenn sie diese Tatsache respektieren. Ich werde versuchen, das zu erklären.

Ob »Schnee ist weiß« wahr ist oder nicht, hängt davon ab, ob Schnee weiß ist oder nicht. In diesem einfachen Fall hängt also, ob etwas wahr ist oder nicht, von einer Tatsache ab, die ohne Einbeziehung des Begriffes der Wahrheit ausgedrückt werden kann: ob Schnee weiß ist oder nicht. Dies ist ein Beispiel dafür, was ich damit meine, daß Wahrheit von etwas außerhalb von sich selbst abhängt. In komplexeren Fällen ist die Abhängigkeit weniger direkt. Fassen wir zum Beispiel (1) wieder ins Auge. Ob (1) wahr ist, hängt davon ab, ob »Schnee ist weiß« wahr ist oder nicht. Dies wiederum hängt davon ab, ob Schnee weiß ist. Ob (1) wahr ist oder nicht, hängt also mit einem Zwischenschritt davon ab, ob Schnee

---

7 Die erste Auslassung zeigt an, wo eine angemessene Anzahl von öffnenden Anführungszeichen eingefügt werden sollte.

weiß ist. Am Ende kommen wir zu einer Frage zurück, die Wahrheit nicht mit enthält. In diesem Gedankengang gehen wir die Leiter abwärts zur Basis; in der Betrachtung des Lernens gingen wir aufwärts von der Basis aus – die gleiche Leiter, verschiedene Richtung.

Wenn man eine Wahrheit negiert, bekommt man eine Falschheit.[8] Das ruft eine ähnliche Struktur hervor: Falsch zu sein hieße für »Gras ist grün«, daß »Gras ist nicht grün« wahr ist, was wiederum bedeuten würde, daß Gras nicht grün ist. Ebenso hieße für »›Gras ist grün‹ ist falsch« falsch zu sein, daß »›Gras ist grün‹ ist nicht falsch« wahr ist, was heißt, »Gras ist grün« wäre nicht falsch, was heißt, Gras wäre grün.[9] Ebenso wie Wahrheit braucht Falschheit Bodenkontakt – mit Tatsachen, die Wahrheit und Falschheit nicht enthalten.

Um diesen Vorschlag zu bekräftigen, betrachte man folgende Reihe von Sätzen:

2. (1) ist wahr.
3. (2) ist wahr.
4. (3) ist wahr.
    . . .

Macht diese Reihe irgendeinen Sinn für uns? Alles hängt davon ab, was (1) ist. Ist es zum Beispiel »Schnee ist weiß«, dann gibt es kein Problem: Wir erreichen die Basis. Wir würden diese jedoch nie erreichen, wenn (1) zum Beispiel

---

8 Für diese Diskussion tue ich so – genaugenommen inkorrekterweise –, als ob Negation symmetrisch wäre, so daß nicht nur

Gras ist nicht grün

die Negation von

Gras ist grün

ist, sondern auch letzteres eine Negation von ersterem.

9 Dies ist eine allzu große Vereinfachung: Ein Satz mag nicht falsch sein, ohne daß seine Negation wahr ist. Das ist genau das, was von »unfundierten« Sätzen wie L_1 behauptet wird.

1. (4) ist wahr

wäre. Hier geht die Wahrheit im Kreise, ohne je den Boden zu berühren. In diesem Fall müssen wir sagen, daß keiner der Sätze wahr ist und auch keiner falsch – aus demselben Grund.[10]

Diese Denkweise liefert eine allgemeine Erklärung dafür, G 1 zu akzeptieren; die Ansicht, daß L_1 weder wahr noch falsch ist. Er ist weder wahr noch falsch, weil es kein Erreichen der Basis gibt. Man kommt nicht zu einer Tatsache, die Wahrheit nicht enthält, und von der die Wahrheit oder Falschheit von L_1 abhängen könnte. Wir kommen immer zu L_1 zurück, was kein Basissatz ist. Zusammenfassend: Das Problem an L_1 ist, er ist *unfundiert*.

Dieselbe Auffassung paßt auch gut auf

$\mathbf{W_1}$. W_1 ist wahr.

Hier haben wir einen Satz, der von sich selbst sagt, daß er wahr ist. Er ist nicht paradox: Die Annahme, er sei wahr, führt nicht zu dem Schluß, daß er falsch ist. Die Annahme, er sei falsch, führt nicht zu dem Schluß, daß er wahr ist. Dennoch scheint intuitiv etwas faul an W_1, dieselbe Sache, die auch an L_1 faul ist. Die soeben gegebene Auffassung benennt das Problem: W_1 ist unfundiert. Ebenso wie L_1 hat er keinen Kontakt mit einer nicht Wahrheit enthaltenden Basis, daher sind beide Sätze weder wahr noch falsch.

Die vorgeschlagene Erwiderung sieht sich einem Problem gegenüber, das als der Verstärkte Lügner bekannt ist. Man betrachte den Satz:

$\mathbf{L_2}$. L_2 ist nicht wahr.

Das ist noch unmittelbarer paradox als L_1. Angenommen, L_2 ist wahr. Dann ist er, wie er sagt, daß er ist, nämlich nicht wahr. Also ist er nicht wahr. Nehmen wir jedoch an, er sei

---

10 Die Diskussion stammt aus Kripke (1975).

nicht wahr. Nun, *nicht wahr* ist genau das, was er sagt, daß er ist, und ein Satz, der sagt, wie es ist, ist wahr, also ist er wahr. Zusammengefaßt: Wenn L_1 wahr ist, dann ist er nicht wahr; wenn er nicht wahr ist, dann ist er wahr.[11]

Hier haben wir scheinbar einen echten Widerspruch. Aus zwei Gründen scheint es keine Möglichkeit zu geben,

G 2. L_2 ist weder wahr noch nicht wahr

nach der Art und Weise von G 1 zu akzeptieren. Erstens scheint das ein Widerspruch zu sein: Gewöhnliches Schließen würde uns gestatten, aus G 2 zu folgern, daß L_2 sowohl wahr als auch nicht wahr ist.[12] Zweitens impliziert G 2 recht direkt, daß L_2 nicht wahr ist (denn alles, was weder ϕ noch ψ ist, ist sicherlich nicht ϕ), und das führt uns zu dem ursprünglichen Problem zurück: Wenn er nicht wahr ist, dann ist er wahr.

Ich werde später zeigen, wie ein Gedanke nach Art und Weise von G 2 neu belebt werden kann. Zunächst werde ich jedoch eine andere Erwiderung auf L_1 und L_2 vorstellen. Es ist die Wahrheitsauffassung von der »Hierarchie der Ebenen«. Sie erscheint in diversen Formen und stammt von Tarski[13].

Um zwei oberflächlich unannehmbare Schlüsse aus L_1 und L_2 abzuleiten, verließen wir uns auf zwei Prinzipien:

---

11 **Frage*:** Zeigen Sie unter plausiblen Annahmen, daß man aus L_1 einen echten Widerspruch ableiten kann, nämlich daß L_1 falsch und auch nicht falsch ist. Welche Annahmen benötigt Ihr Argument?

12 Dieser Schluß beruht auf der Äquivalenz von

weder P noch Q

mit

sowohl nicht-P als auch nicht-Q.

13 Welcher betont, daß er in seinen Auffassungen Stanisław Lesniewski folgt. Siehe Tarski (1935), S. 8, Fußnote 3.

> Wenn ein Satz wahr ist, dann sind die Dinge so, wie er sagt, daß sie sind.

und

> Wenn die Dinge so sind, wie ein Satz sagt, daß sie sind, dann ist der Satz wahr.

Tarski betonte diesen Zug der Wahrheit, den er auf eine recht formale Weise ausgedrückt hat. Wir verwenden σ für den Namen eines Satzes und p für einen Satz. Tarski behauptete, wir müßten dann für jede akzeptable Sprache jede Instanz von

W. σ ist wahr, gdw p

akzeptieren, vorausgesetzt, der von σ benannte Satz bedeutet das gleiche wie jener Satz, der p ersetzt.[14] Im Grenzfall kann dies derselbe Satz sein; also ist

> »Schnee ist weiß« ist wahr, gdw Schnee weiß ist

eine Instanz von W (»»Schnee ist weiß«« für σ gesetzt und »Schnee weiß ist« für p).

Instanzen von W mögen äußerst platt erscheinen, aber der Verstärkte Lügner zeigt, ganz im Gegenteil, daß es widersprüchliche Instanzen von W gibt. Indem wir »L_2« für σ setzen und »L_2 ist nicht wahr« für p, bekommen wir:

> *L_2 ist wahr, gdw L_2 nicht wahr ist.

Dies ist eine Möglichkeit, das vom Lügner aufgeworfene Problem darzustellen. Tarskis Erwiderung lautet, daß der gewöhnliche Wahrheitsbegriff, jener, den wir jeden Tag verwenden, inkohärent ist und verworfen werden muß. Tarski zufolge muß er durch eine Reihe von Wahrheitsbegriffen in hierarchischer Ordnung ersetzt werden, die jeweils in einer nicht-natürlichen Sprache ausgedrückt werden (d. h. in einer

---

14 Tarski (1935), S. 45 f. Siehe auch die Literaturhinweise am Ende dieses Kapitels.

Sprache, die nicht natürlich entstanden ist). Das ist die berühmte »Tarski-Hierarchie«.

Angenommen, eine gewisse Sprache Σ_0 enthält ein Prädikat W_1, das auf alle und nur die wahren Sätze von Σ_0 zutrifft. Angenommen, Σ_0 enthält auch einen Satz σ, der von sich selbst sagt, daß er nicht W_1 ist. Dann haben wir eine Version des Lügners: Wenn W_1 auf σ zutrifft, dann ist σ wahr – in welchem Fall W_1 in Anbetracht dessen, was er sagt, nicht auf ihn zutrifft. Wenn aber W_1 nicht auf ihn zutrifft, dann ist er wahr, da es das ist, was er sagt, und also trifft W_1 auf ihn zu. Tarski nahm den Widerspruch als Widerlegung der Annahme, daß σ zu Σ_0 gehört. Es wäre der natürliche weitere Schluß, daß W_1 kein Ausdruck von Σ_0 ist. Also gehört kein Satz zu Σ_0, wenn er W_1 enthält.[15] Das blockiert eindeutig die Paradoxie.

Wir können eine Sprache erweitern, indem wir neue Ausdrücke hinzufügen. Insbesondere könnten wir Σ_0 erweitern, indem wir W_1 hinzufügen. Wir könnten die neu gebildete Sprache Σ_1 nennen, und σ würde zu Σ_1 gehören. Dennoch gäbe es nach wie vor keine Paradoxie: Da σ nicht zu Σ_0 gehört und da W_1 nur für Sätze aus Σ_0 definiert ist, steht es außer Frage, W_1 auf σ anzuwenden.

Das heißt nicht, daß es kein Prädikat gäbe, was auf eben die

---

15 Eine sorgfältige Darstellung von Tarskis genauen Prämissen, gemeinsam mit einem Einwand gegen die ganze Allgemeinheit des Schlusses, den Tarski gezogen hat, gibt Gupta (1982), Abschnitt II.

Tarski akzeptiert jede Instanz von W für jedes einzelne Wahrheitsprädikat in der Hierarchie. Die Tatsache, daß W eine inkonsistente Instanz hat, wenn Instanzen aus jeder grammatisch akzeptablen Konstruktion des Deutschen – insbesondere L_2 – gebildet werden können, soll zeigen, daß Deutsch keine kohärente Sprache ist. Die Ersetzung des einzelnen deutschen Prädikates »wahr« durch eine Hierarchie von Wahrheitsprädikaten beinhaltete in Tarskis Augen auch, Deutsch (im üblichen Sinne) zu verabschieden.

Sätze von Σ_1 zutrifft. Es gibt eines: Nennen wir es W_2. Aus inzwischen bekannten Gründen jedoch kann es nicht zu Σ_1 gehören.[16] Allgemein kann ein Prädikat W_n nicht zu einer Sprache Σ_{n-1} gehören, sondern nur zu einer Sprache von mindestens Ebene n.

Tarskis Hierarchie ist als Erwiderung auf den Lügner radikal. Sie beinhaltet die Behauptung, daß unser gegenwärtiger Begriff von Wahrheit inkohärent ist: Wir müssen ihn durch eine Familie von Begriffen ersetzen, die jeweils in der soeben beschriebenen Weise an eine Ebene in der Hierarchie gebunden sind. Viele haben nach etwas weniger Radikalem gesucht, nach einer Lösung, die mehr von unserem gewöhnlichen Sprechen und Denken erhält.

Eine solche weniger radikale Erwiderung verwendet einen Begriff von Hierarchie im Sinne Tarskis, behauptet aber, dieser sei bereits in unserem tatsächlichen Gebrauch von »wahr« enthalten. Anders als Tarskis Auffassung, welche meinte, die gewöhnliche Sprache sei unheilbar mangelhaft, behauptet diese Alternative, die Mängel seien bloßer Schein: Die darunterliegende Wirklichkeit sei, daß wir bereits eine Hierarchie von Wahrheitsbegriffen à la Tarski verwenden.

Eine wesentliche Schwierigkeit bei diesem Vorschlag besteht darin, daß nichts in unserem Sprachgebrauch die angemessene Empfindlichkeit für Tarskische im voraus festgelegte Ebenen wiederzugeben scheint. Angenommen, ich sage zum Beispiel:

> Was Sie soeben gesagt haben ist nicht wahr.

Auf den ersten Blick könnte jeder, mich eingeschlossen, recht gut wissen, was ich gesagt habe, ohne zu wissen, was Sie gesagt haben. (Stellen Sie sich ein Spiel analog zu Stein – Schere – Licht vor: Ich muß raten, ob das, was Sie gerade

---

16 **Frage:** Wie führt die Annahme, daß W_2 zu Σ_1 gehört, zu einer Paradoxie?

aufgeschrieben haben, wahr oder falsch ist.) Einer hierarchischen Ansicht zufolge, nach der Ebenen im voraus festgelegt sind, bestimmt irgend etwas in meinem Gebrauch des Satzes eine Verknüpfung von »wahr« mit einer Ebene. Die normale (Grund-)Ebene wäre wohl 1. Wenn Sie »Schnee ist weiß« gesagt haben, gibt es kein Problem; angenommen aber, Sie haben gesagt: »Was M. S. sagen wird ist wahr.« Nach der gegenwärtigen Theorie verlangt die Verständlichkeit meiner Äußerung, daß sich mein »wahr« auf einer höheren Ebene befindet als Ihres. Wenn aber meine Äußerung verständlich ist, ohne zu wissen, was Sie gesagt haben, dann muß Ihre Wahrheitsebene unabhängig vom Inhalt dessen festgelegt werden, was Sie gesagt haben. Das heißt, daß der Versuch extrem unplausibel ist, diese Art der Hierarchie-Antwort auf natürliche Sprache anzuwenden.

Machen wir einen Rückblick auf die bisherigen Erwiderungen. Wir erwähnten die *Lücken-Erwiderung*, welche vertritt, daß L_1 weder wahr noch falsch ist. Sie hat gewisse Schwierigkeiten, mit L_2 zurechtzukommen. Wir haben Tarskis Version der *Hierarchie-Erwiderung*, welche unplausibel ist, weil sie beinhaltet, unseren gewöhnlichen Wahrheitsbegriff über Bord zu werfen. Schließlich haben wir eine andere Version der Hierarchie-Erwiderung, welche in unserer gewöhnlichen Sprache eine Hierarchie à la Tarski vorzufinden meint, aber unplausibel ist, weil es in der Sprache keine Anhaltspunkte für eine solche Hierarchie gibt. Welche anderen *Arten* von Erwiderungen gibt es?

Unter der Annahme, daß wir Widersprüche nicht akzeptieren können, bleibt meines Wissens nur noch eine Art übrig. Jene, die ich die *syntaktische Erwiderung* nennen werde. Eine spezielle und verbreitete Version dieser Antwort beruht auf dem selbstbezüglichen Charakter von L_1 und L_2: Jeder von beiden sagt etwas über sich selbst. Man könnte vertreten, daß solche Selbstbezüglichkeit unverständlich ist. Die von ihr befallenen Sätze haben keine wörtliche Bedeutung und können daher genaugenommen nicht in einem Argument

vorkommen; also können sie nicht zu der paradoxen Schlußfolgerung führen.

Das Wesen dieser Erwiderung besteht darin, daß man einfach
durch die Untersuchung des Aufbaus gewisser Sätze, insbesondere von L_1 und L_2 (durch Untersuchung ihrer Syntax),
sagen kann, daß sie unverständlich sind. Das Problem ist, daß
es andere Versionen von der im wesentlichen selben Paradoxie gibt, bei denen klar ist, daß dieser Einwand nicht gemacht
werden kann. Man stelle sich die folgende Situation vor:

A (Von α am Montag gesagt:) Alles, was β am Dienstag
   sagen wird, ist wahr.

B (Von β am Dienstag gesagt:) Nichts von dem, was α am
   Montag gesagt hat, ist wahr.

C (Von γ am Dienstag gesagt:) Nichts von dem, was α am
   Montag gesagt hat, ist wahr.

Wenn α und β nichts anderes als (A) bzw. (B) am Montag
bzw. Dienstag gesagt haben, dann haben wir eine Paradoxie
im wesentlichen von der Art des Lügners. Angenommen, (B)
ist wahr; dann ist (A) nicht wahr und β wird am Dienstag
nichts Wahres sagen. Da β nur (B) sagt, ist (B) nicht wahr.
Wenn (B) also wahr ist, dann ist es nicht wahr. Angenommen, (B) ist nicht wahr; dann hat α am Montag etwas Wahres
gesagt. Da α nur (A) gesagt hat, ist (A) wahr, d. h., alles, was
β am Dienstag sagen wird, ist wahr. Das schließt (B) ein, folglich ist (B) wahr. Wenn (B) also wahr ist, dann ist es nicht
wahr.

Der Grund für die Thematisierung dieses Punktes ist folgender: Die syntaktische Erwiderung muß sagen, daß entweder
(A) unverständlich ist oder (B) oder beide. Das jedoch ist
extrem unplausibel. Es gibt keinen syntaktischen Unterschied zwischen (B) und (C), und dennoch führt (C) unter
denselben Umständen zu keiner Paradoxie. Des weiteren:
Wenn β (B) nicht geäußert hätte, dann wäre (C) unproblematisch wahr oder falsch gewesen. Was β sagt, kann die *Syntax*
von (C) nicht beeinflussen, also ist es unplausibel, nahezu-

legen, daß an der Syntax von (C) irgend etwas falsch wäre. Also ist es unplausibel, zu sagen, an der Syntax von (B) sei irgend etwas falsch.

Ebenso unplausibel ist es, zu sagen, daß an der Syntax von (A) etwas falsch wäre, da es unter anderen Umständen (in welchen etwa β nicht (B) geäußert hätte) überhaupt keine Probleme aufgeworfen und zu keiner Paradoxie geführt hätte, sowie wahr oder falsch gewesen wäre, je nachdem.

Also ist die syntaktische Erwiderung allgemein wenig vielversprechend, weil die Paradoxie unter entsprechenden Umständen einen Satz befallen kann, der einen völlig unparadoxen Gebrauch hat. Das Verstehen eines Satzes verlangt von uns kein umfassendes Wissen über die Umstände, um zu bestimmen, ob er in dieser Verwendung paradox ist oder nicht.

Die spezielle Version der syntaktischen Erwiderung, welche Selbstbezüglichkeit verantwortlich macht, ist aus zwei zusätzlichen Gründen noch weniger aussichtsreich. Erstens wird Selbstbezüglichkeit in allgemein akzeptierten Theoremen der Mathematik und Logik verwendet – zum Beispiel in Gödels Unvollständigkeitssatz. Zweitens kann der Kern der Paradoxie ohne Selbstbezüglichkeit erhalten werden, wie wir bereits bei α, β und γ gesehen hatten. Es gibt einfachere Versionen des Lügners ohne Selbstbezüglichkeit – zum Beispiel das Stück Papier, auf dessen einer Seite bloß der Satz »Was auf der anderen Seite dieses Papiers steht, ist wahr« geschrieben steht und »Was auf der anderen Seite dieses Papiers steht, ist falsch« auf der Rückseite.

Ich wende mich jetzt wieder der Lücken-Erwiderung zu, von der ich gesagt hatte, daß sie Schwierigkeiten mit L_2 habe. Nähern wir uns nun einer Art und Weise, sich dem Problem zu widmen, die eine ganz andere Anwendung der Idee einer Lücke ins Auge faßt.

Manche Leute vertreten die Ansicht, daß einige Prädikate einen beschränkten Sinnesbereich haben. Man könnte zum Beispiel behaupten, daß ein Prädikat wie »hungrig« nur auf lebendige Objekte sinnvoll angewendet werden kann. Wenn Hugo lebendig ist, dann wird entweder das Zusprechen des Prädikates »hungrig« oder das Absprechen des Prädikates einen wahren Satz ergeben: Das Zusprechen wird wahr sein, wenn Hugo hungrig ist, das Absprechen, wenn er es nicht ist. In bezug auf ein unbelebtes Objekt jedoch (z. B. diese Seite), so führt die Lehre weiter aus, ist weder das Zusprechen noch das Absprechen wahr. Das Zusprechen ist offensichtlich nicht wahr. Die Behauptung besteht darin, daß auch das Absprechen nicht wahr ist. Wäre es wahr, dann könnte das nur deshalb sein, weil diese Seite zum Beispiel vor kurzem erst gegessen hat, was offensichtlich nicht der Fall ist. Die Ansicht ist also, daß »hungrig« sinnvollerweise nur auf belebte Objekte angewandt wird: Wenn man es irgend etwas anderem zu- oder abspricht, erhält man einen Satz, der nicht wahr ist. Andere Beispiele dieser Lehre wären die Beschränkung von Farb- und Formprädikaten auf ausgedehnte Objekte (so daß z. B. »dreieckig« nicht sinnvoll auf irgendeine Zahl angewandt wird), die Beschränkung von Prädikaten über geistige Zustände auf denkende Gegenstände (so daß z. B. »denkt an Wien« nicht sinnvoll auf einen Stein angewandt wird) und die Beschränkung arithmetischer Prädikate auf arithmetische Objekte (so daß z. B. »ist durch 2 teilbar« nicht sinnvoll auf einen Baum angewandt wird).

Es spielt für unsere Zwecke keine Rolle, ob eine dieser speziellen Ansichten richtig ist oder nicht. Was zählt, ist deren Struktur. Der Vertreter der Lücken-Auffassung, so schlage ich vor, wird auf L_2 in einer Weise antworten, die den recht öden Lehren des vorigen Absatzes strukturell ähnlich ist. Nennen wir das G 3:

G 3.   »Wahr« kann L_2 weder richtig zu- noch abgesprochen werden.

Das steht im Gegensatz zu G 2:

G 2. L_2 ist weder wahr noch nicht wahr.

G 2 hatte die unerwünschte unmittelbare Konsequenz, daß L_2 nicht wahr ist, was den paradoxen Gedankengang zu dem Schluß erlaubte, daß er wahr *ist*. G 3 hat das, im Gegensatz dazu, nicht als *unmittelbare* Konsequenz und bietet daher eine vielversprechende Version der Lücken-Auffassung. Natürlich würde eine Verteidigung der Theorie eine Rechtfertigung von G 3 erfordern, was wohl dergestalt geschehen würde, daß man argumentiert, der sinnvolle Bereich von »wahr« sei auf fundierte Sätze beschränkt. Ich werde diesen Aspekt nicht weiter verfolgen, sondern zu der Frage zurückkehren, ob G 3 eine angemessene Erwiderung auf die Paradoxie darstellt (falls es zu rechtfertigen ist).

Wenn wir fragen, was es für »wahr« bedeutet, richtig zuoder abgesprochen werden zu können, droht schon wieder eine Paradoxie. Allgemein gilt, wenn ein Prädikat richtig einem Objekt zugesprochen werden kann, dann folgt daraus die Wahrheit eines Satzes, der aus der Verbindung des Namens des Objekts mit dem Prädikat gebildet wird. (Damit also »hungrig« Hugo richtig zugesprochen werden kann, muß ein Satz wie »Hugo ist hungrig« wahr sein.) Wenn ein Prädikat einem Objekt richtig abgesprochen werden kann, dann folgt daraus die Wahrheit eines Satzes, der aus der Verbindung des Namens des Objekts mit der Negation des Prädikates gebildet wird. (Damit also »hungrig« Hugo richtig abgesprochen werden kann, muß ein Satz wie »Hugo ist nicht hungrig« wahr sein.) Aus G 3 geht hervor, daß »wahr« L_2 nicht richtig abgesprochen werden kann, und also geht daraus hervor, daß ein aus der Kombination eines Namens des Satzes und »nicht wahr« gebildeter Satz nicht wahr ist. Es beinhaltet also:

»L_2 ist nicht wahr« ist nicht wahr.

L_2 ist jedoch der Satz »L_2 ist nicht wahr«, das heißt:

L_2 = »L_2 ist nicht wahr«.

Aus diesen beiden Prämissen sollten wir ableiten können:

L_2 ist nicht wahr

indem wir einfach einen Namen des Satzes durch einen anderen ersetzen. Von hier aus könnten wir mittels nunmehr wohlbekannten Schließens fortfahren, zu zeigen, daß L_2 wahr ist. Mit anderen Worten, G 3 scheint das paradoxe L_2 zu beinhalten, wenn auch nicht so unmittelbar wie G 2. Also bildet es allein keine angemessene Erwiderung auf die Paradoxie.

Im noch verbleibenden Teil dieses Abschnittes werde ich vorschlagen, daß die vielversprechendste Erwiderung einige Elemente aus der Hierarchie-Erwiderung und einige aus der Lücken-Erwiderung kombiniert. Insbesondere werde ich behaupten, daß ein korrektes Verständnis der Lücken-Erwiderung zeigt, wie sie auf die Hinzufügung einer Art von Hierarchie-Erwiderung angewiesen ist. Um den Weg für diese Position zu bereiten, werde ich nun eine Version der Hierarchie-Erwiderung beschreiben, die sich von den bisher betrachteten zwei Versionen deutlich unterscheidet.

Ein gemeinsamer Zug der bisher diskutierten Versionen besteht darin, daß sie sich im voraus festgelegte Ebenen vorstellen. Das ist unplausibel, weil jene Ebene an der Bestimmung beteiligt sein wird, mit welchem Wahrheitsprädikat wir es zu tun haben; also müßte Verständnis des Satzes beinhalten, daß man weiß, um welche Ebene es sich handelt. Es scheint jedoch Beispiele zu geben, in denen wir einen Satz klar verstehen können, ohne zu wissen, welche Ebene betroffen ist. Wenn wir eine Version der Hierarchie-Erwiderung finden könnten, die keine im voraus festgelegten Ebenen enthält, dann würde sie vielleicht eine angemessene Erwiderung bieten, entweder für sich oder in Kombination mit einer Lücken-Auffassung.

Tyler Burge (1979) hat eine Hierarchie-Erwiderung vorgeschlagen, die darauf angelegt ist, die Standardeinwände gegen eine Hierarchie nach Tarski zu umgehen. Burge regt an, »wahr« wirklich als ein einziges Prädikat anzusehen, jedoch als eines, das sich mit Ebenen *indexikalisch* verbindet. Man betrachte das Wort »ich«: In einem gewissen Sinne von

»Bedeutung«, so meinen wir, hat es eine konstante Bedeutung, auch wenn es in verschiedenen Mündern unterschiedliche Referenz hat. Das ist typisch für indexikalische Ausdrücke. Die Idee ist, daß sich »wahr« auf dieselbe Weise abhängig vom Kontext seines Gebrauchs auf verschiedene Ebenen beziehen soll, während es eine konstante Bedeutung hat. Der Wert dieses Punktes besteht darin, daß er einen Weg eröffnet, Ebenen (wenn auch keine Tarskischen) in eine Auffassung der Wahrheit einzubauen und dennoch die Standardeinwände gegen Tarskis Ebenen als eine Theorie unseres gewöhnlichen Wahrheitsbegriffs zu umgehen.[17]

Burge behauptet, daß der Gedankengang, welcher für unser G 3 verhängnisvoll zu sein schien, wie folgt analysiert werden kann:

1. Ein wohlbekannter Gedankengang führt uns zu dem Schluß, daß L_2 wahr ist, genau dann, wenn er nicht wahr ist.

2. Wenn wir geneigt sind, zu sagen: *L_2 ist nicht wahr*, dann nicht, weil es kohärente Bedingungen für Wahrheit gäbe, die L_2 nicht erfüllt, sondern vielmehr um die Tatsache zu erfassen, daß es keine kohärenten Bedingungen für seine Wahrheit gibt.

3. Das führt dann am Ende doch zu dem Schluß, daß *L_2 wahr ist*, da es die Dinge so darstellt, wie sie sind – wie wir im kursiv gedruckten Teil von (2) gesagt hatten, daß sie sind.

Burge empfiehlt, diesen Gedankengang weniger zurückzuweisen als vielmehr zu rechtfertigen. Wir können das tun, indem wir einen indexikalisch ausgelösten Wechsel der Ebene im Schritt von (2) zu (3) sehen. Wenn wir ein tiefge-

---

17 Es muß hier betont werden, daß Tarski seine Ebenen nicht als Theorie unseres gewöhnlichen Wahrheitsbegriffes intendiert hatte, von dem er meinte, er sei inkohärent und daher für Theorien ungeeignet.

stelltes »*i*« als Zeichen der Ebene des Wortes »wahr« verwenden, wie es in (2) auftaucht, dann befinden sich die kursiven Sätze in (2) und (3) in keinem Widerspruch, denn ausgeschrieben lauten sie:

L_2 ist nicht wahr$_i$

und

L_2 ist wahr$_{i+1}$.

Diese beiden sind nicht mehr im Widerspruch zueinander als:

Ich bin hungrig

und

Ich bin nicht hungrig

als Äußerungen verschiedener Leute betrachtet. Ebenso wie die Verträglichkeit des letzteren Satzpaares dadurch gesichert wird, daß »ich« bei jeder der beiden Gelegenheiten eine andere Referenz hat, so wird die Verträglichkeit des ersteren Satzpaares dadurch sichergestellt, daß sich »wahr« jeweils auf eine andere Ebene bezieht: Ebene i bei der ersten, Ebene $i + 1$ bei der zweiten Gelegenheit.

Der Gedankengang von (1) zu (3) kann, wie Burge sagt, folgendermaßen analysiert werden. Im ersten Schritt versuchen wir, »wahr$_i$« auf L_2 anzuwenden, und indem wir das tun, entdecken wir den Widerspruch. Das führt uns in (2) dazu, L_2 dieses Prädikat abzusprechen. Im dritten Schritt schließen wir, daß L_2 auf einer höheren Ebene wahr ist.

Ist diese Auffassung angemessen? Eine Schwierigkeit ergibt sich dadurch, daß Burge das Ergebnis bei (2) so akzeptiert, wie es ist, ohne an irgendwelche Unterschiede bezüglich der Ebenen zu appellieren. Seiner Ansicht nach gebrauchen wir »wahr$_i$« in diesem Schritt dafür, zu sagen, daß es keine von der Bedeutung von L_2 festgelegten Bedingungen gibt, die bestimmen würden, daß L_2 wahr$_i$ ist oder daß es nicht wahr$_i$ ist. Darin liegt, nach Burges Ansicht, der Grund, warum wir uns gezwungen sehen, den paradoxen Satz selbst [kursiv in (2)] zu akzeptieren, auch wenn wir in diesem Schritt verneinen wollen, daß der Satz Wahrheitsbedingungen hat. Während einige Erwiderungen zu zeigen versuchen, daß es in Wirklichkeit keine solche Verpflichtung gibt, sagt Burge, daß das Erscheinungsbild in diesem Falle nicht täuscht: Wir müssen wirklich alles in (2) akzeptieren.

Vergleichen wir nun die Position von Burge mit derjenigen Alternative, welche die scheinbare Akzeptanz von L_2 in (2) zurückweist. Ich werde zunächst zwei Fragen behandeln, die ein Vertreter dieser Position an Burge richten könnte, dann werde ich ein Beispiel der Position selbst ins Spiel bringen.

Burges Akzeptanz der Äußerung von L_2 in Schritt (2), verstanden als auf derselben Wahrheitsebene wie seine Äußerung in Schritt (1), wirft zwei Fragen auf:

1. Was blockiert den wohlbekannten Gedankengang von der Behauptung von L_2 in Schritt (2) zu dem widersprüchlichen Schluß, daß L_2 wahr ist?

2. Vorausgesetzt, daß L_2 keine Wahrheitsbedingungen$_i$ hat, wie kann es dann richtig sein, es zu behaupten?

Die Antwort auf die erste Frage lautet, der Gedankengang in Schritt (1) hat bereits gezeigt, daß eine Prämisse, die gebraucht würde, um nach »L_2 ist wahr$_i$« zu gelangen, nicht verfügbar ist. Informell könnten wir versuchen, wie folgt zu argumentieren: Wenn wir L_2 *ist nicht wahr$_i$* behaupten, dann sagt L_2, wie es ist, und also: L_2 *ist wahr$_i$*. Die Brücke zwischen den kursiven Sätzen wird angeblich von einer zu Ebenen relativen Instanz von W bereitgestellt:

σ ist wahr$_i$ gdw p.

Wir setzen »L_2« für σ und »L_2 ist nicht wahr$_i$« für p:

L_2 ist wahr$_i$ gdw L_2 ist nicht wahr$_i$.

Die Idee wäre, daß wir unsere Behauptung der rechten Seite des Bikonditionals in Schritt (2) dazu verwenden, die linke

Seite abzuleiten. Der obige Gedankengang jedoch hatte gezeigt, daß L_2 keine kohärenten Wahrheitsbedingungen$_i$ hat: Die betreffende Instanz von W ist widersprüchlich. Also ist der Schluß auf »L_2 ist wahr$_i$« nicht gültig.

Der Gedankengang im ersten Schritt hatte explizit oder implizit eine andere Struktur: die einer *reductio ad absurdum* der Annahme, daß L_2 kohärente Wahrheitsbedingungen$_i$ hat. Der im zweiten Schritt drohende Gedankengang versucht ein Element des ersten Schrittes aus dem Kontext zu reißen. Im ersten Schritt war L_2 *ist nicht wahr$_i$* eine in der *reductio* benutzte Annahme, während es im zweiten Schritt unbedingt verfügbar ist. Was die Paradoxie vermeidet, ist die Tatsache, daß andere Elemente, die im ersten Schritt den Status von Annahmen hatten, im zweiten Schritt nicht unbedingt zur Verfügung stehen. Tatsächlich hat die betreffende Annahme bis dahin den Status einer widerlegten Hypothese.

Ich wende mich nun der zweiten Frage zu. Wenn Ebenen nicht in Frage stehen, dann ist die naheliegende Verbindung von Akzeptanz und Wahrheit einfach: Man sollte das akzeptieren, was wahr ist. Der direkteste Weg, dies auf indexikalische Ebenen auszuweiten, würde eine einzige kontextuell bestimmte Ebene beinhalten sowie eine Regel des Inhalts, daß man akzeptieren sollte, was wahr$_k$ ist – wobei k jene kontextuell bestimmte Ebene der Wahrheit darstellt, die gegenwärtig in Kraft ist. Diese einfache Regel jedoch würde die Ebene i in Verbindung mit der Äußerung von L_2 in Schritt (2) als die in Kraft befindliche Ebene identifizieren, da dies die in der Behauptung enthaltene Ebene der Wahrheit ist. Dieser Regel zufolge wäre es *nicht* richtig, L_2 zu akzeptieren, da er nicht wahr$_i$ ist. Benötigt wird eine zweifache indexikalische Bestimmung der Ebene: eine Bestimmung der Ebene, die für *Interpretation* relevant ist (in Schritt (2) nach wie vor auf Ebene i), und eine Bestimmung der Ebene, die für *Bewertung* relevant ist (muß in Schritt (2) $i + 1$ sein). Die Verbindung zwischen Akzeptanz und Wahrheit besteht darin, daß man akzeptieren sollte, was wahr$_k$ ist – wobei k jene kontextuell bestimmte Ebene der *Bewertung* darstellt, die gegenwärtig in Kraft ist. Also sollte man L_2 akzeptieren, wenn in Schritt (2) geäußert, jedoch nicht, wenn in Schritt (1) geäußert. Es scheint mir eine offene Frage zu sein, ob eine gerechtfertigte Theorie dieser zweifachen Bestimmung gegeben werden kann[18], und es ist daher der Mühe wert, eine andere Ansicht zu erkunden: Eine, der zufolge die Äußerung in Schritt (2) nur kraft der Benutzung einer höheren Wahrheitsebene in ihrer *Interpretation* als akzeptabel betrachtet wird.

Den wesentlichen Punkt eines Vorschlages in dieser Richtung anzugeben ist sehr einfach. Man kann keine Lücken (der fraglichen Art) spezifizieren, ohne eine Hierarchie von Ebenen einzuführen. Wenn das wahr ist, dann würde sich die Erwiderung auf die Lügnerparadoxie mittels Lücken plus Hierarchie von Ebenen sehr zufriedenstellend begründen.

Gehen wir zu den öden Beispielen von Lücken-Theorien zurück wie jener, die sagt, »hungrig« sei nur auf lebendige Objekte sinnvoll anwendbar. Dies beinhaltet zum Beispiel:

H. »Dieses Stück Papier ist hungrig« ist nicht wahr, und »Dieses Stück Papier ist nicht hungrig« ist nicht wahr.

Die zitierten Sätze sind nicht unverständlich oder unsinnig, sondern es ist lediglich keiner von ihnen wahr.[19] Wir können

---

18 Siehe jedoch die Erwähnung von Robert Koons in den Literaturhinweisen.

19 Verständlich zu sein ist also ein weiterer Begriff als sinnvoll zu sein, wenn letzteres einschließt, eine Wahrheitsbedingung zu haben. Es ist für die Lücken-Erwiderung, so wie ich sie verstehe, entscheidend, daß sie eine Klassifikation der Sätze in drei Kategorien gestattet: jene, die vollkommen erfolgreich sind, also wahr oder falsch sein werden; jene, die verständlich sind, wie ich es nenne (wir können sehen, worauf sie hinauswollen), aber nicht

H nicht dadurch ausdrücken, daß wir sagen, »Dieses Stück
Papier ist weder hungrig noch nicht hungrig« (vgl. G 2), weil
dies beinhalten würde, »Dieses Stück Papier ist nicht hungrig«, was gerade das ist, was wir *nicht* sagen wollen.

Dieses Stück Papier fällt bezüglich »hungrig« in die Lücke
(jedenfalls tun wir so). Der Gebrauch des Wortes »Lücke«
kommt hier von der zeichnerischen Darstellung von Tatsachen wie H. Angenommen, wir stellen alle Objekte, die es
gibt, durch das äußere Rechteck in Abbildung 5.1 dar; die
Objekte, auf die »hungrig« zutrifft, in der grauen Fläche
links; und die Objekte, auf die »hungrig« nicht zutrifft,
durch die schraffierte Fläche rechts. Es gibt eine Lücke zwischen diesen Flächen, eine Lücke, welche dieses Stück Papier
und andere unbelebte Objekte enthält.

Ich möchte darauf hinweisen, daß es keine Möglichkeit gibt,
»hungrig« anzuwenden, ohne »hungrig« zu erwähnen, und
dennoch diese Tatsache der »Lückenhaftigkeit« auszudrük-
ken. Wir haben schon gesehen, daß es mit »Dieses Stück
Papier ist weder hungrig noch nicht hungrig« nicht geht, und
wir können ganz allgemein argumentieren, daß es *keine*
Möglichkeit dazu gibt: Wenn wir »hungrig« *anwenden* wollen (im Gegensatz zu erwähnen), dann müssen wir es *auf*
etwas anwenden. Worauf sollen wir es anwenden? Gemäß
unserer Annahme nicht auf dieses Stück Papier, aber es ist
unverständlich, wie die Anwendung auf irgend etwas anderes dasjenige sagen könnte, was im Bezug auf *dieses Stück*

---

wahr oder falsch, weil z. B. das Subjekt außerhalb des sinnvollen
Bereiches des Prädikats liegt; und schließlich Unsinn. Um zu der
α, β, γ-Version der Paradoxie zurückzukehren: Der Vertreter der
Lücken-Theorie muß gestatten, daß (B) *verständlich* ist, selbst
wenn α das sagt, was er sagt. (A) beraubt (B) der Wahrheitsbedingung (»Sinn«), nicht aber der Verständlichkeit. Und der Sinn von
»begreifen«, nach welchem wir sagen wollen, daß wir (B) trotz (A)
begreifen können, muß sich zunächst auf Verständlichkeit beziehen anstatt auf Sinn.

Papier gebraucht wird. Des weiteren vermag ich nicht zu sehen, daß irgend etwas an der Wahl des Beispiels liegen soll. Es scheint allgemein so zu sein: Wenn wir sagen wollen, ein Gegenstand falle bezüglich eines Prädikates in eine Lücke,

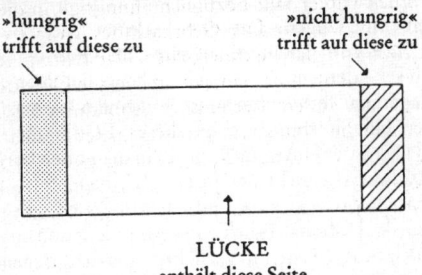

LÜCKE
enthält diese Seite
und andere unbelebte Objekte

Abb. 5.1 *Geometrische Darstellung von H:* »Dieses Stück Papier ist hungrig« ist nicht wahr, und »Dieses Stück Papier ist nicht hungrig« ist nicht wahr.

dann können wir dieses Prädikat nicht dazu verwenden, das zu sagen. Ich werde dies »Das Prinzip« nennen. Später werde ich mich einem Einwand gegen das Prinzip zuwenden. Bevor ich das tue, möchte ich zeigen, wie schön seine Wahrheit die Überlagerung von Lücken mit Ebenen als Erwiderung auf den Lügner motivieren würde.

Kehren wir zu L₂ zurück und betrachten wir die Aufgabe, zu sagen, daß es bezüglich »wahr« in die Lücke fällt (vgl. zu sagen, daß dieses Stück Papier bezüglich »hungrig« in die Lücke fällt). Wenn wir das Prinzip anwenden, bemerken wir, daß wir das Wort »wahr« nicht dazu verwenden können, das zu sagen. Unterscheiden wir das Prädikat, was wir *gebrauchen*, um L₂ seiner Lücke zuzuordnen, dadurch, daß wir es in Kapitälchen schreiben. Wir wissen, daß wir folgendes sagen wollen (man vergleiche dies mit H):

S. »L_2 ist wahr« ist nicht WAHR, und »L_2 ist nicht wahr«
   ist nicht WAHR.

Frage: »wahr« = »WAHR«? Wenn wir das Prinzip anwenden,
muß die Antwort »Nein« sein. Da WAHR in S *gebraucht*
wird, um einen Gegenstand (d. h. L_2) einer Lücke bezüglich
»wahr« zuzuordnen, kann es nicht mit dem Prädikat »wahr«
identisch sein, denn es liegt in dem Prinzip, daß man ein Prädikat nicht dazu verwenden kann, von einem Gegenstand zu
sagen, er falle bezüglich eben dieses Prädikates in eine
Lücke.[20] Das Fazit lautet, daß wir (2) in dem oben dargestellten Gedankengang nicht akzeptieren können.

So verschieden wie »wahr« und »WAHR« auch sein mögen,
so sind sie doch offensichtlich eng verbunden, und eine kom-
plette Erklärung würde ihr Verhältnis genau darlegen. Da es
einen scheinbar paradoxen Satz wie L_2 geben wird, jedoch
mit »WAHR« anstelle von »wahr«, wird es eine Reihe von
verschiedenen Prädikaten geben. Die Situation ist eindeutig
reif für einen Zugang mit Hilfe von Ebenen, und wenn dies
indexikalisch hervorgerufene Ebenen sein könnten, dann
wären wir in der Lage, sie zu bekommen, ohne die essentielle
Einheit der Wahrheit aufzugeben.

Viele verschiedene Einwände gegen diesen Vorschlag sind
möglich – so viele, daß ich sie nicht annähernd alle behandeln
kann. Ich werde nur einen auswählen. Dieser Einwand
betrifft das Prinzip, daß, wenn ein Gegenstand bezüglich
eines Prädikates in die Lücke fällt, diese Tatsache nicht durch
Verwendung des Prädikats ausgedrückt werden kann. Neh-

---

20 An dieser Stelle ist die Differenz zwischen dem gegenwärtigen
   Vorschlag und dem von Burge am schärfsten. Indem er sagt, wir
   erkennen in Schritt (2), daß L_2 keine Wahrheitsbedingungen$_i$ hat,
   behauptet Burge im Endeffekt, daß L_2 in eine Wahrheitswertlücke$_i$
   fällt. Wenn das, was ich »Das Prinzip« nenne, richtig ist, dann
   kann er dieses nicht ausdrücken, indem er »wahr$_i$« gebraucht – wie
   er versucht.

men wir jedoch an, es gäbe einen negationsähnlichen Operator ϕ, mit Wahrheitsbedingungen, die sicherstellen, daß

⌜ϕ (A)⌝ soll behauptet werden, gdw ⌜A⌝ nicht behauptet werden soll.[21]

Dann kann man mit Recht behaupten:

ϕ (L$_2$ ist wahr) und ϕ (L$_2$ ist nicht wahr).

Die Lücke bezüglich »wahr« wäre durch die *Verwendung* von »wahr« ausgedrückt worden (da »wahr« das *einzige* verwendete Prädikat ist). Des weiteren können wir scheinbar ganz einfach eine Wahrheitsbedingung aufstellen, welche die erwünschte Behauptungsbedingung erzeugen würde. Angenommen, unsere Logik ist dreiwertig, mit einem dritten Wert, der die Lücke zwischen Wahrheit und Falschheit darstellt. Dann könnte ϕ ein wahrheitsfunktionaler Operator sein, der Wahrheit auf Falschheit und alles andere auf Wahrheit abbildet.

Ich muß die Ansicht verteidigen, daß das widersprüchlich ist. Mein Grund dafür ist, daß kein Operator als Output einen Satz außerhalb der Lücke erzeugen könnte, wenn der Input-Satz in der Lücke war. Mein Grund hierfür wiederum besteht darin, daß in der Lücke zu sein bedeutet, an einem semantischen Defekt zu leiden, der von jeder Operation weitervererbt werden wird. In der Lücke zu sein bedeutet, keine Wahrheitsbedingung zu haben, also nicht als Argument für eine Wahrheitsfunktion zur Verfügung zu stehen. In der Lücke zu sein bedeutet nicht, einen anderen Wahrheitswert zu haben, von anderer Art als die Werte wahr und falsch, sondern untauglich dafür zu sein, etwas zu sagen oder im Gebrauch dazu beizutragen, daß etwas gesagt wird. Das ist

---

21 Der Effekt der eckigen Anführungszeichen (⌜⌝) ist, einem zu gestatten, obiges als »Jeder Ausdruck mit einem vorangestellten ›ϕ‹ soll behauptet werden, gdw der Ausdruck selbst nicht behauptet werden soll« zu lesen.

die Erklärung dessen, was ich oben »Das Prinzip« genannt hatte.

Das Prinzip steht also: Man kann ein Prädikat nicht dazu verwenden, um die Tatsache auszudrücken, daß ein Gegenstand bezüglich dieses Prädikates in eine Lücke fällt. Wenn das richtig ist, dann hat Burge unrecht, zu akzeptieren, was in (2) behauptet wird – auch wenn eine richtige Erwiderung auf seine Idee der indexikalisch ausgelösten Ebenen zurückgreifen wird.

Dies ist nur der Umriß des Vorschlags für eine Antwort auf den Lügner: einer Antwort, die Lücken und eine Hierarchie von Ebenen verbindet. Eine vollständige Ausarbeitung würde noch viel mehr erfordern, insbesondere eine Rechtfertigung für G 3 über die bloße Tatsache hinaus, daß es dabei hilft, Paradoxien zu vermeiden, und eine Erläuterung, wie Ebenen bestimmt werden. Ich werde diese Aufgaben nicht angehen, sondern statt dessen zu der in Abschnitt 5.1 erhobenen Frage zurückkehren, ob die in diesem Kapitel betrachteten Paradoxien der Klassen und der Wahrheit Arten derselben Gattung sind, wie Russell behauptet hatte.

5.3   Das Prinzip Teufelskreis

Sind die zwei Paradoxien in diesem Kapitel total verschieden oder im Grunde dieselben? Liegt die Wahrheit vielleicht irgendwo zwischen diesen beiden Extremen?

Ein Grund dafür, zu denken, daß sie sich gleichen, besteht in der Ähnlichkeit der Klassenparadoxie mit einer Paradoxie über Eigenschaften und der Eigenschaftenparadoxie wiederum mit dem Lügner. Die meisten Eigenschaften treffen nicht auf sich selbst zu: Die Eigenschaft, ein Mensch zu sein zum Beispiel, trifft nicht auf sich selbst zu, da dieser Eigenschaft die Eigenschaft fehlt, ein Mensch zu sein. Die Eigenschaft, ein Nicht-Mensch zu sein, aber trifft auf sich selbst zu, da die Eigenschaft, ein Nicht-Mensch zu sein, die Eigenschaft hat, ein Nicht-Mensch zu sein. Der im Falle der Klassenparadoxie verwendete Gedankengang würde zu dem Schluß führen:

> Die Eigenschaft, *nicht auf sich selbst zuzutreffen*, trifft auf sich selbst zu, genau dann, wenn sie nicht auf sich selbst zutrifft.

Es gibt zumindest eine oberflächliche Ähnlichkeit zwischen diesem Widerspruch und dem Widerspruch, daß L_2 richtig Wahrheit von sich selbst prädiziert, genau dann, wenn es das nicht tut. Wo der Widerspruch bei der Eigenschaft den Begriff *trifft nicht auf ... zu* verwendet – eine Relation, die zwischen einer Eigenschaft und etwas anderem (eventuell einer weiteren Eigenschaft) bestehen könnte –, gebraucht der Widerspruch des Lügners den Begriff *nicht wahr*, eine Eigenschaft, die ein Satz haben könnte.

Eine zweite Ähnlichkeit besteht darin, daß sowohl die Klassenparadoxie als auch der Lügner üblicherweise auf eine Weise aufgestellt werden, die Selbstbezüglichkeit oder etwas Ähnliches beinhaltet.

Eine dritte Ähnlichkeit betrifft den Gebrauch von KE und W in der Ableitung der beiden Paradoxien und die Rollen, welche diese Prinzipien in der Bestimmung der intuitiven Begriffe von *Klasse* und *Wahrheit* spielen.

Was die Ableitung betrifft, so ist der Vergleich folgender: Das Schema

> für jeden Gegenstand y, $y \in x$ gdw $y \, F$ ist

erzeugt einen Widerspruch, wenn x durch einen Namen für die Russell-Klasse, etwa R, und F durch die mit Hilfe dieses Namens ausgedrückte Bedingung ersetzt wird, welche angeblich Mitgliedschaft in jener Klasse definiert: »$\neg \in R$«. Gleichermaßen erzeugt das Schema

> σ ist wahr, gdw p

einen Widerspruch, wenn σ durch einen Namen für den Satz des Lügners, etwa L_2, und p durch die mit Hilfe dieses

Namens ausgedrückte Bedingung ersetzt wird, welche angeblich die Wahrheit für jenen Satz definiert: »L_2 ist nicht wahr«.

Was die Rollen betrifft, so lautet der Vergleich: Ebenso wie KE für unseren vortheoretischen Begriff der Klasse konstitutiv erscheint, so scheint W für unseren vortheoretischen Begriff von Wahrheit konstitutiv. KE bestimmt, was es für eine Klasse bedeutet zu existieren; W bestimmt, was es für eine Wahrheitsbedingung bedeutet zu existieren. Eine vierte oberflächliche Ähnlichkeit zwischen der Klassenparadoxie und dem Lügner ist, daß als Erwiderung auf beide Arten von Paradoxien Hierarchien verwendet wurden – angefangen mit einer der ersten systematischen Behandlung bei Russell (1908).

Eine gegensätzliche Ansicht wurde von Ramsey vorgeschlagen, welcher die Logischen Paradoxien (unter dieser Rubrik ordnete er die Klassenparadoxie ein) von den Semantischen Paradoxien unterschied (unter welchen er den Lügner einordnete). Ramseys Differenzierung beruht darauf, welche Begriffe in den Paradoxien wesentlich erscheinen: Wahrheit – ein semantischer Begriff – erscheint wesentlich im Lügner, aber nicht in der Klassenparadoxie. Element einer Klasse zu sein – was Ramsey einen logischen Begriff nannte – erscheint wesentlich in der Klassenparadoxie, aber nicht im Lügner.

Russell argumentierte, daß beide Arten von Paradoxien – Klassenparadoxien und Lügnerparadoxien – einen gemeinsamen Ursprung haben. Das steht nicht in direktem Widerspruch zu Ramseys Position. Es könnte sein, daß Gruppen von Paradoxien in gewissen Hinsichten verschieden sind (zum Beispiel verschiedene Begriffe wesentlich enthalten), während sie sich in anderen Hinsichten ähneln (zum Beispiel gemeinsame strukturelle Züge haben – etwa Selbstbezüglichkeit).

Russells Einordnung der Klassenparadoxie und des Lügners als von derselben Art, beruht auf der Behauptung, daß sie beide gleichermaßen von einem Verstoß gegen das herrühren, was er das *Prinzip Teufelskreis* (PT) nannte. Er bietet mehr als eine Darstellung, was das Prinzip sein soll; ein angemessener Ausdruck (kein Zitat) wäre jedoch wie folgt:

Keine Gesamtheit kann Elemente enthalten, die nur mittels dieser Gesamtheit selbst definierbar sind.[22]

Wie kann man dieses eher rätselhafte Prinzip auf die Klassenparadoxie anwenden? Die *Definition* von Klasse R, der sich-nicht-selbst-enthaltenden Klassen, war diese:

Für jede Klasse $x, x \in R$ gdw $\neg x \in x$.

Der wichtige Punkt ist, daß die Definition von etwas handelt, was Russell eine Gesamtheit nennen würde: die durch den Ausdruck »jede Klasse« eingeführte Gesamtheit aller Klassen. Russell meint, daß dies die einzig mögliche Definition von R darstellt, und das PT soll uns sagen, daß R nicht zu der durch den Ausdruck »jede Klasse« eingeführten Gesamtheit gehören kann, weil diese in der Definition von R vorkommt. Denn angenommen, R gehörte zu dieser Gesamtheit: Dann würde die Gesamtheit ein Element enthalten, welches nur mittels dieser Gesamtheit definierbar wäre, was dem PT zufolge unmöglich ist. Wenn R jedoch nicht zu der durch »jede Klasse« eingeführten Gesamtheit gehört, dann können wir den üblichen Schritt zum Widerspruch nicht machen. Der übliche Schritt geht folgendermaßen: Wenn die Definition auf jede Klasse zutrifft, dann trifft sie insbesondere auf R zu, und also können wir schließen:

$R \in R$ gdw $\neg R \in R$.

Es liegt im PT, daß die von *jeder Klasse* eingeführte Gesamtheit R ausschließt, also ist der Schluß fehlerhaft. Im End-

---

22 Diese Formulierung kommt wörtlich Russell (1908), S. 75, am nächsten. Die Rechtfertigung dafür, »nur . . . definierbar« anstelle des dort verwendeten »definiert« zu gebrauchen, stammt von der auf S. 63 dieses Werkes und wieder in (1910), S. 37, verwendeten Formulierung.

effekt ist das Ergebnis von PT, daß wir *R* nicht so definieren können, wie wir es ursprünglich vorhatten – das heißt derart, daß die Frage, ob es seine definierende Eigenschaft hat oder nicht, überhaupt aufkommen kann.

Wie verfährt das PT mit dem Lügner? Russell stellt die Verbindung nicht ganz ausdrücklich her. Er behauptet zunächst, daß das PT eine Hierarchie von Aussagen formuliert, und meint dann, aus der Hierarchie folge, daß keine Aussage von sich selbst sprechen kann. Es wäre vielleicht besser und es ist sicherlich direkter, folgendermaßen zu argumentieren: Angenommen, eine Aussage *A* beinhaltet einen Bezug auf eine Gesamtheit *B* von Aussagen. Dann kann *A* nur mit Hilfe dieser Gesamtheit *B* definiert (d. h. vollständig bestimmt) werden. PT zufolge kann *A* dann nicht zu *B* gehören. Wenn also insbesondere *B* eine Gesamtheit von einer Aussage ist, dann kann sich eine Aussage nicht auf sich selbst beziehen.

Eine erste Reaktion angesichts der unproblematischen Beschaffenheit einiger Formen von Selbstbezüglichkeit könnte lauten: Wenn dieses Argument gültig ist, dann zeigt das ganz einfach, daß das PT falsch ist. Diese Erwiderung könnte überstürzt sein: Man müßte den Unterschied zwischen selbstbezüglichen Sätzen und selbstbezüglichen Aussagen oder Propositionen bedenken.[23] Anstatt dies direkt zu

---

23 Um einzusehen, daß es *prima facie* Gründe für eine solche Unterscheidung gibt, versuche man in Aussagen Entsprechungen für solche unproblematischen Fälle von Selbstbezüglichkeit wie

Dieser Satz steht in Raum 347 an der Tafel

zu finden. Es besteht keine Schwierigkeit, den Satz zu identifizieren, auf den sich »dieser Satz« bezieht, da wir den Satz geometrisch identifizieren können und er der Wahrnehmung zugänglich ist. Der Fall liegt anders zum Beispiel bei der Aussage:

Diese Aussage wird von einem Satz ausgedrückt, der in Raum 347 an der Tafel steht.

Ich stelle mir hier unter Aussage oder Proposition dasjenige vor,

verfolgen, werde ich zeigen, daß es eine Verbindung zwischen dem Leitgedanken vom PT und dem Begriff von Ebenen der Wahrheit gibt. Zum Abschluß werde ich sehen, wie man sich Klassen vorstellen müßte, wenn dieser Leitgedanke auch auf sie zu beziehen wäre.

Angenommen, eine Wahrheit zuschreibende Aussage A' beinhaltet Bezug auf eine Gesamtheit B' von Aussagen. Dann kann A' nur mit Hilfe dieser Gesamtheit B' definiert (d. h. vollständig bestimmt) werden. A' kann dann dem PT zufolge nicht zu B' gehören; also kann eine Wahrheit zuschreibende Aussage einer Wahrheit zuschreibenden Aussage nicht Wahrheit zuschreiben (denn um zuzuschreiben, muß man sich darauf beziehen). Wir erhalten also eine Zweiteilung in Aussagen, die Wahrheit zuschreiben, und solche, die es nicht tun. Wenn wir außerdem die scheinbare Tatsache ernst nehmen, daß wir Wahrheit zuschreibenden Aussagen Wahrheit zuschreiben *können* (z. B. »›Schnee ist weiß‹ ist wahr«), dann erhalten wir eine Reihe von Wahrheitsprädikaten im Tarski-Stil, jeweils durch eine Wiederholung des soeben vorgestellten Arguments daran gehindert, Wahrheit einem Satz zuzuschreiben, der sie enthält. Diese Hierarchie ist bei Russell (1908) erkennbar, der ersten Vorstellung seiner berühmten Typentheorie.[24]

Die Typentheorie scheint auch eine Klassenhierarchie zu

---

was von einem Satz gesagt wird. Dies ist eine Abstraktion, die der Wahrnehmung nicht zugänglich ist und nicht räumlich beschrieben werden kann. Wir können nicht sagen, was der Gehalt der Aussage ist, bevor wir nicht wissen, auf welche Aussage sich »diese Aussage« bezieht – und das können wir nicht wissen, bevor wir nicht den Inhalt der gezeigten Aussage kennen. Es gibt also wenigstens *prima facie* Gründe gegen die Verständlichkeit von Selbstbezüglichkeit bei Aussagen, im Gegensatz zu Sätzen.

24 Genauer gesagt, der ersten Vorstellung der sogenannten »Verzweigten Typentheorie«, die jetzt vor allem mit Russells Namen in Verbindung gebracht wird. Russell (1903), Appendix, enthält eine andere Typentheorie.

enthalten.[25] Das PT könnte durch den Gedanken zu einer solchen führen, daß man sich in der Bestimmung einer Klasse nicht auf eine Gesamtheit von Klassen beziehen oder eine solche voraussetzen darf, zu der die Klasse gehören würde, die man definieren will. Es wäre sicherlich *ein* Weg, dies zu erreichen, wenn man darauf bestünde, daß Klassen in einer Hierarchie der folgenden Art geordnet sind:

An der Basis Nicht-Klassen – *Einzeldinge* [*individuals*], wie Russell sie nannte;

dann Klassen, deren Elemente Einzeldinge sind;

dann Klassen, deren Elemente alle Klassen von Einzeldingen sind;

und so fort.

Das ist strittiger als die Wahrheitshierarchie, weil es so deutlich auf der Hand liegt, daß verschiedene mit dem PT verträgliche Hierarchien möglich sind. Es scheint zum Beispiel keinen Grund zu geben, warum die Klassen nicht »kumulativ« sein sollten. Warum sollte es keine Klassen geben, die sowohl Einzeldinge als auch Klassen von Einzeldingen enthalten? Wenn eine solche Klasse nicht auch Klassen enthält, die sowohl Einzeldinge als auch Klassen von Einzeldingen enthalten, dann wäre das PT beachtet worden.

Ein Grund für Zweifel daran, daß das PT einen gemeinsamen Zug der Klassenparadoxie und des Lügners identifiziert, bildet die Tatsache, daß man bezweifeln kann, ob es wahr ist. Selbst wenn man es akzeptiert, so ist doch das Manöver, was man benötigt, um es auf die Klassenparadoxie anzuwenden, recht verschieden von dem, welches man braucht, um es auf

---

25 Ich schreibe »*scheint* . . . zu enthalten«, weil die damals erwählte Klassentheorie die »Keine-Klassen«-Theorie ist und uns zeigen soll, wie wir ohne die Annahme zurechtkommen, daß es Klassen gibt. Wenn das wörtlich akzeptiert wird, dann kann die Theorie nicht *wirklich* eine Klassenhierarchie enthalten.

den Lügner anzuwenden. Dies vermindert die Unterstützung, die es der Ähnlichkeitsthese gewähren kann.

Gegen die Ähnlichkeiten zählt die Unterschiedlichkeit von Wahrheitsbegriff und Klassenbegriff. Ersterer liegt dank seiner durchdringenden Verbindungen mit unseren Begriffen von Richtigkeit und Akzeptanz im Kern unseres Sprachbegriffes. Der zweite ist in seiner Anwendung viel stärker eingeschränkt und kein entschieden semantischer Begriff. Der Unterschied zwischen ihnen zeigt sich auf verschiedene Weise. Der Versuch zum Beispiel, zu sagen, daß L_2 Wahrheitsbedingungen fehlen – zu sagen, daß *es keinen Satz gibt*, der wirklich von sich selbst sagt, daß er nicht wahr ist –, führt zu dem Schluß (der sogenannten Rache des Lügners), daß L_2 nicht wahr ist – denn wenn es nichts sagt, dann sagt es nichts Wahres. Aus der Aussage, daß es keine solche Klasse wie *R* gibt, folgt keine derartige Wendung. Bei der Klassenparadoxie ist klar, was wir sagen müssen – daß es keine Klasse *R* gibt –, und unklar, wie wir es rechtfertigen sollen. Beim Lügner ist unklar, was wir sagen müssen, ganz zu schweigen davon, wie wir es rechtfertigen sollen.

Das PT legt den Gedanken nahe, daß einige Dinge, einschließlich Klassen und Wahrheit, »abgeleitet« sind.[26] Eine Klasse leitet sich in dem Sinne von ihren Elementen ab, daß sie nicht existieren kann, wenn ihre Elemente nicht existieren. Eine Zuschreibung von Wahrheit leitet sich in dem Sinne von der Aussage ab, der sie Wahrheit zuschreibt, daß sie nicht existieren kann, wenn die Aussage nicht existiert. Wissen und Überzeugung leiten sich in dem Sinne von der gewußten Aussage ab, daß es so etwas wie »etwas wissen« nicht geben könnte, wenn es nichts zu wissen gäbe.

Man vergleiche die folgenden nicht-paradoxen Spezifizierungen – einer Klasse im ersten Falle und von Aussagen in den anderen Fällen:

---

26 Dieser Sprachgebrauch stammt von Burge (1978).

K₁. K ist die Klasse, deren einziges Element K ist.

T₁. T_1 ist wahr.

W₁. Sie wissen, daß W_1.

G₁. Sie glauben, daß G_1.

Soweit ich weiß, führen diese Ausdrücke nicht zu Paradoxien; dennoch sind sie alle deutlich unbefriedigend, und dies aus ähnlichen Gründen. In allen Fällen versuchen wir, eine abgeleitete Entität (Klasse, Aussage) einzuführen, und dies in einer Weise, welche die Verwendung von irgend etwas (Element, andere Aussage) ausschließt, von dem die Entität abgeleitet werden kann. T_1 fehlt das, was ich oben »Fundierung« genannt hatte. In den anderen Fällen liegt ein ähnlicher Mangel vor.

Dies deutet auf eine Erklärung hin, warum die Klassenparadoxien, der Lügner, die Wissensparadoxie und die Glaubensparadoxie alle eine Erwiderung in Form einer Hierarchie nahelegen. Die Hierarchie wird das tatsächliche Abgeleitetsein widerspiegeln. Die nicht abgeleiteten Dinge werden sich unten befinden (Einzeldinge, Aussagen, die nicht die Begriffe von Wahrheit, Wissen oder Glauben enthalten, je nachdem). Es sollte keine Erwartung *a priori* geben, daß die Struktur der Hierarchien dieselbe sein wird: Klassen mögen sich anders von ihren Elementen ableiten, als sich manche Aussagen von anderen ableiten – auch wenn man vermuten kann, daß die den Lügner, die Wissensparadoxie und die Glaubensparadoxie betreffenden Hierarchien einander ähnlicher sein werden als eine von ihnen derjenigen der Klassenparadoxie.

Der Vorschlag lautet also, kurz gesagt, daß ein rein metaphysischer Begriff – der des Abgeleitetseins – dazu verwendet werden könnte, eine philosophische Begründung sowohl für ein hierarchisches Verständnis von Klassen zu liefern als auch für ein hierarchisches Verständnis von Aussagen. Ein solcher Vorschlag bedarf noch allerhand Entwicklung, sowohl in formaler als auch in philosophischer Hinsicht – er hat aber den einen Verdienst, den man im Auge behalten muß, wenn man irgendeine »Lösung« der Paradoxien beurteilt: Er bietet (vorgeblich) ein philosophisches Verständnis dessen, was bei der Entstehung der betreffenden Paradoxien vorgeht, und ist nicht bloß ein Mittel, um ihre Ableitung *ad hoc* zu verhindern.

Literaturhinweise

Tarski (1969) enthält eine halbwegs allgemeinverständliche Darstellung seiner Ansichten. Der klassische Text ist Tarski (1935). Trotz des formalen Hauptteils dieses Werkes sind die ersten beiden Teile, die Zusammenfassung und das Nachwort, nicht formal, zugänglich und sehr lesenswert. Er gibt eine *Konvention W* genannte Adäquatheitsbedingung für eine formale Wahrheitsdefinition (als »Wr« symbolisiert):

> Eine formal korrekte, [...] Definition des Symbols »Wr« werden wir eine *zutreffende Definition der Wahrheit* nennen, wenn sie folgende Folgerungen nach sich zieht:
>
> (α) alle Sätze, die man aus dem Ausdruck »$x \; \varepsilon$ Wr, dann und nur dann, wenn p« gewinnt, indem man für das Symbol x einen strukturell-deskriptiven Namen einer beliebigen Aussage der betrachteten Sprache und für das Symbol »p« den Ausdruck, welcher die Übersetzung dieser Aussage in die Metasprache bildet, einsetzt;
>
> (β) [...]   (S. 45 f.)

Tarski gestattet es, wie manchmal gesagt wird, uns auf unsere intuitive Auffassung von Bedeutung (Übersetzung) zu beziehen, während wir die Bedingungen für eine korrekte Definition der Wahrheit spezifizieren.

Man sollte Prior (1961) lesen. Es enthält einige gewagte formale Teile in polnischer Notation, aber selbst wenn man diese auf Treu und Glauben nimmt, so hat der Artikel doch viel zu bieten.

Das Wort »Fundierung« [*grounding*] und seine Verwandten leihe ich mir von Kripke (1975). Ich behaupte nicht, erfaßt zu haben, was er damit meint, da sein Begriff von Fundierung in eine mathematische Theorie eingebettet ist, der ich nicht ansatzweise gerecht werden kann. Der erste Teil dieses Aufsatzes jedoch ist dem Nicht-Mathematiker durchaus zugänglich und sollte gelesen werden. Eine klassische Stelle für Fundierung ist Herzberger (1970).

Der Ausdruck »Verstärkter Lügner« geht auf van Fraassen (1968) zurück, auch wenn das Problem selbst viel älter ist.

Einen ausgezeichneten Überblick bietet Martins *Einleitung des Herausgebers* (1984). Der fragliche Sammelband enthält einige der wichtigsten jüngeren Arbeiten zum Thema, einschließlich Denkrichtungen, die in diesem Kapitel nicht erwähnt wurden.

Ramseys Unterscheidung zwischen logischen und semantischen Paradoxien findet sich in (1925), S. 171 f.

Die Stützung auf das Prinzip der Ersetzbarkeit von Identischem in Abschnitt 5.2 ist nicht unumstritten. Skyrms (1982) behauptet zum Beispiel, die Lügnerparadoxie zeige, daß dieses Prinzip nicht korrekt ist. Ich denke, daß diese Position extrem uneinsichtig ist; vgl. Burge (1979), S. 90.

Zusätzlich zu der konstruktiven These von Burge (1979) – der Darlegung seiner Ansicht der Ebenen-Indexikalität von Wahrheit – enthält der Aufsatz äußerst erhellende kritische Betrachtungen anderer Positionen, die ihn zu einer wesentlichen Lektüre machen. Zweifel der (in der Aufzählung von Fußnote 19 in Abschnitt 5.2) erwähnten Art, sofern sie noch nicht durch Burges eigene Worte zerstreut worden sind, sollten durch neue unveröffentlichte Arbeiten von Robert Koons beseitigt werden, auf die ich aufmerksam wurde, als das vorliegende Buch bereits im Druck war.[*]

Die am Ende erwähnte Verallgemeinerung der Idee der Fundierung zu der des Abgeleitetseins geht auf Burge (1978) zurück. Er weitet diesen Vorschlag in seinem wichtigen Aufsatz »Epistemic paradox« (1984) aus.

Barwise / Etchemendy (1987), veröffentlicht, nachdem dieses Buch im Druck war, enthält ausgezeichnete Diskussionen zu den Themen dieses Kapitels und stellt wichtige Arbeiten von Peter Aczel vor.

---

[*] [*Anm. d. Übers.:* Inzwischen veröffentlicht: Robert C. Koons, *Paradoxes, Belief and Strategic Rationality*, Cambridge: Cambridge University Press, 1992.]

6 Gibt es akzeptable Widersprüche?

Es ist der Zweck dieses Kapitels, eine Annahme, die ich durchweg gemacht habe, explizit auszudrücken und eine Rechtfertigung für sie zu skizzieren: Widersprüche sind unannehmbar. An vielen Stellen habe ich argumentiert, wenn etwas zu einem Widerspruch zu führen scheint, dann muß es entweder selbst oder der betreffende Gedankengang verworfen werden. Diese Annahme ist zu verschiedenen Zeiten in der Geschichte der Philosophie unter Beschuß geraten. Vor sehr kurzer Zeit hat der Angriff eine raffinierte Form angenommen und sich mit beeindruckenden technischen Mitteln gewappnet.[1]

Eine Sache, die viele Leute davor zurückschrecken ließ, sich ernsthaft dem Gedanken zu verschreiben, daß ein Widerspruch wahr sein könnte, war historisch die klassisch wahre Schlußregel: Aus einem Widerspruch kann alles abgeleitet werden. Wenn diese Regel akzeptiert wird, dann wäre es verrückt, an einen Widerspruch zu glauben, denn das würde einen dazu zwingen, alles zu glauben. Vor kurzem ist gezeigt worden, daß man eine Menge dessen, was man wirklich von der klassischen Logik haben will, haben kann, ohne diese Regel zu akzeptieren. Das Ergebnis ist, daß es kein Totschlagsargument gegen die Ansicht geben kann, ein vernünftiges System von Überzeugungen dürfe einen Widerspruch enthalten.

Die Version dieser Ansicht, die ich betrachten werde, leitet sich von Graham Priest (1986/87) her. Er schlägt vor, daß einige Widersprüche, wenn auch nicht alle, die folgenden drei Eigenschaften haben:

---

1 Siehe Rescher / Brandom (1980) und Priest / Routley / Norman (1985).

(a) Sie sind wahr (ebenso wie falsch).
(b) Man kann von ihnen überzeugt sein.
(c) Es kann vernünftig sein, sie zu akzeptieren.

Ich nenne die Verbindung dieser drei Ansichten »Dialethismus«.[2]

Lassen Sie mich betonen, der Dialethismus akzeptiert, daß alle Widersprüche falsch sind – wir sollten also nicht gegen diese offene Tür anrennen. Was der Gegner braucht, ist ein Argument für die Ansicht, daß kein Widerspruch wahr ist. Hier ein Standardargument: Widersprüche haben die Form »A und nicht-A«. »A« und »nicht-A« können nicht beide wahr sein, wenn ein Begriff von Negation vorausgesetzt wird, der seinen Namen verdient, und eine Konjunktion, von der ein Glied nicht wahr ist, kann nicht wahr sein.

Der Dialethist wird beide Prämissen verneinen, und das Argument wird ihn also nicht überzeugen. Konzentrieren wir uns auf die erste: Er wird sagen, daß »A« und »nicht-A« beide wahr sein *können*. Sie werden das genau dann sein, wenn »A« selbst sowohl wahr als auch falsch ist. Anzunehmen, daß »A« nicht sowohl wahr als auch falsch sein kann, heißt ganz einfach, anzunehmen, daß der Dialethismus falsch ist.

Wie könnte der Dialethist seine Auffassung der Negation rechtfertigen? Er wird sagen, daß es auf die folgenden unstrittigen Prinzipien ankommt:

N 1. Wenn A wahr ist, dann ist nicht-A falsch.
N 2. Wenn A falsch ist, dann ist nicht-A wahr.

Sobald wir gestatten, daß es einen Satz A gibt, der sowohl wahr als auch falsch ist, beinhalten diese Prinzipien ganz einfach, daß es einen Satz gibt, von dem gilt, sowohl er selbst als auch seine Negation ist wahr.

Wenn es Argumente gibt, die den Dialethismus widerlegen würden, dann sind es andersartige. Die Rolle, welche die

––––––––––
2 Priest (1985/86) definiert Dialethismus durch These (a).

Begriffe von Wahrheit und Falschheit in unserem Denken spielen, bildet einen vielversprechenden Untersuchungsbereich – insbesondere, wie sie mit Annahme und Ablehnung verbunden sind. Eine gängige Ansicht ist, daß diese Verbindungen folgendermaßen verlaufen:

W. Wenn *A* wahr ist, dann sollte es angenommen werden.

F. Wenn *A* falsch ist, dann sollte es abgelehnt werden.

Kein Zustand, in dem wir uns befinden können, besteht in der Annahme und Ablehnung einer einzigen Aussage.[3] Also gibt es gegenüber einer Aussage, die sowohl wahr als auch falsch ist, keine vernünftigerweise angemessene Haltung. Insbesondere kann es nicht vernünftig sein, von etwas überzeugt zu sein, was sowohl wahr als auch falsch ist.

Priest akzeptiert W, lehnt aber F ab:

> Wahrheit und Falschheit treten unentwirrbar miteinander verwickelt auf. [. . .] Man kann also nicht alle Wahrheiten akzeptieren und alle Falschheiten ablehnen [. . .]. (1986/ 1987, S. 106.)

Es muß eine hinreichende Bedingung für die Ablehnung einer Aussage geben: Irgend etwas daran, wie sie sich zur Welt verhält, muß Ablehnung zur angemessenen Erwiderung machen. Der Dialetheist, welcher sagt, daß Falschheit diese hinreichende Bedingung nicht bietet, wird wohl sagen, daß Nicht-Wahrheit diese bildet. Falschheit ist gewöhnlich ein verläßliches Zeichen, aber keine Garantie für Nicht-Wahrheit. Aussagen, die wahr und falsch sind, sind nicht

---

3 Kein *einzelner* Zustand, könnte man sagen, da wir uns wohl alle gelegentlich aus Versehen in den beiden Zuständen befinden, von *A* und von nicht-*A* überzeugt zu sein. Priest setzt selbstverständlich voraus, er müsse zeigen, daß einige Widersprüche auch nicht abgelehnt werden sollten, während er argumentiert, daß sie angenommen werden sollten.

nicht-wahr, und deshalb ist Ablehnung nicht die angemessene Erwiderung.

Man könnte das folgende Argument für F versuchen: Da die Negation jeder Falschheit wahr ist und da eine Aussage ablehnen seine Negation annehmen heißt, muß jede Falschheit abgelehnt werden. Wenn wir die Schritte ausführlich darlegen, lautet das Argument:

A ist falsch
Nicht-A ist wahr   [nach N 2]
Nicht-A muß angenommen werden   [nach W]
A muß abgelehnt werden

Priest vertritt die Ansicht, daß der Schritt von der dritten zur vierten Zeile ungerechtfertigt ist. Denn nehmen wir an, nicht-A ist falsch (ebenso wie wahr): dann ist A wahr und muß also akzeptiert werden. Es sieht so aus, als ob das Argument für F auf der Annahme der Falschheit des Dialethismus beruht, und gerade das war es doch, was bewiesen werden sollte.

Indem er diesen Punkt betont, geht Priest weiter als nötig. Er schlägt vor, daß es vorstellbare geistige Zustände gibt, welche die Ablehnung einer Aussage darstellen, während sie das Subjekt nicht zu der Annahme der Negation der Aussage verpflichten. Ich bin nicht davon überzeugt, daß es solche Zustände geben kann.[4] Das ist jedoch nebensächlich, da Priest – soweit ich sehen kann – den Schluß von »A muß

_____

4 Der Priestsche Intuitionist, welcher (so behauptet er) eine Version des Gesetzes vom ausgeschlossenen Dritten *ablehnt*, sollte als jemand betrachtet werden, der sich (eventuell stur oder gar strikt) weigert, diese Version anzunehmen. Sich weigern anzunehmen, ist nicht dasselbe wie abzulehnen. Der Priestsche Statistiker, welcher (so behauptet er) eine *Hypothese* ablehnt, indem er beschließt, keine weitere Zeit auf sie zu verwenden, während er keine Anhaltspunkte für ihre Negation hat oder Neigung diese anzunehmen, sollte als jemand betrachtet werden, der *die Untersuchung* der Hypothese ablehnt.

abgelehnt werden« auf »nicht-*A* ist wahr« akzeptieren kann. Was er ablehnen muß, ist die Umkehrung. Jedenfalls ist dessen Ablehnung ausreichend, um das soeben betrachtete Argument zu blockieren.

Eine andere Weise, dem Dialethismus zu widersprechen, ist die folgende: Es gibt keinen Platz für einen vorstellbaren Begriff von Falschheit, die sich von Nicht-Wahrheit unterscheidet. Unsere gesamte Semantik und eine angemessene Auffassung von den Bedingungen für vernünftige Überzeugung können mit Hilfe einer einzigen Eigenschaft ausgedrückt werden: Wahrheit – welche gegenwärtig oder abwesend sein mag, aber nicht sowohl gegenwärtig als auch abwesend. Ihre Gegenwärtigkeit anzuerkennen heißt: anzunehmen. Ihre Abwesenheit anzuerkennen heißt: abzulehnen. Ihre Gegenwärtigkeit nicht anzuerkennen und ihre Anwesenheit nicht anzuerkennen heißt: agnostisch zu sein. Negation verwandelt Wahrheit in Nicht-Wahrheit, Nicht-Wahrheit in Wahrheit. Konjunktionen mit nicht-wahren Gliedern sind nicht wahr. Nichts kann sowohl wahr als auch nicht-wahr sein. Es gibt keinen Platz für Dialethismus, da es keinen Platz für eine Unterscheidung zwischen Nicht-Wahrheit und Falschheit gibt.

Dieser Angriff fordert einen Einwand heraus. Wir könnten sagen wollen, daß einer Schüssel Kirschen die Eigenschaft der Wahrheit fehlt. Dieser angebliche Fall von Nicht-Wahrheit ist kein Fall von Falschheit. Also wird die Unterscheidung zwischen Nicht-Wahrheit und Falschheit am Ende doch gebraucht.

Als Erwiderung ist es angebracht, darauf hinzuweisen, daß diese Sorte von Fällen nicht von der für den Dialethismus relevanten Art ist. Wir werfen keine neue Frage auf, wenn wir sagen: Laßt uns die Diskussion auf echte *Aussagen* beschränken (oder was auch immer der vorgezogene Fachausdruck sein sollte); Dinge ohne semantische Defekte, die erfolgreich einen Sachverhalt repräsentieren. Was diese betrifft, zieht der Angriff auf den Dialethismus. Entweder besteht der repräsentierte Sachverhalt, oder er tut es nicht. Tut er es, dann ist die Aussage wahr; tut er es nicht, dann ist die Aussage nicht wahr. Wir können Nicht-Wahrheit mit Falschheit identifizieren, wenn wir wollen, aber es gibt ganz einfach keinen Platz für eine *davon verschiedene* Vorstellung von Falschheit. Für Aussagen sind Erfolg (Wahrheit) und Mißerfolg (Nicht-Wahrheit) die Möglichkeiten, und es gibt keine dritte Möglichkeit.

Ich denke, dies ist ein Gewinn. Der Dialethist hat nun eine Schuld zu bezahlen: Er muß die Unterscheidung zwischen Nicht-Wahrheit und Falschheit rechtfertigen. Das bedeutet, zu erklären, wo die Unterscheidung für andere Zwecke als die Verteidigung des Dialethismus gebraucht wird. Ich glaube – auch wenn ich nicht versuchen werde, es zu zeigen –, daß alle vorhandenen Versuche fehlschlagen, diese Rechtfertigung zu erbringen.

Noch einige Paradoxien

(Ein Sternchen vor der Überschrift weist darauf hin, daß sich zu diesem Eintrag eine Beobachtung in Anhang II findet.)

Der Galgen

Es ist das Gesetz einer gewissen Gegend, daß all jene, welche in die Stadt hineinwollen, nach ihrem Anliegen dort gefragt werden. Wer wahrheitsgemäß antwortet, darf in Frieden kommen und gehen. Jene, die lügen, werden gehängt. Was soll mit dem Reisenden geschehen, der, nach seinem Begehr gefragt, antwortet: »Ich bin gekommen, um gehängt zu werden«?

Buridanus' achter Sophismus

Sokrates sagt in Troja: »Was Platon jetzt in Athen sagt, ist wahr.« Zur selben Zeit sagt Platon in Athen: »Was Sokrates jetzt in Troja sagt, ist falsch.« (Vgl. Buridanus, in: Hughes, 1982, S. 73–79.)

Der Anwalt

Protagoras, Lehrer von Anwälten, hat folgenden Vertrag mit seinen Schülern: »Zahle mir dann und nur dann ein Honorar, wenn du deinen ersten Fall gewinnst.« Einer seiner Schüler, Euathlus, verklagt ihn auf kostenlosen Unterricht und argumentiert wie folgt: »Wenn ich meinen Fall gewinne, dann bekomme ich kostenlosen Unterricht, da es das ist, worauf ich geklagt habe. Verliere ich, dann ist mein Unterricht ohnehin umsonst, denn dies ist mein erster Fall.«

Protagoras erwidert vor Gericht folgendes: »Fällen Sie ein Urteil *pro* Euathlus, dann schuldet er mir ein Honorar, denn dies ist sein erster Fall und so war unsere Abmachung; fällen Sie ein Urteil für mich, dann schuldet er mir ein Honorar, denn das ist der Inhalt des Urteils.«

Der bezeichnete Student

Fünf Studenten wird von ihrem Professor gesagt, daß sie alle einen Stern an den Rücken gesteckt bekommen; daß genau einer der Sterne golden ist (wer diesen Stern erhält, ist der »bezeichnete Student«) und daß der bezeichnete Student nicht wissen wird, daß er bezeichnet ist. Die Studenten werden so aufgereiht, daß der fünfte die Rücken der anderen vier sehen kann, der vierte die Rücken der anderen drei und so weiter.

Sie argumentieren, daß das, was der Professor gesagt hat, nicht wahr sein kann, aus folgenden Gründen:

Der fünfte Student kann schließen, daß er nicht ohne sein Wissen bezeichnet sein kann, denn wenn er bezeichnet wäre, dann könnte er daraus, daß die Sterne der anderen Studenten nicht golden sind, ersehen, daß keiner von ihnen bezeichnet ist, und also schließen, daß er selbst bezeichnet ist.

Der vierte Student kann schließen, daß (a) der fünfte Student nicht ohne sein Wissen bezeichnet sein kann und (b) daß es der vierte Student ebensowenig sein kann, denn gesetzt, der fünfte Student ist nicht bezeichnet, so wäre der vierte in der Lage, daraus, daß die Sterne der anderen drei sichtbaren Rücken nicht golden sind, zu schließen, daß er bezeichnet ist, wenn er es wäre.

. . . und so weiter.

Ist dies eine echte Paradoxie? Ist es eine Variante der Unerwarteten Prüfung? (Siehe Sorensen, 1982.)

*Das Gitter

Von der folgenden Paradoxie ist gesagt worden, sie sei strukturell der Unerwarteten Prüfung ähnlich. Ist sie es? Enthält sie eine ernsthafte Paradoxie?

In dem Gitterspiel werden Ihnen die Augen verbunden, und sie werden auf einem Gitter mit numerierten Feldern wie in der Zeichnung plaziert:

1	2	3
4	5	6
7	8	9

Die fette äußere Linie stellt eine Mauer dar. Es ist Ihnen nur gestattet, sich waagerecht oder senkrecht zu bewegen, und Sie dürfen nur zwei Schritte von Ihrer Ausgangsposition machen. Ihr Ziel ist es, zu bestimmen, auf welchem Feld Sie sich befinden. Sie könnten Glück haben; wenn Sie zum Beispiel einen Schritt nach rechts versuchen und die Wand fühlen und dann einen Schritt nach unten und die Wand fühlen, dann könnten Sie schließen, daß Sie sich auf Feld 9 befanden. Sie könnten jedoch auch kein Glück haben; wenn Sie sich auf Feld 6 befänden und zwei Schritte nach links gingen, dann könnten Sie nicht sagen, ob Ihre Ausgangsposition 6, 3 oder 9 war.

Angenommen, ich behaupte, daß ich Sie auf eine Ausgangsposition setzen kann, die nicht in zwei Schritten zu entdekken ist. Sie können jedoch wie folgt nachdenken: Ich kann mich nicht auf einem der Eckfelder befinden, da es Zweischritt-Folgen gibt (wie die für Feld 9 erwähnte), die mir sagen könnten, wo ich bin. Können 1, 3, 7 und 9 aber ausgeschlossen werden, dann können es auch 2, 4, 6 und 8, da etwa ein Schritt aufwärts gegen die Mauer mir sagen würde, daß ich auf 2 bin – bei der Ausschließung von 1 und 3 als Möglichkeiten. Daher muß meine Ausgangsposition 5 sein, und also kann ich meine Ausgangsposition herausfinden – und das in null Schritten! (Siehe Sorensen, 1982.)

*Der Stein

Kann ein allmächtiges Wesen einen Stein machen, der so schwer ist, daß es ihn nicht heben kann? Es kann ihn machen, denn es kann alles tun, da es allmächtig ist. Jedoch, es kann dies auch nicht, denn wenn es ihn machen könnte, dann gäbe es etwas, das es *nicht* tun kann – ihn heben. (Literatur: Savage, 1967; Schrader, 1979.)

Heterologisch

Nennen wir einen Ausdruck »heterologisch«, genau dann, wenn er auf sich selbst zutrifft. Also ist »kurz« heterologisch, weil

»kurz« ist kurz

wahr ist; während »lang« nicht heterologisch ist, da

»lang« ist lang

falsch ist.

Ist »heterologisch« heterologisch oder nicht?
Wir könnten die Definition zu folgendem Schema kürzen
(mit der Abkürzung »het« für »heterologisch«):

$$\text{het}(\text{»}\phi\text{«}) \text{ gdw } \neg \phi(\text{»}\phi\text{«}).$$

Der Widerspruch folgt direkt, indem man »het« als die
Ersetzung für das schematische ϕ nimmt. (Literatur: Russell,
1908, Quine, 1966, besonders S. 4 ff., »Grelling's Paradox«.)

*Die Lotterie

Angenommen, es gibt 1000 Lose in einer Lotterie und nur
einen Gewinn. Es ist vernünftig, von jedem Los zu glauben,
daß es sehr wahrscheinlich nicht gewinnen wird. Es muß also
vernünftig sein, zu glauben, es sei sehr unwahrscheinlich,
daß irgendeines der tausend Lose gewinnen wird – das heißt,
vernünftig, zu glauben, es sei sehr unwahrscheinlich, daß es
ein Gewinnlos gibt.

Das Vorwort

So wie man seine Schwächen kennt, ist es vernünftig, anzunehmen, daß das eigene Buch Fehler enthält, und es ist nicht
ungewöhnlich für Autoren, dies in ihren Vorworten zu
sagen. Ein aufrichtiger Autor jedoch wird alles glauben, was
im Text gesagt wird. Vernünftigkeit plus Bescheidenheit
zwingt einen Autor also zu einem Widerspruch. (Vgl.
Makinson, 1965.)

Noch einmal das Vorwort

Angenommen, das Vorwort eines Autors besteht nur in dieser einzigen Bemerkung: »Mindestens eine Aussage in diesem Buch ist falsch.« Dann muß der Hauptteil des Buches mindestens eine falsche Aussage enthalten. Angenommen, er täte es nicht: Dann ist das Vorwort wahr, wenn es falsch ist, und falsch, wenn es wahr ist; was unmöglich ist. (Vgl. Prior, 1961, S. 85 f.)

Der Unwiderstehliche Verführer

Einem erfolglosen Verehrer hat man geraten, seiner Liebsten die folgenden zwei Fragen zu stellen:

1. Wirst du mir diese Frage ebenso beantworten wie die folgende?
2. Wirst Du mit mir schlafen?

Wenn sie ihr Wort hält, muß sie auf die zweite Frage mit Ja antworten, egal was sie auf die erste geantwortet hat.
Diese Paradoxie wird bei Storer (1961) amüsant verallgemeinert.

Buridanus' zehnter Sophismus

Angenommen, daß:

A denkt, daß $2 + 2 = 4$.
B denkt, daß Hunde Reptilien sind.
C denkt, daß eine ungerade Anzahl der gegenwärtigen Gedanken von A, B und C wahr ist.

Ist das, was C denkt, wahr oder nicht? (Siehe Buridanus, in: Hughes, 1982, S. 85; Prior, 1961; Burge, 1978, S. 28.)

Forresters Paradoxie

Angenommen, Smith wird Jones ermorden. Es ist obligatorisch, wenn er Jones ermordet, daß er es sanft tun soll. Das scheint zu beinhalten, daß, wenn Smith Jones ermordet, er es obligatorischerweise sanft tut. Er kann jedoch Jones nicht sanft ermorden, ohne ihn zu ermorden. Also ist es unter der Voraussetzung, daß Smith Jones ermorden wird, obligatorisch, daß er es tun wird. (Siehe Forrester, 1984.)

Die Wahl

Angenommen, jemand, dem Sie unbedingt vertrauen, stellt Sie vor eine Wahl: Sie können entweder Kasten *A* oder Kasten *B* nehmen. Was auch immer geschieht, $ 100 sind in Kasten *B*, außerdem werden weitere $ 10 000 in Kasten *A* sein, genau dann wenn Sie unvernünftig wählen. Was sollten Sie tun? (Vgl. Gaifman, 1983.)

Bertrands Paradoxie

Wie hoch ist die Wahrscheinlichkeit dafür, daß eine beliebige Sehne eines Kreises größer ist als die Seite eines eingeschriebenen Dreiecks? Sie ist dann länger, wenn ihr Mittelpunkt auf der inneren Hälfte des Radius liegt, der sie halbiert. Also, da der Mittelpunkt irgendwo auf diesem Radius liegen kann, beträgt die Wahrscheinlichkeit ein Halb (0,5). Sie ist auch dann länger, wenn ihr Mittelpunkt innerhalb eines konzentrischen Kreises mit der Hälfte des ursprünglichen Radius liegt. Also, da die Fläche dieses inneren Kreises ein Viertel der des ursprünglichen Kreises ausmacht, beträgt die Wahrscheinlichkeit ein Viertel (0,25).

*Das ist Unsinn

Zeile 1: Der Satz in Zeile 1 ist Unsinn.
Zeile 2: Der Satz in Zeile 1 ist Unsinn.

Bei einer passenden Interpretation von »Unsinn« sind wir geneigt, zu glauben, daß der Satz in Zeile 2 wahr ist: Der Satz, auf den er sich bezieht, ist tadelnswert selbstbezüglich, verdient es, in die Wahrheitswertlücke zu fallen, oder was auch immer. Jedoch, der Satz in Zeile 2 ist eben der Satz, den er so richtig kritisiert.
Das Beispiel stammt von Gaifman (1983).

Bemerkungen zu einigen Fragen im Text und zu Paradoxien aus Anhang I

(Die Nummer der Bemerkung bezieht sich auf die Nummer der Fußnote im jeweiligen Kapitel.)

Kapitel 1

2. Ein mögliches Argument ist das folgende: Wenn es zwei Dinge gäbe, etwa α und β, dann würden wir das von diesen Gegenständen gebildete Ganze ω betrachten. ω hätte dann α und β als seine Teile. Wenn also nichts Teile hat, dann gibt es keine zwei Dinge, d. h., es gibt maximal ein Ding.

9. Ja, es bedeutet, daß sich der Knopf schneller als die Lichtgeschwindigkeit bewegen wird. Man mag sich darüber streiten, ob das logisch möglich ist, aber es bleibt einigermaßen unbestritten, daß es nicht *a priori* unmöglich ist; will sagen, bloßes Nachdenken, ohne die Hilfe von Erfahrung, kann nicht zeigen, daß sich nichts schneller als das Licht bewegen kann.

13. »In Z* zu existieren aufhören« kann heißen, »Z* war der letzte eingenommene Punkt«, oder auch, »Z* war der erste nicht eingenommene Punkt«. Letzteres dient Benacerrafs Sache gegen den Einwand.

Kapitel 3

3. Wenn die Nutzen einer Person in Geld gemessen werden können, dann sind seine oder ihre Nutzen »kommensurabel«: Von zwei möglichen Umständen hat entweder

der eine mehr Nutzen als der andere, oder sie sind von gleichem Nutzen. Wenn wir aber an sehr verschiedene »Nutzen« denken, dann könnte es sein, daß wir nicht nur nicht *wissen*, wie sie zu vergleichen sind, sondern daß sie sich nicht vergleichen lassen. Siehe Rashdalls (1907, Kap. 2) frühe Verteidigung von Kommensurabilität. Was die neuere Diskussion betrifft, siehe Nussbaum (1986), passim und besonders S. 107 ff.

4. So, wie es ist, kann es das wohl nicht, aus folgendem Grund: Das Ergebnis eines Spiels als Geldsumme berücksichtigt nicht die Tatsache, daß sie durch Glücksspiel gewonnen wurde. Eine bestimmte Summe hat den Nutzen, den sie hat – ob verdient oder gewonnen. Was also benötigt würde, um eine Abneigung gegenüber dem Glücksspiel zu erfassen, wäre ein Begriff von »Nutzen höherer Ordnung«. Die von MEN (wie es ist) gelieferten zu erwartenden Nutzen würden einer Gewichtung unterworfen, die zu erwartende Nutzen erhöhen würde, wenn ihre Wahrscheinlichkeitskomponente hoch ist, und jene vermindern, deren Wahrscheinlichkeitskomponente niedrig ist.

20. Jeder der beiden schließt wie folgt: »Im *letzten* Spiel wird es das beste für mich sein zu gestehen, da jeder dadurch hervorgerufene Vertrauensverlust irrelevant ist, denn wir werden kein weiteres Mal ›spielen‹.« Der andere jedoch kann sich das ausrechnen und dieselbe Strategie wählen: »Da er im *letzten* Spiel gestehen wird, sollte ich im vorletzten gestehen, da jeder dadurch hervorgerufene Vertrauensverlust irrelevant ist.« (Und so fort.)

Kapitel 4

3. Es könnte sein, daß von den Bedingungen dafür, daß ein Anhaltspunkt gut ist, nicht gewußt werden kann, ob sie zutreffen.

9. »Alle Smaragde sind grün« und »Alle Smaragde sind grue« sind genaugenommen nicht inkonsistent. Gäbe es keine nicht untersuchten Smaragde, dann wären beide Verallgemeinerungen wahr; während es für wirklich inkonsistente Aussagen unmöglich ist, daß beide wahr sind.

Ein gegebener Korpus von Anhaltspunkten kann »in beide Richtungen weisen«, d. h., er kann zwei Aussagen stützen, die wirklich inkonsistent sind. In diesen Fällen können die Anhaltspunkte normalerweise unterschieden werden, in solche, welche die eine Aussage unterstützen, und jene, welche die andere unterstützen, ohne daß sie sich überlappen (zumindest nicht vollständig). Paradox am Fall von grue ist, daß keine solche Unterscheidung möglich ist. Man kann die Anhaltspunkte so fein unterscheiden, wie man will: Jedes bißchen, was »Alle Smaragde sind grün« unterstützt, unterstützt auch »Alle Smaragde sind grue«.

Kapitel 5

11. Angenommen, L_1 ist falsch, dann sagt er, wie es ist; also ist er wahr, und daher ist L_1 *nicht falsch*. (Prinzipien: [1] Wenn ein Satz sagt, wie es ist, dann ist er wahr. [2] Alles, was nicht ist, ist nicht falsch.) Folglich ist nicht-L_1 wahr, wie der kursive Ausdruck zeigt, und daher ist L_1 falsch. (Prinzip: [3] Alles, dessen Negation wahr ist, ist falsch.) Unsere Resultate gesammelt: L_1 ist nicht falsch, und L_1 ist falsch. (Vgl. Martin, 1984, S. 2 f.)

Anhang I

Das Gitter

Die angebliche Paradoxie scheint auf einer Mehrdeutigkeit zu beruhen, ob es eine Folge von Schritten gibt, welche die eigene Position bestimmt, oder ob jede mögliche Folge dies tut. In der Unerwarteten Prüfung gibt es keine entsprechende Mehrdeutigkeit. (Siehe jedoch Sorensen, 1982.)

Der Stein

Nein, ein allmächtiges Wesen kann keinen Stein machen, der so schwer ist, daß es ihn nicht heben kann. Es wird dennoch allmächtig sein, was das Machen und Heben von Steinen betrifft, wenn für jedes Gewicht eines Steines (in Gramm, Megatonnen oder was auch immer) gilt: Es kann einen dieses Gewichtes machen, und es kann einen dieses Gewichtes heben.

Die Lotterie

Ein Vorschlag wäre, daß dies folgendes zeigt: Man kann gute Gründe haben, zu glauben, daß *A*, und gute Gründe, zu glauben, daß *B*, und dennoch keine guten Gründe, zu glauben, daß *A* und *B*. Dieser Vorschlag würde eine Unterstützung durch einen Gedankengang im Sorites-Stil benötigen, auf der Basis von: »Wenn man gute Gründe hat, an eine Aussage mit der Wahrscheinlichkeit *n* zu glauben, dann hat man gute Gründe, an eine Aussage mit einer Wahrscheinlichkeit von ein bißchen weniger als *n* zu glauben.«

Das ist Unsinn

Das Beispiel unterstützt die Ansicht, daß zwei Satz-Zeichen [*sentence-tokens*] desselben Satz-Typs sich im Wahrheitswert unterscheiden können (das eine wahr, das andere nicht), selbst wenn sie sich beide auf dasselbe beziehen und dieselbe Eigenschaft von ihm aussagen.

Die von Gaifman (1983) vorgeschlagene Ansicht würde es gestatten, daß L_2 (siehe Abschnitt 5.2) wahr ist, auch wenn (a) L_1 nicht wahr ist und (b) L_2 sich auf dasselbe bezieht wie L_1 und dieselbe Eigenschaft von ihm aussagt.

Literaturverzeichnis

Aristoteles: Physics (mit Übers. von W. Charlton), Oxford: Oxford University Press, 1970.

Asher, Nicholas M. / Kamp, Johann A. W. (1986) »The knower's paradox and representational theories of the attitudes«, in: J. Halpern (Hrsg.): Theoretical Aspects of Reasoning about Knowledge, New York: Morgan Kaufman, 1986, S. 131–148.

Axelrod, R. (1984) The Evolution of Cooperation, New York: Basic Books, 1984.

Bar-Hillel, Maya / Margalit, Avishai (1972) »Newcomb's paradox revisited«, in: British Journal for Philosophy of Science 23 (1972) S. 295–304.

– (1983) »Expecting the unexpected«, in: Philosophia 13 (1983) S. 263–288.

– (1985) »Gideon's paradox – a paradox of rationality«, in: Synthese 63 (1985) S. 139–155.

Barwise, Jon / Etchemendy, John (1987) The Liar: An Essay in Truth and Circularity, New York / Oxford: Oxford University Press, 1987.

Benacerraf, Paul (1962) »Tasks, super-tasks, and the modern Eleatics«, in: Journal of Philosophy 59 (1962) S. 756–784. Wiederabgedr. in: Salmon (1970) S. 103–129.

Benditt, T. M. / Ross, David J. (1976) »Newcomb's paradox«, in: British Journal for Philosophy of Science 27 (1976) S. 161–164.

Black, Max (1937) »Vagueness: an exercise in logical analysis«, in: Philosophy of Science 4 (1937) S. 427–455. Wiederabgedr. in: M. B.: Language and Philosophy, Ithaca (N. Y.): Cornell University Press, 1949.

– (1967) »Probability«, in: Edwards (1967) S. 464–479.

Burge, Tyler (1978) »Buridan and epistemic paradox«, in: Philosophical Studies 34 (1978) S. 21–35.

– (1979) »Semantical paradox«, in: The Journal of Philosophy 76 (1979) S. 169–198. Wiederabgedr. in: Martin (1984) S. 83–117.

– (1984) »Epistemic paradox«, in: The Journal of Philosophy 81 (1984) S. 5–29.

Buridanus, Johannes: Sophismata, übers. und hrsg. von Hughes (1982).

Campbell, Richmond / Sowden, Lanning (Hrsg.) (1985) Paradoxes of Rationality and Cooperation: Prisoner's Dilemma and New-comb's Problem, Vancouver: University of British Columbia Press, 1985.

Dummett, Michael (1975) »Wang's paradox«, in: Synthese 30 (1975) S. 301–324. Wiederabgedr. in: M. D.: Truth and Other Enigmas, London: Duckworth, 1978, S. 248–268.

Edwards, Paul (Hrsg.) (1967) The Encyclopedia of Philosophy, New York: Collier-Macmillan and The Free Press, 1967.

Evans, Gareth (1978) »Can there be vague objects?«, in: Analysis 38 (1978) S. 208. Wiederabgedr. in: G. E.: Collected Papers, Oxford: Oxford University Press, 1985, S. 176 f.

Fine, Kit (1975) »Vagueness, truth and logic«, in: Synthese 30 (1975) S. 265–300.

Forrester, James William (1984) »Gentle murder and the adverbial samaritan«, in: Journal of Philosophy 81 (1984) S. 193–197.

Foster, John (1983) »Induction, explanation and natural necessity«, in: Proceedings of the Aristotelian Society 83 (1983) S. 87–101.

Foster, Marguerite / Martin, Michael L. (Hrsg.) (1966) Probability, Confirmation and Simplicity, New York: Odyssey Press, 1966.

Fraassen, Bas C. van (1966) »Singular terms, truth-value gaps, and free logic«, in: Journal of Philosophy 53 (1966) S. 481–485.

– (1968) »Presupposition, implication and self-reference«, in: Journal of Philosophy 65 (1968) S. 136–152.

Gaifman, Haim (1983) »Paradoxes of infinity and self-application, I«, in: Erkenntnis 20 (1983) S. 131–155.

Gale, Richard M. (Hrsg.) (1968) The Philosophy of Time, London: Macmillan, 1968.

Gibbard, A. / Harper, W. L. (1978) »Counterfactuals and two kinds of expected utility«, in: C. A. Hooker / J. J. Leach / E. F. McClennon (Hrsg.): Foundations and Applications of Decision Theory, Bd. 1, Dordrecht: Reidel, 1978, S. 125–162. (Gekürzter) Wiederabdr. in: Campbell/Sowden (1985) S. 133–158.

Goguen, J. A. (1969) »The logic of inexact concepts«, in: Synthese 19 (1969) S. 325–378.

Goodman, Nelson (1955) Fact, Fiction and Forecast, Cambridge (Mass.): Harvard University Press, 1955. 2. Aufl., Indianapolis: Bobbs-Merrill, 1965.

– (1978) Ways of Worldmaking, Indianapolis: Hackett, 1978.

Grünbaum, Adolf (1967) Modern Science and Zeno's Paradoxes, Middletown (Conn.): Wesleyan University Press, 1967.

Gupta, Anil (1982) »Truth and paradox«, in: Journal of Philosophical Logic 11 (1982) S. 1–60. Wiederabgedr. in Martin (1984) S. 175–235.

Heijenoort, John van (1967) »Logical paradoxes«, in: Edwards (1967), Bd. 5, S. 44–51.

Hempel, Carl (1945) Aspects of Scientific Explanation and Other Essays in the Philosophy of Science, Nachdr. New York: The Free Press, 1965. (Das Material über die Rabenparadoxie ist abgedr. aus: Mind 54 (1945) S. 1–26 und 97–121.)

Herzberger, Hans A. (1970) »Paradoxes of grounding in semantics«, in: The Journal of Philosophy 67 (1970) S. 145–167.

Hughes, G. E. (Hrsg. und Übers.) (1982) John Buridan on Self-Reference. Chapter Eight of Buridan's Sophismata With a Translation, and Introduction and a Philosophical Commentary, Cambridge / New York: Cambridge University Press, 1982.

Hume, David (1738) A Treatise of Human Nature. Hrsg. und mit Anm. vers. von Peter Nidditch, Oxford: Oxford University Press, 1978.

Jackson, Frank (1975) »Grue«, in: The Journal of Philosophy 72 (1975) S. 113–131.

Janaway, Christopher (1989) »Knowing about surprises: A supposed antinomy revisited«, in: Mind 89 (1989) S. 391–409.

Jeffrey, Richard C. (1965) The Logic of Decision, New York: McGraw-Hill, 1965.

Kamp, Hans (1981) »The paradox of the heap«, in: U. Monnich (Hrsg.): Aspects of Philosophical Logic, Dordrecht: Reidel, 1981, S. 225–277.

Kripke, Saul (1975) »Outline of a theory of truth«, in: The Journal of Philosophy 72 (1975) S. 690–716. Wiederabgedr. in: Martin (1984) S. 53–81.

– (1982) Wittgenstein on Rules and Private Language, Oxford: B. Blackwell, 1982.

Kyburg, Henry (1961) Probability and the Logic of Rational Belief, Middletown (Conn.): Wesleyan University Press, 1961.

Levi, Isaac (1967) Gambling with Truth, London: Routledge & Kegan Paul, 1967.

Lewis, David (1979) »Prisoner's dilemma is a Newcomb problem«, in: Philosophy and Public Affairs 8 (1979) S. 235–240. Wiederabgedr. in: Campbell/Sowden (1985) S. 251–255.

Mackie, John Leslie (1977) »Newcomb's paradox and the direction of causation«, in: Canadian Journal of Philosophy 7 (1977) S. 213 bis 225. Wiederabgedr. in: J. L. M.: Collected Papers I, Oxford: Oxford University Press, 1985, S. 145–158.

Makinson, David C. (1965) »The paradox of the preface«, in: Analysis 25 (1965) S. 205–207.

Martin, Robert L. (Hrsg.) (1984) Recent Essays on Truth and the Liar Paradox, Oxford: Oxford University Press, 1984.

Mellor, David H. (1971) The Matter of Chance, Cambridge: Cambridge University Press, 1971.

Montague, Richard / Kaplan, David (1960) »A paradox regained«, in: Notre Dame Journal of Formal Logic 1 (1960) S. 79–90. Wiederabgedr. in: Richmond Thomason (Hrsg.): Formal Philosophy, New Haven (Conn.): Yale University Press, 1974, S. 271 bis 285.

Nozick, Richard (1969) »Newcomb's problem and two principles of choice«, in: Nicholas Rescher (Hrsg.): Essays in Honor of Carl G. Hempel, Dordrecht: Reidel, 1969. (Gekürzter) Wiederabdr. in: Campbell / Sowden (1985) S. 107–133.

Nussbaum, Martha C. (1986) The Fragility of Goodness: Luck and Ethics in Greek Tragedy and Philosophy, Cambridge / New York: Cambridge University Press, 1986.

Parfit, Derek (1984) Reasons and Persons, Oxford: Oxford University Press, 1984.

Peacocke, Christopher A. B. (1981) »Are vague predicates incoherent?«, in: Synthese 46 (1981) S. 121–141.

Peirce, Charles S. (1935) The Collected Papers of Charles Sanders Peirce (6 Bde.), hrsg. von Charles Hartshorne und Paul Weiss, Cambridge (Mass.): Harvard University Press, 1935.

Priest, Graham (1986/87) »Contradiction, belief and rationality«, in: Proceedings of the Aristotelian Society 86 (1986/87) S. 99–116.

Priest, Graham / Routley, Richard / Norman, J. (Hrsg.) (1985) Paraconsistent Logic, München: Philosophia Verlag, 1985.

Prior, Arthur N. (1961) »On a family of paradoxes«, in: Notre Dame Journal of Formal Logic 2 (1961) S. 16–32.

– (1971) Objects of Thought, Oxford: Oxford University Press, 1971.

Quine, Willard Van Orman (1953) »On a so-called paradox«, in: Mind 62 (1953) S. 65–67.

– (1966) Ways of Paradox and Other Essays, New York: Random House, 1966.

Ramsey, Frank P. (1925) »The foundations of mathematics«, wieder-
abgedr. in: David H. Mellor (Hrsg.): Frank P. Ramsey: Foun-
dations, Atlantic Highlands (N. J.): Humanities Press, 1978,
S. 152–212.
– (1926) »Truth and probability«, wiederabgedr. in: David H. Mel-
lor (Hrsg.): Frank P. Ramsey: Foundations, Atlantic Highlands
(N. J.): Humanities Press, 1978, S. 58–100.
Rashdall, Hastings (1907) The Theory of Good and Evil, Bd. 2,
London: Oxford University Press, 1907.
Rescher, Nicholas / Brandom, R. (1980) The Logic of Inconsistency,
Oxford: Basil Blackwell, 1980.
Russell, Bertrand (1903) The Principles of Mathematics, Cam-
bridge / New York: Cambridge University Press, 1903.
– (1908) »Mathematical logic as based on the theory of types«, in:
American Journal of Mathematics 30 (1908) S. 222–262. Wieder-
abgedr. in: Robert Charles Marsh (Hrsg.): Bertrand Russell:
Logic and Knowledge, London: Allen and Unwin, 1956, S. 59
bis 102.
– (1910) Einleitung zur Principia Mathematica, Cambridge / New
York: Cambridge University Press, 1910. (Gemeinsame Autor-
schaft mit A. N. Whitehead für die Principia Mathematica
selbst.)
– (1936) »The limits of empiricism«, in: Proceedings of the Aristotelian Society 36 (1936) S. 131–150.
Sainsbury, Mark (1979) Russell, London: Routledge & Kegan Paul,
1979.
Salmon, Nathan U. (1982) Reference and Essence, Oxford: Basil
Blackwell, 1982.
Salmon, Wesley C. (1970) Zeno's Paradoxes, Indianapolis: Bobbs-
Merrill, 1970.
– (1980) Space, Time and Motion: A Philosophical Introduction,
Minneapolis: University of Minnesota Press, [2]1980.
Sanford, David (1976) »Competing semantics of vagueness: many
values vs. super-truth«, in: Synthese 33 (1976) S. 195–210.
Savage, C. Wade (1967) »The paradox of the stone«, in: Philosophi-
cal Review 76 (1967) S. 74–79.
Schlesinger, George (1974a) Confirmation and Confirmability, New
York: Oxford University Press, 1974.
– (1974b) »The unpredictability of free choice«, in: British Journal
for the Philosophy of Science 25 (1974) S. 209–221.

Schrader, David E. (1979) »A solution to the stone paradox«, in: Synthese 42 (1979) S. 255–264.

Selton, Reinhard (1978) »The chain store paradox«, in: Theory and Decision 9 (1978) S. 127–159.

Skyrms, Brian (1982) »Intensional aspects of semantical self-reference«, in: Martin (1984) S. 119–131.

Sorensen, Roy A. (1982) »Recalcitrant variations of the prediction paradox«, in: Australasian Journal of Philosophy 60 (1982) S. 355 bis 362.

Stack, Michael F. (1977) »A solution to the predictor paradox«, in: Canadian Journal of Philosophy 7 (1977) S. 147–154.

Storer, Thomas (1961) »MINIAC: World's smallest electronic brain«, in: Analysis 22 (1961) S. 151 f.

Tarski, Alfred (1935) »Der Wahrheitsbegriff in den formalisierten Sprachen«, in: Karel Berka / Lothar Kreiser (Hrsg.): Logik-Texte, Darmstadt / Berlin 1983, S. 445–546. (Zit. nach der Originalpaginierung: 1–145.)

– (1969) »Truth and Proof«, in: Scientific American 194 (1969) S. 63–77.

Thomson, James F. (1954) »Tasks and super-tasks«, in: Analysis 15 (1954) S. 1–13. Wiederabgedr. in: Richard M. Gale (1968), S. 406 bis 421; und in: Wesley C. Salmon (1970), S. 89–102.

Unger, Peter (1979) »I do not exist«, in: Graham MacDonald (Hrsg.): Perception and Identity: Essays Presented to A. J. Ayer, London: Macmillan, 1979.

Vlastos, Gregory (1967) »Zeno of Elea«, in: Edwards (1967), Bd. 8, S. 369–379.

Wiggins, David (1986) »On singling out an object determinately«, in: Philipp Pettit / John McDowell (Hrsg.): Subject, Thought, and Context, Oxford: Oxford University Press, 1986, S. 169–180.

Wittgenstein, Ludwig (1953) Philosophische Untersuchungen, in: L. W.: Schriften, Bd. 1, Frankfurt a. M.: Suhrkamp, 1960.

Wright, Crispin (1975) »On the coherence of vague predicates«, in: Synthese 30 (1975) S. 325–365.

– (1976) »Language-mastery and the sorites paradox«, in: Gareth Evans / John McDowell (Hrsg.): Truth and Meaning, Oxford: Oxford University Press, 1976, S. 223–247.

Wright, Crispin / Sudbury, Aidan (1977) »The paradox of the unexpected examination«, in: Australasian Journal of Philosophy 60 (1977) S. 41–58.

Register der Paradoxien

Namen- und Sachregister

Englische und amerikanische Philosophen

IN RECLAMS UNIVERSAL-BIBLIOTHEK

John Langshaw Austin, Sinn und Sinneserfahrung (Sense and Sensibilia). (Eva Cassirer) 182 S. UB 9803 – Zur Theorie der Sprechakte (How to do things with Words). (Eike von Savigny) 219 S. UB 9396

Alfred Jules Ayer, Sprache, Wahrheit und Logik. (Herbert Herring) 248 S. UB 7919

Donald Davidson, Der Mythos des Subjektiven. Philosophische Essays. (Joachim Schulte) 117 S. UB 8845

Thomas Hobbes, Leviathan. Erster und zweiter Teil. (J. P. Mayer / Malte Dießelhorst) 327 S. UB 8348

David Hume, Dialoge über natürliche Religion. (Norbert Hoerster) 159 S. UB 7692 – Eine Untersuchung über den menschlichen Verstand. (Herbert Herring) 216 S. UB 5489 – Eine Untersuchung über die Prinzipien der Moral. (Gerhard Streminger) 304 S. UB 8231

John Locke, Gedanken über Erziehung. (Heinz Wohlers) 294 S. UB 6147 – Über die Regierung. (Dorothee Tidow / Peter Cornelius Mayer-Tasch) 247 S. UB 9691

John Leslie Mackie, Ethik. Auf der Suche nach dem Richtigen und Falschen. (Rudolf Ginters) 317 S. UB 7680 – Das Wunder des Theismus. (Rudolf Ginters) 424 S. UB 8075

John Stuart Mill, Drei Essays über Religion. Natur – Die Nützlichkeit der Religion – Theismus. (Emil Lehmann / Dieter Birnbacher) 247 S. UB 8237 – Über die Freiheit. (Bruno Lemke / Manfred Schlenke) 184 S. UB 3491 – Der Utilitarismus. (Dieter Birnbacher) 127 S. UB 9821

George Edward Moore, Principia Ethica. (Burkhard Wisser) 348 S. UB 8375

Pragmatismus. Texte von Charles Sanders Peirce, William James, Ferdinand Canning, Scott Schiller und John Dewey. (Ekkehard Martens) 256 S. UB 9799

Philipp Reclam jun. Stuttgart

Geschichte der Philosophie in Text und Darstellung

Alle acht Bände auch in Kassette erhältlich.

»Diese Unternehmung besticht durch einen gescheiten Ausweg aus dem Dilemma, in das uns die Einsicht führt, daß es einen unparteiischen Standpunkt vielleicht nur für den lieben Gott gibt. Sie verfügt über eine Konzeption, die die je verschiedene Eigenart der geistigen Standpunkte und Perspektiven schon durch die Kombination der literarischen Gattungen herausstellt. Die Brauchbarkeit für das philosophische Bildungswesen wird dadurch sehr gefördert. Besonders für die neu gestaltete Oberstufe des Gymnasiums, in der dem Fach Philosophie eine besondere Bedeutung zukommt, scheint die Mischung von Text und Darstellung geeignet.
Der Philosophieunterricht, der sich dieses Angebot zunutze macht, stellt die geistespolitischen Kategorien bereit, die für das Verständnis der westlichen Staatstheorien im Fach Gemeinschaftskunde erforderlich sind.« Eckhard Nordhofen, F. A. Z.

Philipp Reclam jun. Stuttgart